清華簡文字聲系（1~8）

徐在國 著

第七冊

北京師範大學出版集團
安徽大學出版社

正編·月部

月　部

曉紐威聲歸戌聲

匣紐曰聲

曰

 清華一·尹至 01 湯曰

 清華一·尹至 01 尹曰

 清華一·尹至 02 民沇（率）曰

 清華一·尹至 03 丌（其）又（有）民衛（率）曰

 清華一·尹至 03 咸曰

 清華一·尹至 04 湯曰

 清華一·尹至 04 尹曰

 清華一·尹至 05 顕（夏）䣛民內（入）于水曰罟（戰）

清華一・尹至 05 帝曰

 清華一・尹誥 01 曰：顕（夏）自慈（絕）亓（其）又（有）民

 清華一・尹誥 02 執（摯）告湯曰

 清華一・尹誥 03 湯曰

 清華一・尹誥 03 執（摯）曰

 清華一・程寤 04 興，曰

 清華一・保訓 02［王］若曰

 清華一・耆夜 03 复（作）訶（歌）一終曰《樂=（樂樂）脂（旨）酉（酒）》

 清華一・耆夜 05 复（作）訶（歌）一終曰《䂿（輶）乘（乘）》

 清華一・耆夜 06 复（作）訶（歌）一終曰《贔=（贔贔）》

 清華一・耆夜 08 复（作）祝誦一終曰《明=（明明）上帝》

 清華一・耆夜 10［周］公复（作）訶（歌）一終曰《蟲（蟋）蟁（蟀）》

 清華一・金縢 01 二公告周公曰

清華一·金縢 01 周公曰

 清華一·金縢 03 史乃册祝告先王曰

 清華一·金縢 06 乃命執事人曰

 清華一·金縢 07 乃流言于邦曰

 清華一·金縢 07 周公乃告二公曰

 清華一·金縢 09 於逡（後）周公乃遺王志（詩）曰《周（雕）鴞》

 清華一·金縢 11 曰:訐（信）

 清華一·金縢 11 曰

 清華一·皇門 01 公若曰

 清華一·皇門 10 曰余蜀（獨）備（服）才（在）寤

 清華一·祭公 01 王若曰

 清華一·祭公 03 曰:天子

 清華一·祭公 04 王曰

 清華一·祭公 07 王曰

清華一・祭公 08 王曰

 清華一・祭公 09 曰：允孳（哉）

 清華一・祭公 09 曰：三公

 清華一・祭公 12 公曰

 清華一・祭公 15 公曰

 清華一・祭公 17 公曰

 清華一・祭公 18 曰：三公

 清華一・祭公 20 公曰

 清華一・楚居 01 女曰比（妣）隹

 清華一・楚居 04 氐（抵）今曰楚人

 清華一・楚居 05 氐（抵）今曰䜌

 清華一・楚居 08 氐（抵）今曰鄡

 清華一・楚居 09 女（焉）改名之曰福丘

 清華一・楚居 13 女（焉）曰肥遺

清華二·繫年 001 名之曰千畮（畝）

清華二·繫年 024 曰：以同生（姓）之古（故）

清華二·繫年 025 乃史（使）人于楚文王曰

清華二·繫年 027 亦告文王曰

清華二·繫年 031 晉獻公之婢（嬖）妾曰驪姬

清華二·繫年 033 惠公賂秦公曰

清華二·繫年 046 秦之戍人史（使）人䢜（歸）告曰

清華二·繫年 050 夫=（大夫）聚㛑（謀）曰

清華二·繫年 051 乃伓（抱）靁（靈）公以唐（號）于廷曰

清華二·繫年 052 乃䧹（皆）北（背）之曰

清華二·繫年 066 㫃（且）卲（召）高之固曰

清華二·繫年 068 郇（駒）之克隆（降）堂而折（誓）曰

清華二·繫年 072 獻之競（景）公，曰

 清華二·繫年 078 繡（申）公曰

 清華二·繫年 089 明（盟）於宋，曰

 清華二·繫年 097 明（盟）於宋，曰

 清華二·繫年 123 曰：母（毋）攸（修）長城

 清華三·說命上 03 王廼係（訊）敓（說）曰

 清華三·說命上 03 敓（說）廼曰

 清華三·說命上 04 王曰

 清華三·說命上 04 逯（失）审（仲）卜曰

 清華三·說命中 01 曰：女（汝）逨（來）隹（惟）帝命

 清華三·說命中 02 敓（說）曰

 清華三·說命中 02 武丁曰

 清華三·說命下 03 王曰

清華三·說命下 04 王曰

 清華三·說命下 04 女(汝)母(毋)瘞(忘)曰

 清華三·說命下 06 王曰

 清華三·說命下 07 王曰

 清華三·說命下 08 王曰

 清華三·說命下 08 隹(惟)寺(時)大戊盍(謙)曰

 清華三·說命下 10 王曰

 清華三·琴舞 01 元內(納)攺(啓)曰

 清華三·琴舞 02 元內(納)攺(啓)曰

 清華三·琴舞 02 母(毋)曰高=(高高)才(在)上

 清華三·琴舞 03 䚻(亂)曰

 清華三·琴舞 04 䡢〈再〉攺(啓)曰

 清華三·琴舞 04 䚻(亂)曰

 清華三·琴舞 05 參(三)攺(啓)曰

清華三·琴舞05 曰㫋(淵)亦印(抑)

 清華三·琴舞06 䛳(亂)曰

 清華三·琴舞07 四攺(啓)曰

 清華三·琴舞08 䛳(亂)曰

 清華三·琴舞08 五攺(啓)曰

 清華三·琴舞09 䛳(亂)曰

 清華三·琴舞09 曰亯(享)畣(答)舍(余)一人

 清華三·琴舞10 六攺(啓)曰

 清華三·琴舞11 䛳(亂)曰

 清華三·琴舞12 七攺(啓)曰

 清華三·琴舞12 䛳(亂)曰

 清華三·琴舞13 八攺(啓)曰

 清華三·琴舞14 䛳(亂)曰

 清華三·琴舞14 曰亯(享)人大

清華三·琴舞 15 九攼(啓)曰

 清華三·琴舞 16 躝(亂)曰

 清華三·芮良夫 02 曰:敬之夻(哉)君子

 清華三·芮良夫 09 曰余(予)未均

 清華三·芮良夫 15 二攼(啓)曰

 清華三·芮良夫 22 曰亓(其)罰寺(時)堂(當)

 清華三·芮良夫 25 民亦又(有)言曰

 清華三·芮良夫 26 曰:於(嗚)虐(虖)畏夻(哉)

 清華三·祝辭 01 乃敦(執)釆(幣)以祝曰

 清華三·祝辭 02 乃左敦(執)土以祝曰

 清華三·赤鵠 01 曰故(古)又(有)赤鵠(鵠)

 清華三·赤鵠 01 乃命少(小)臣曰

 清華三·赤鵠 02 湯句(後)妻紝旡胃(謂)少(小)臣曰

清華三・赤鵠02 曰:句(後)亓(其)[殺]我

 清華三・赤鵠03 紝宂胃(謂)少(小)臣曰

 清華三・赤鵠05 湯忞(怒)曰

 清華三・赤鵠06 晉(巫)鴍(烏)曰

 清華三・赤鵠07 衆鴍(烏)乃係(訊)晉(巫)鴍(烏)曰

 清華三・赤鵠07 晉(巫)鴍(烏)乃言曰

 清華三・赤鵠10 頣(夏)句(后)曰

 清華三・赤鵠10 少(小)臣曰

 清華三・赤鵠10 頣(夏)句(后)乃係(訊)少(小)臣曰

 清華三・赤鵠11 少(小)臣曰

 清華三・赤鵠11 頣(夏)句(后)曰

 清華三・赤鵠11 少(小)臣曰

 清華四・筮法17 乃曰死

 清華四・筮法20 乃曰牆(將)死

清華四・筮法 23 乃曰死

 清華四・筮法 28 曰迷（速）

 清華四・筮法 34 曰爭之

 清華四・筮法 35 乃曰

 清華四・筮法 62 曰果

 清華四・筮法 62 曰至

 清華四・筮法 62 曰宣（享）

 清華四・筮法 62 曰死生

 清華四・筮法 62 曰旻（得）

 清華四・筮法 62 曰見

 清華四・筮法 62 曰瘳

 清華四・筮法 62 曰咎

 清華四・筮法 62 曰男女

 清華四・筮法 62 曰雨

清華四·筮法 62 曰取（娶）妻

 清華四·筮法 62 曰戰

 清華四·筮法 62 曰成

 清華四·筮法 62 曰行

 清華四·筮法 62 曰讎（售）

 清華四·筮法 62 曰𡧢（旱）

 清華四·筮法 63 曰祟

 清華五·厚父 01 王若曰

 清華五·厚父 05 厚父拜=（拜手）頴=（稽首）曰

 清華五·厚父 05 佳（惟）曰其勴（助）上帝𤔉（亂）下民

 清華五·厚父 07 王曰

 清華五·厚父 09 厚父曰

 清華五·厚父 11 今民莫不曰余媒（保）㪅（教）明惪（德）

 清華五·厚父 11 曰民心佳（惟）本

清華五·厚父 12 曰天氒(監)司民

 清華五·厚父 13 民曰隹(惟)酉(酒)甬(用)祔(肆)祀

 清華五·厚父 13 曰酉(酒)非飤(食)

 清華五·封許 07 王曰

 清華五·湯丘 02 湯亦飤(食)之曰

 清華五·湯丘 03 少(小)臣倉(答)曰

 清華五·湯丘 06 湯曰

 清華五·湯丘 06 是名曰昌

 清華五·湯丘 07 是名曰喪

 清華五·湯丘 09 方惟曰

 清華五·湯丘 10 湯曰

 清華五·湯丘 17 少(小)臣倉(答)曰

 清華五·畣門 02 少(小)臣倉(答)曰

清華五・䎽門 03 湯或(又)𦥯(問)於少(小)臣曰

 清華五・䎽門 03 少(小)臣含(答)曰

 清華五・䎽門 05 湯或(又)𦥯(問)於少(小)臣曰

 清華五・䎽門 06 少(小)臣含(答)曰

 清華五・䎽門 11 少(小)臣含(答)曰

 清華五・䎽門 18 少(小)臣含(答)曰

 清華五・䎽門 20 少(小)臣含(答)曰

 清華五・䎽門 21 湯曰

 清華五・三壽 01 高宗乃𦥯(問)於少壽曰

 清華五・三壽 02 少壽含(答)曰

 清華五・三壽 04 宐(中)壽曰

 清華五・三壽 04 宐(中)壽含(答)曰

清華五·三壽 05 高宗乃或(又)嚻(問)於彭且(祖)曰

 清華五·三壽 06 彭且(祖)含(答)曰

 清華五·三壽 07 高宗乃言曰

 清華五·三壽 12 乃尃(復)語彭且(祖)曰

 清華五·三壽 14 彭且(祖)含(答)曰

 清華五·三壽 15 寺(是)名曰恙(祥)

 清華五·三壽 16 寺(是)名曰義

 清華五·三壽 17 寺(是)名曰悳(德)

 清華五·三壽 18 寺(是)名曰音

 清華五·三壽 18 寺(是)名曰䛋(仁)

 清華五·三壽 19 寺(是)名曰聂(聖)

 清華五·三壽 20 寺(是)名曰智

 清華五·三壽 21 寺(是)名曰利

 清華五·三壽 22 寺(是)名曰贕(叡)信之行

清華五・三壽 23 彭且(祖)曰

 清華五・三壽 24 高宗或(又)龠(問)於彭且(祖)曰

 清華五・三壽 24 敢龠(問)疋(胥)民古(胡)曰昜(揚)

 清華五・三壽 24 古(胡)曰昏(晦)

 清華五・三壽 27 曰:於(鳴)虖(呼)

 清華五・三壽 28 曰:於(鳴)虖(呼)

 清華六・孺子 01 武夫人敨(規)乳₌(孺子)曰

 清華六・孺子 12 䙷(邊)父敨(規)夫₌(大夫)曰

 清華六・孺子 13 乃史(使)䙷(邊)父於君曰

 清華六・孺子 15 曰是亓(其)僅(蓋)臣也

 清華六・孺子 16 君倉(答)䙷(邊)父曰

 清華六・管仲 01 齊赶(桓)公龠(問)於筦(管)中(仲)曰

 清華六・管仲 01 筦(管)中(仲)倉(答)曰

清華六·管仲02 趄(桓)公或(又)䚅(問)於筅(管)中(仲)曰

清華六·管仲03 筅(管)中(仲)含(答)曰

清華六·管仲03 趄(桓)公或(又)䚅(問)於筅(管)中(仲)曰

清華六·管仲05 趄(桓)公或(又)䚅(問)於筅(管)中(仲)曰

清華六·管仲07 趄(桓)公或(又)䚅(問)於筅(管)中(仲)曰

清華六·管仲08 趄(桓)公或(又)䚅(問)於筅(管)中(仲)曰

清華六·管仲11 趄(桓)公或(又)䚅(問)筅(管)中(仲)曰

清華六·管仲14 趄(桓)公或(又)䚅(問)於筅(管)中(仲)曰

清華六·管仲14 筅(管)中(仲)含(答)曰

清華六·管仲16 趄(桓)公或(又)䚅(問)於筅(管)中(仲)曰

清華六·管仲17 筅(管)中(仲)含(答)曰

清華六·管仲20 趄(桓)公或(又)䚅(問)於筅(管)中(仲)曰

清華六·管仲 24 趄(桓)公或(又)䚻(問)於𥬇(管)中(仲)曰

 清華六·管仲 28 𥬇(管)中(仲)䆟(答)曰

 清華六·管仲 30 𥬇(管)中(仲)曰

 清華六·太伯甲 01 君若曰

 清華六·太伯甲 03 太白(伯)曰

 清華六·太伯甲 04 故(古)之人又(有)言曰

 清華六·太伯乙 01 君若曰

 清華六·太伯乙 12 䇂(吾)若䎽(聞)夫䣙(殷)邦曰

 清華六·子儀 03 公曰

 清華六·子儀 05 䚟(歌)曰

 清華六·子儀 06 和䚟(歌)曰

 清華六·子儀 08 楚樂和之曰

清華六·子儀 10 公曰

 清華六·子儀 12 敳（豈）曰奉晉軍以相南面之事

 清華六·子儀 12 先=（先人）又（有）言曰

 清華六·子儀 13 公曰

 清華六·子儀 14 子義（儀）曰

 清華六·子儀 16 公曰

 清華六·子儀 17 公曰

 清華六·子儀 18 子義（儀）曰

 清華六·子儀 19 公曰

 清華六·子產 04 曰：固身堇（謹）訇（信）

 清華六·子產 07 曰：勿以駢也

 清華六·子產 18 曰：句（苟）我固善

清華六·子產 27 曰武㤅（愛）

 清華五·命訓 01 曰：大命又（有）棠（常）

 清華五·命訓 10 天古（故）卲（昭）命以命力〈之〉曰

 清華七·子犯 01 秦公乃訋（召）子軛（犯）而䎽（問）女（焉）曰

 清華七·子犯 02 子軛（犯）酓（答）曰

 清華七·子犯 03 宔（主）女（如）曰疾利女（焉）不跂（足）

 清華七·子犯 03 宿（少）公乃訋（召）子余（餘）而䎽（問）女（焉）曰

 清華七·子犯 04 子余（餘）酓（答）曰

 清華七·子犯 06 公乃訋（召）子軛（犯）、子余（餘）曰

 清華七·子犯 07 公乃䎽（問）於邧（蹇）叴（叔）曰

 清華七·子犯 08 邧（蹇）叴（叔）酓（答）曰

 清華七·子犯 09 公乃䎽（問）於邧（蹇）叴（叔）曰

清華七·子犯 10 邗（蹇）昷（叔）倉（答）曰

清華七·子犯 13 公子襠（重）耳餌（問）於邗（蹇）昷（叔）曰

清華七·子犯 14 邗（蹇）昷（叔）倉（答）曰

清華七·晉文公 01 命曰

清華七·晉文公 02 命曰

清華七·晉文公 03 命曰

清華七·晉文公 04 命曰

清華七·趙簡子 01 靶（范）獻子進諫曰

清華七·趙簡子 05 盙（趙）柬（簡）子餌（問）於成剫（剬）曰

清華七·趙簡子 05 成剫（剬）會（答）曰

清華七·趙簡子 07 子曰

清華七·趙簡子 07 成剫（剬）倉（答）曰

清華七·越公 01 乃史(使)夫=(大夫)住(種)行成於吴帀(師)曰

清華七·越公 07 君女(如)曰

清華七·越公 09 告繡(申)疋(胥)曰

清華七·越公 09 繡(申)疋(胥)曰

清華七·越公 11 吴王曰

清華七·越公 15 新(親)見事(使)者曰

清華七·越公 23 賜孤以好曰

清華七·越公 31 雩(越)庶民百眚(姓)乃禹(稱)嚞慧(悚)思(懼)曰

清華七·越公 39 或告於王廷曰

清華七·越公 41 凡又(有)訧(獄)訟羍=(至于)王廷曰

清華七·越公 66 吴帀(師)乃大欯(駭)曰

清華七·越公 69 曰:昔不穀(穀)先秉利於雩(越)

清華七·越公 71 曰:昔天以雩(越)邦賜吳

 清華七·越公 72 乃使(使)人告於吳王曰

 清華七·越公 74 吳王乃詞(辭)曰

 清華八·攝命 01 王曰

 清華八·攝命 03 王曰

 清華八·攝命 03 今余既明命女(汝)曰

 清華八·攝命 04 王曰

 清華八·攝命 05 有曰

 清華八·攝命 07 女(汝)母(毋)敢怙偈(遏)余曰乃妢(毓)

 清華八·攝命 07 有曰

 清華八·攝命 15 王曰

 清華八·攝命 16 曰:母(毋)朋(朋)多朋(朋)

 清華八·攝命 17 王曰

清華八·攝命 21 王曰

 清華八·攝命 23 王曰

 清華八·攝命 24 王曰

 清華八·攝命 25 曰:穆₌(穆穆)不(丕)顯

 清華八·攝命 26 民有曰之

 清華八·攝命 28 王曰

 清華八·攝命 30 王曰

 清華八·攝命 30 亡(無)多朕言曰茲

 清華八·邦政 11 公曰

 清華八·邦政 12 孔₌(孔子)諿(答)曰

 清華八·邦政 12 垔(丘)䎽(聞)之曰

 清華八·處位 05 人亓(其)曰

 清華八·處位 06 夫堂(黨)贑(貢)亦曰

清華八·處位 07 人而曰善

 清華八·邦道 16 此之曰攸(修)

 清華八·邦道 22 愚者曰

 清華八·邦道 22 曰:夫邦之弱張

 清華八·邦道 23 曰:皮(彼)幾(豈)亓(其)肰(然)才(哉)

 清華八·邦道 25 曰:虐(吾)飢(曷)達(失)

 清華八·心中 04 名之曰幸

 清華八·天下 05 弌(一)曰

 清華八·天下 05 弌(一)曰

 清華八·天下 05 弌(一)曰

 清華八·天下 06 弌(一)曰

 清華八·天下 06 弍(二)曰

清華八·天下 06 三曰

 清華八·天下 06 四曰

 清華八·天下 06 五曰

 清華八·八氣 07 木曰

 清華八·八氣 07 火曰

 清華八·八氣 07 金曰

 清華八·八氣 07 水曰

 清華八·八氣 07 土曰

 清華八·虞夏 01 曰昔又(有)吴(虞)是(氏)用索(素)

～，與 ☐（上博二·民 3）、☐（上博六·用 6）同。《說文·曰部》："曰，詞也。从口、乙聲。亦象口气出也。"

清華八·天下 05、06 "曰"，標舉項目用語，爲，是。《書·洪範》："五行：一曰水。"《詩·周南·關雎序》："故《詩》有六義焉：一曰風。"

清華 "曰"，説，説道。《書·舜典》："帝曰：'格汝舜，詢事考言，乃言底可績，三載，汝陟帝位。'"

清華 "會曰""譜曰"，即 "答曰"，回答説。《書·顧命》："王再拜，興，答曰：

'眇眇予末小子,其能而亂四方以敬忌天威。'"

匣紐衛聲

衛

清華二·繫年021 伐衛於楚丘

清華二·繫年021 衛人自楚丘䚟(遷)於帝丘

清華二·繫年124 衛侯虔

清華六·太伯乙06 魯、衛、鄾(蓼)、䣙〈郜〉(蔡)柸(來)見

《說文·行部》:"衛,宿衛也。從韋、帀,從行。行,列衛也。"

清華二·繫年021"伐衛於楚丘",《左傳·僖公二年》:"二年春,諸侯城楚丘而封衛焉。"

清華二·繫年021"衛人自楚丘䚟(遷)於帝丘",《左傳·僖公三十一年》:"冬,狄圍衛,衛遷于帝丘。"

清華六·太伯乙06"衛",古國名。周公封周武王弟康叔於衛。《左傳·隱公元年》:"鄭人以王師、虢師伐衛南鄙。"

清華二·繫年124"衛侯虔",《史記·衛康叔世家》:"昭公六年,公子亹弒之代立,是爲懷公。懷公十一年,公子穨弒懷公而代立,是爲慎公。慎公父,公子適;適父,敬公也。慎公四十二年卒,子聲公訓立。"《索隱》:"《系本》'適'作'虔'。"

衛

清華二·繫年018 乃先建衞(衛)弔(叔)圭(封)於庚(康)丘

清華二·繫年 018 㠱(衛)人自庚(康)丘罷(遷)於沂(淇)㠱(衛)

 清華二·繫年 018 沂(淇)㠱(衛)

 清華二·繫年 019 赤鄻(翟)王峀虐記(起)肯(師)伐㠱(衛)

 清華二·繫年 019 大敗(敗)㠱(衛)肯(師)於睘

 清華二·繫年 019 翟述(遂)居㠱(衛)

 清華二·繫年 037 乃迈(適)㠱(衛)

 清華二·繫年 042 伐㠱(衛)以敚(脱)齊之戍及宋之回(圍)

 清華二·繫年 043 命(令)尹子玉述(遂)衒(率)奠(鄭)、㠱(衛)、陳、郘(蔡)及群䜌(蠻)叧(夷)之自(師)以交文公

 清華六·鄭子 04 尻(處)於㠱(衛)三年

 清華六·鄭子 05 自㠱(衛)與奠(鄭)若卑耳而昚(謀)

 清華六·太伯甲 07 魯、㠱(衛)、鄝(蓼)、郘(蔡)坴(來)見

清華七·晉文公 08 聿（建）䘙（衛）

清華八·攝命 05 女（汝）隹（唯）䘙（衛）事䘙（衛）命

清華八·攝命 05 女（汝）隹（唯）䘙（衛）事䘙（衛）命

～，从"止"，"衛"聲，"衛"字繁體。

清華二·繫年 018"䘙弔垏"，讀爲"衛叔封"，即康叔。《史記·衛康叔世家》："衛康叔名封，周武王同母少弟也。""周公旦以成王命興師伐殷，殺武庚禄父、管叔，放蔡叔，以武庚殷餘民封康叔爲衛君，居河、淇間故商墟。"《左傳·定公四年》敘其受封，"命以《康誥》而封於殷虚"。遣簋（《集成》04059）"王來伐商邑，誕命康侯啚（鄙）于衛"；康侯方鼎（《集成》02153）"康侯丰作寶尊"，"丰"與簡文"垏"均與"封"通。"庚丘"即"康丘"，其地應在殷故地邶、鄘、衛的衛範圍之中，故康叔也可稱衛叔封。

清華二·繫年 018"沂䘙"，即"淇衛"，即在淇水流域的朝歌，今河南淇縣。

清華二·繫年 019"䘙肯"，讀爲"衛師"，衛國軍隊。

清華八·攝命 05"䘙"，即"衛"，防守，衛護。《易·大畜》："閑輿衛。"王弼注："衛，護也。"《國語·齊語》："築五鹿、中牟、蓋與、牡丘，以衛諸夏之地。"韋昭注："衛，蔽扞也。"

清華"䘙"，即"衛"，周武王弟康叔封地，國名。《韓非子·難一》："開方事君十五年，齊、衛之間不容數日行，棄其母久宦不歸，其母不愛，安能愛君？"

清華三·芮良夫 14 戍（衛）䏓（相）社禝（稷）

～，與戍（上博三·周 22）、戍（上博六·用 6）同，从"戈"，从兩"乂"，兩"乂"即"樊"字初文，从"戈"从"樊"，會護衛之義，"樊"亦聲。或説"戍"實乃"歲"字，這是一個从"戉"省，从二"止"的訛變字。（秦樺林）或認爲从"歲"从

"乂"會意,"歲""乂"皆兼聲。"歲"(心紐月部,从歲得聲的劌則在見紐月部)、"乂"(疑紐月部)、衛(匣紐月部)聲,三字韻同聲近。(季旭昇)或分析爲从戈、爻聲,是表護衛義的"衛"的專字。"爻"爲匣母宵部字,"衛"爲匣母月部字,二字雙聲,宵部字"小""少",即歌部字"沙"的初文,此爲宵、月相通之證。(陳斯鵬)

清華三·芮良夫 14"歲㮅社稷",讀爲"衛相社稷"。《禮記·檀弓下》:"仲尼曰:'能執干戈以衛社稷,雖欲勿殤也,不亦可乎!'"《易·大畜》:"閑輿衛。"王弼注:"衛,護也。"

叕

 清華八·處位 08 告詻(逆)必選(先)叕(衛)

~,从"艸","叕(衛)"聲。

清華八·處位 08"叕",讀爲"衛",防守,衛護。《易·大畜》:"閑輿衛。"王弼注:"衛,護也。""衛",一本作"衛"。《國語·齊語》:"築五鹿、中牟、蓋與、牡丘,以衛諸夏之地。"韋昭注:"衛,蔽扞也。"

匣紐會聲

會

 清華二·繫年 011 齊襄公會者(諸)侯于首𫊸(止)

 清華二·繫年 020 齊𧻚(桓)公會者(諸)侯以成(城)楚丘

 清華二·繫年 039 秦晉女(焉)飤(始)會(合)好

 清華二·繫年 051 乃命左行𤻮(蔑)与(與)陒(隨)會卲(召)襄

公之弟瘫(雍)也於秦

 清華二·繫年 054 左行瘍(蔑)、陒(隨)會不敢歸(歸)

 清華二·繫年 056 王會者(諸)侯於犮(厥)貉(貉)

 清華二·繫年 061 王會者(諸)侯于䣯(厲)

 清華二·繫年 062 晉成公會者(諸)侯以救(救)奠(鄭)

 清華二·繫年 066 陒(隨)會衕(率)𠂤(師)

 清華二·繫年 066 會者(諸)侯於䰜(斷)道

 清華二·繫年 067 今䒑(春)亓(其)會者(諸)侯

 清華二·繫年 070 衕(率)𠂤(師)以會於䰜(斷)䣉(道)

 清華二·繫年 070 既會者(諸)侯

 清華二·繫年 085 晉競(景)公會者(諸)侯以救(救)鄭

 清華二·繫年 088 楚王子波(罷)會晉文子燮(燮)及者(諸)侯

之夫=(大夫)

清華二·繫年 089 衍（率）自（師）會者（諸）侯以伐秦

 清華二·繫年 091 公會者（諸）侯於瞑（溴）梁

 清華二·繫年 092 坪（平）公衍（率）自（師）會者（諸）侯

 清華二·繫年 094 坪（平）公衍（率）自（師）會者（諸）侯

 清華二·繫年 096 命（令）尹子木會邲（趙）文子武及者（諸）侯之夫=（大夫）

 清華二·繫年 097 命（令）尹會邲（趙）文子及者（諸）侯之夫=（大夫）

 清華二·繫年 098 會者（諸）侯于（於）繡（申）

 清華二·繫年 101 晉與吳會爲一

 清華二·繫年 105 與楚自（師）會伐陽（唐）

 清華二·繫年 109 公會者（諸）侯

 清華二·繫年 110 晉柬（簡）公會者（諸）侯

清華二・繫年 111 灼(趙)赾(桓)子會[諸]侯之夫₌(大夫)

 清華二・繫年 119 晉公止會者(諸)侯於邳(任)

 清華二・繫年 119 宋殉(悼)公牆(將)會晉公

 清華七・趙簡子 05 成虭(剸)會(答)曰

 清華七・越公 01 赶埜(登)於會旨(稽)之山

 清華七・越公 04 赶才(在)會旨(稽)

 清華七・越公 14 虐(吾)於膚(胡)取仐(八千)人以會皮(彼)死

 清華七・越公 22 陟柿(棲)於會旨(稽)

 清華七・越公 45 乃命上會

 清華七・越公 47 坙(野)會厽(三)品

～，與 (上博四・曹 23)、(上博五・三 17)同。《說文・會部》："會，合也。从亼，从曾省。曾，益也。凡會之屬皆从會。，古文會如此。"

清華二・繫年"會者侯"，讀爲"會諸侯"。《左傳・宣公元年》："又會諸侯於匡，將爲魯討齊，皆取賂而還。"

清華二·繫年039"會好",讀爲"合好",和好。《左傳·定公十年》:"兩君合好,而裔夷之俘以兵亂之,非齊君所以命諸侯也。"

清華二·繫年051、054、066"陵會",即"隨會",又稱"士會"。《左傳·文公六年》:"使先蔑、士會如秦,逆公子雍。"

清華二·繫年070"衝自以會於幽壴",讀爲"率師以會於斷道"。《春秋·宣公十七年》:"公會晉侯、衛侯、曹伯、邾子同盟于斷道。"

清華二·繫年101、105"會",匯合、彙集之義。《爾雅·釋詁》:"會,合也。"

清華二·繫年088、096、097、111、119"會",會見、會面。《左傳·文公八年》:"冬,襄仲會晉趙孟于衡雍,報扈之盟也。"

清華七·趙簡子05"會曰",讀爲"答曰",回答説。

清華七·越公01"會旨(稽)之山",清華七·越公04、22"會旨(稽)",《國語·越語上》:"越王句踐棲於會稽之上。"

清華七·越公14"會",《左傳·哀公二年》:"於是乎會之。"杜預注:"會,合戰。"

清華七·越公45"會",《周禮·地官·大司徒》:"以土會之灋,辨五地之物生。"鄭玄注:"會,計也。""上會",即上計。《晏子春秋·外篇上》:"晏子對曰:'臣請改道易行而治東阿,三年不治,臣請死之。'景公許。於是明年上計,景公迎而賀之。"

清華七·越公47"埜會厽品",讀爲"野會三品",邊鄙的考校分爲三個等級。"會",總計。

鄶

清華六·太伯甲06 克鄶鄾

清華六·太伯乙05 克鄶鄾

《説文·邑部》:"鄶,祝融之後,妘姓所封。溱洧之間。鄭滅之。從邑,會聲。"

清華六·太伯"鄶",《國語·鄭語》史伯對鄭桓公,謂濟、洛、河、潁之間,

"是其子男之國,虢、鄶爲大"。《國語·周語中》:"昔鄢之亡也由仲任,密須由伯姞,鄶由叔妘,聃由鄭姬,息由陳嬀,鄧由楚曼,羅由季姬,盧由荊媯,是皆外利離親者也。"韋昭注:"鄶,妘姓之國。叔妘,同姓之女爲鄶夫人。唐尚書云:'亦鄭武公滅之,不由女亡也。'昭謂《公羊傳》曰:'先鄭伯有善乎鄶公者,通於夫人以取其國。'此之謂也。"《説苑·權謀》:"鄭桓公將欲襲鄶,先問鄶之辨智果敢之士,書其名姓,擇鄶之良臣而與之,爲官爵之名而書之,因爲設壇於門外而埋之。釁之以猳,若盟狀。鄶君以爲内難也,盡殺其良臣。桓公因襲之,遂取鄶。"

匣紐戉聲

戉

清華二·繫年 110 戉(越)公句戔(踐)克吳

清華二·繫年 111 戉(越)人因衰(襲)吳之與晉爲好

清華二·繫年 111 以與戉(越)命(令)尹宋桌(盟)于邘

清華二·繫年 112 㓶(趙)狗衒(率)自(師)與戉(越)公株(朱)

句伐齊

(平)

清華二·繫年 113 戉(越)公、宋公敓(敗)齊自(師)于(於)襄坪

清華二·繫年 113 至今晉、戉(越)以爲好

清華二·繫年 120 衒(率)自(師)與戉(越)公殹(翳)伐齊

清華二·繫年120 齊與戉(越)成

清華二·繫年120 戉(越)公與齊侯貣(貸)

清華二·繫年121 戉(越)公内(入)亯(饗)於魯

清華五·命訓07 又(有)釳(斧)戉(鉞)

清華五·命訓07 以亓(其)斧戉(鉞)尚(當)天之褐(禍)

《說文·戉部》:"戉,斧也。从戈,乚聲。《司馬法》曰:'夏執玄戉,殷執白戚,周左杖黄戉,右秉白髦。'"

清華二·繫年110"戉公句戔",讀爲"越公句踐"。《史記·越王句踐世家》:"越王句踐,其先禹之苗裔,而夏后帝少康之庶子也。封於會稽,以奉守禹之祀。文身斷髮,披草萊而邑焉。後二十餘世,至於允常。允常之時,與吳王闔廬戰而相怨伐。允常卒,子句踐立,是爲越王。"

清華二·繫年111"戉人",讀爲"越人",越國人。

清華二·繫年111"戉命尹宋",讀爲"越令尹宋",即越國的令尹,名宋。令尹是楚官,越亦有令尹。

清華二·繫年112"戉公株句",讀爲"越公株句",越國國君。《史記·越世家》,《索隱》引《紀年》云:"不壽立十年見殺,是爲盲姑,次朱句立。"又:"於粵子朱句三十四年滅滕,三十五年滅郯,三十七年朱句卒。"存世越王州句劍多見,見《集成》11622—11632。"株句""朱句""州句"等,並爲同一人名的異寫。

清華二·繫年120"戉公殹",讀爲"越公翳",即越王翳。《史記·越王句踐世家》:"句踐卒,子王鼫與立。王鼫與卒,子王不壽立。王不壽卒,子王翁立。王翁卒,子王翳立。王翳卒,子王之侯立。"《索隱》引《紀年》云:"翳三十三年遷于吳,三十六年七月,太子諸咎弒其君翳。"

清華二·繫年"戉",讀爲"越",古國名。建都會稽(今浙江紹興)。春秋時興起,戰國時滅於楚。《左傳·宣公八年》:"盟吳越而還。"杜預注:"越國,今會稽山陰縣也。"孔穎達疏:"越,姒姓。其先夏后少康之庶子也,封於會稽,自號於越。於者,夷言發聲也。"

清華五·命訓 07"釸戉",即"斧鉞",斧與鉞,兵器。《左傳·昭公四年》:"王弗聽,負之斧鉞,以徇於諸侯。"《漢書·天文志》:"梁王恐懼,布車入關,伏斧戉謝罪,然後得免。"此處借指刑罰、殺戮之權。

越

 清華一·尹至 01 我迷(來)趯(越)今昀=(旬日)

~,"越"字繁體,贅加"止"旁。《説文·走部》:"越,度也。从走,戉聲。"

清華一·尹至 01"趯",即"越",逾越,超出某種規定或範圍。《易·繫辭下》:"其稱名也,雜而不越。"韓康伯注:"備物極變,故其名雜也。各得其序,不相踰越。"《文子·九守》:"能有名譽者,必不以越行求之。"《孔子家語·五儀解》:"油然若將可越而終不可及者,此則君子也。"

邮

 清華三·説命中 04 邮(越)疾罔瘳

 清華三·説命下 03 勿易卑(俾)邮(越)

清華七·越公 56 及風音誦詩訶(歌)諑(謠)之非邮(越)崇(常)聿(律)

 清華七·越公 72 今天以吳邦賜邮(越)

~,從"邑","戉"聲,"越國"之"越"的專字。

清華三·説命中 04"邮疾罔瘳",即"越疾罔瘳"。"越",語首助詞。《書·

盤庚上》:"越其罔有黍稷。"《書·高宗肜日》:"高宗肜日,越有雊雉。"《國語·楚語上》作"若藥不瞑眩,厥疾不瘳"。

清華三·說命下 03"䢎",即"越",意即失墜。《書·盤庚中》:"顛越不恭,暫遇姦宄。"孔傳:"顛,隕。越,墜也。"孔穎達疏:"'顛越'是從上倒下之言,故以'顛'爲隕,'越'是遺落,爲墜也。《左傳·僖公九年》齊桓公云:'恐隕越於下。'文十八年史克云:'弗敢失墜。''隕''越'是遺落廢失之意,故以隕墜不恭爲'不奉上命'也。"

清華七·越公 56、72"䢎",即"越",國名,參上。

𢦏(歲)

清華一·耆夜 09 𢦏(歲)又(有)剺行

清華一·耆夜 12 𢦏(歲)喬員(云)茖(莫)

清華一·耆夜 13 𢦏(歲)喬[員](云)□

清華一·金縢 09 是𢦏(歲)也

清華一·金縢 13 𢦏(歲)大又(有)年

清華二·繫年 028 𥅀(明)𢦏(歲)

清華二·繫年 072 𥅀(明)𢦏(歲)

清華二·繫年 088 𥅀(明)𢦏(歲)

清華二·繫年 089 朙（明）戢（歲）

清華二·繫年 102 七戢（歲）不解甲（甲）

清華二·繫年 129 朙（明）戢（歲）

清華二·繫年 129 朙（明）戢（歲）

清華二·繫年 132 朙（明）戢（歲）

清華三·芮良夫 23 戢（歲）遹不氏（度）

清華四·筮法 40 大事戢（歲）才（在）前，果

清華六·孺子 08 女（如）及三戢（歲）

清華六·管仲 12 君堂（當）戢（歲）

清華七·子犯 01 尻（處）女（焉）三戢（歲）

清華七·越公 47 又（有）黿（爨）戢（歲）

清華八·邦道 06 卑（譬）之猷（猶）戢（歲）之不旹（時）

清華八·邦道 07 而正戠（歲）旹（時）

～，與𣦼（上博六·競 1）、𣦼（上博六·壽 4）同。《説文·步部》："歲，木星也。越歷二十八宿，宣徧陰陽，十二月一次。从步，戌聲。律歷書名五星爲五步。"

清華一·耆夜 09"戠又剽行"，讀爲"歲有杲行"，歲星有它恆常的道路。（郭永秉）"剽"，或疑讀爲"歇"。沈培讀爲"設"。

清華一·耆夜 12、13"戠喬員茖"，讀爲"歲喬云莫"。參《詩·唐風·蟋蟀》"蟋蟀在堂，歲聿其莫"。鄭箋："蟋在堂，歲時之候，是時農功畢，君可以自樂矣。今不自樂，日月且過去，不復暇爲之。謂十二月，當復命農計耦耕事。"

清華一·金縢 09"是戠"，即"是歲"，此年。《左傳·僖公十五年》："是歲晉又饑。"

清華一·金縢 13"戠（歲）大又（有）年"之"歲"，收成。《左傳·昭公三十二年》："如農夫之望歲。"《穀梁傳·宣公十六年》："冬，大有年。五穀大熟，爲大有年。"

清華二·繫年 102"七戠"，即"七歲"，七年。

清華六·孺子 08、清華七·子犯 01"三戠"，即"三歲"，三年。

清華二·繫年"昷戠"，讀爲"明歲"，明年。

清華三·芮良夫 23"戠迡不厇"，讀爲"歲迡不度"。

清華四·筮法 40"戠"，即"歲"，與"月""日"相對。

清華六·管仲 12"君堂戠"，讀爲"君當歲"。《書·洪範》："王省惟歲，卿士惟月，師尹惟日，歲月日，時無易，百穀用成。"

清華七·越公 47"奟戠"，即"爨歲"，疑讀爲"算會"。又疑是反義，"爨"，讀爲"贊"，"歲"，讀爲"劌"，傷也。

清華八·邦道 06"卑之猶戠之不旹"，讀爲"譬之猶歲之不時"。《左傳·宣公十二年》："晉鮑癸當其後，使攝叔奉麋獻焉，曰：'以歲之非時，獻禽之未至，敢膳諸從者。'"

清華八·邦道 07"戠旹"，讀爲"歲時"，一年，四季。《周禮·春官·占夢》："掌其歲時，觀天地之會，辨陰陽之氣。"鄭玄注："其歲時，今歲四時也。"

蔵

　　清華八·邦道 20 實正（征）亡（無）蔵（穢）

～，從"艸"，"戠"聲，"穢"字異體。

清華八·邦道 20"蔵"，即"穢"，荒蕪，雜草叢生。《荀子·富國》："民貧，則田瘠以穢；田瘠以穢，則出實不半。"

鱥

　　清華二·繫年 080 執吳王子鱥（蹶）繇（由）

～，從"魚"，"戠"聲，"鱖"字異體。

清華二·繫年 080"吳王子鱥繇"，讀爲"吳王子蹶由"，即王子繇，壽夢之子，夷末之弟。《左傳·昭公五年》："吳子使其弟蹶由犒師，楚人執之。""蹶由"，《韓非子·說林下》作"麋融"，《漢書·古今人表》作"厥由"。

匣紐害聲

害

　　清華八·攝命 26 余一人害（曷）叚（假）

　　清華八·攝命 27 余害（曷）叚（假）

～，與 ✦（上博二·從甲 8）、✦（上博五·姑 4）同。《說文·宀部》："害，傷也。從宀，從口。宀、口，言從家起也。丯聲。"

清華八·攝命 26、27"害"，讀爲"曷"，何不。《詩·唐風·有杕之杜》："中心好之，曷飲食之？"

害

　清華一·尹誥 02 今句(後)害(何)不藍(監)

　清華三·琴舞 13 忎(遹)舍(余)龏(恭)害(害)㫃(怠)

～，與 同，从"五"之訛形，从"害"，隸定爲"害"，是糅合了"萬"（![]，讀爲傷害之"害"）、"害"（![]）這兩個經常可以通假的字後形成的。

　　清華一·尹誥 02"今句害不藍"，讀爲"今後何不監"。《書·吕刑》："今爾何監，非時伯夷播刑之迪。其今爾何懲，惟時苗民匪察于獄之麗。"彼言當監於伯夷，懲於有苗。

　　清華三·琴舞 13"害"，讀爲"害"，何也。《詩·周南·葛覃》："害澣害否。"毛傳："害，何也。"簡文"遹余恭害怠"，意爲恭敬不敢怠慢。

憲

　清華一·尹至 03 憲(曷)今東羕(祥)不章(彰)

～，从"心"，"害"聲。

　　清華一·尹至 03"憲"，讀爲"曷"，代詞，表示疑問，相當於"何""什麽"。

箸

　清華三·琴舞 10 命不彝箸(歇)

～，从"竹"，"害"聲。

　　清華三·琴舞 10"箸"，疑讀爲"歇"。《左傳·宣公十二年》："得臣猶在，憂未歇也。困獸猶鬬，况國相乎！"杜預注："歇，盡也。"簡文意爲天命不常歇。

瀥

　　清華三·芮良夫 10 母(毋)瀥(害)天棠(常)

～，从"水"，"䓣"聲。

清華三·芮良夫 10"瀥"，讀爲"害"，損害，傷害。《國語·楚語上》："子實不睿聖，於倚相何害。"韋昭注："害，傷也。"《左傳·文公十八年》："顓頊有不才子，不可教訓，不知話言，告之則頑，舍之則嚚，傲很明德，以亂天常。"

割

　　清華五·命訓 14 敎(藝)迻(淫)則割(害)於材(才)

　　清華六·子產 13 又(有)以御(禦)割(害)戕(傷)

　　清華七·子犯 08 割(曷)又(有)僕(僕)若是而不果以或(國)

～，與 ▯(上博六·競 1)、▯(上博六·競 13)、▯(郭店·語叢四 18)同，从"刀"或"刃"，"害"或"䓣"聲，"割"字異體。《說文·刀部》："割，剝也。从刀，害聲。"

清華五·命訓 14"敎(藝)迻(淫)則割(害)於材(才)"，今本《逸周書·命訓》作"藝淫則害于才"。

清華六·子產 13"又以御割戕"，讀爲"有以禦害傷"。《公羊傳·莊公十八年》："秋，有蜮。何以書？記異也。"何休注："蜮之猶言惑也。其毒害傷人，形體不可見，象魯爲鄭瞻所惑，其毒害傷人，將以大亂而不能見也。"

清華七·子犯 08"割"，讀爲"曷"。《說文·曰部》："曷，何也。"

蔪

 清華八·邦政 10 則視亓(其)民女(如)屮(草)蔪(芥)矣

~,從"艸","割"聲。

清華八·邦政 10"蔪",讀爲"芥"。《詩·豳風·七月》"以介眉壽",無叀鼎(《集成》02814)作"用割眉壽"。《左傳·哀公元年》:"以民爲土芥,是其禍也。"杜預注:"芥,草也。"簡文"草芥",草和芥,常用以比喻輕賤。《孟子·離婁上》:"視天下悅而歸己,猶草芥也,惟舜爲然。"《三國志·吳書·賀邵傳》:"國之興也,視民如赤子;其亡也,以民爲草芥。"

萬

 清華一·保訓 08 耑(微)亡(無)萬(害)

~,與 (郭店·尊德義 26)、 (新蔡甲三 294、新蔡零 334)同。"䡔"(轄)字異體。《説文·舛部》:"䡔,車軸耑鍵也。兩穿相背,从舛,䙴省聲。萬,古文偰字。"

清華一·保訓 08"亡萬",讀爲"無害",無所損害。《逸周書·周祝》:"善用道者終無害。"

邁

 清華一·金縢 03 勞(邁)邁(害)虐(虐)疾

~,與 (新蔡甲三 64)同,從"辵","萬"聲。

清華一·金縢 03"邁",讀爲"害"。《淮南子·脩務》注:"害,患也"。"勞(邁)邁(害)虐(虐)疾",今本《書·金縢》作"邁厲虐疾"。孔傳:"厲,危。虐,暴也。"《史記·魯世家》作"勤勞阻疾"《集解》引徐廣云"阻,一作'淹'","淹""蓋"古通,"蓋"亦月部字,謂武王勤勞而有此淹久之疾。

嗇（憲）

 清華五·厚父 08 隹(惟)寺(時)余經念乃高且(祖)克嗇(憲)皇天之政工(功)

～，從"目"，"害"聲。

清華五·厚父 08"嗇"，讀爲"憲"，效法。《書·説命中》："惟天聰明，惟聖時憲。"孔傳："憲，法也。言聖王法天以立教於下。"

憲（憲）

 清華一·皇門 04 多憲(憲)正(政)命

 清華一·皇門 13 叚(假)余憲(憲)

～，從"心"，"嗇"聲，"憲"字異體。《説文·心部》："憲，敏也。從心、從目，害省聲。"

清華一·皇門 04"多憲正命"，讀爲"多憲政命"。今本《逸周書·皇門》作"明憲朕命"。"憲"，效法。《詩·大雅·崧高》："文武是憲。"

清華一·皇門 13"叚余憲"，讀爲"假余憲"。今本《逸周書·皇門》作"爾假予德憲。""憲"，典範，榜樣。《書·蔡仲之命》："爾乃邁迹自身，克勤無怠，以垂憲乃後。"《詩·小雅·六月》："文武吉甫，萬邦爲憲。"朱熹《集傳》："憲，法也……能文能武，則萬邦以之爲法矣。"

見紐孑聲

孑

 清華一·楚居 05 至酓(熊)孑(艾)、酓(熊)舥(黜)、酓(熊)髮(樊)及酓(熊)賜(錫)、酓(熊)迮(渠)

清華五·命訓 09 亟(極)佴(恥)則民孑(叛)

～，疑"孑孓"之"孑"的訛體。簡文把"孑"字頭寫作"口"字形，跟者㠯罍"子"字頭寫作"口"字形同類(容庚：《金文編》第 983 頁)。(李家浩)"孑"字比孑右下多了一小橫，可以看作爲了和"只"形區別加的區別符號或飾筆。應該是"孑孓"之"孑"的訛體。《說文·了部》："孑，無左臂也。从了，丿象形。""孒，無右臂也。从了，乚象形。"或釋爲"只"。

清華一·楚居 05"酓孑"，讀爲"熊艾"。《史記·楚世家》："熊繹生熊艾。"(李家浩)上古音"孑"屬見母月部，"艾"屬疑母月部，二字聲母都是牙音，韻部相同，當可通用。

清華五·命訓 09"亟(極)佴(恥)則民=孑=(民叛，民叛)則瘍人"，今本《逸周書·命訓》作"極醜則民叛，民叛則傷人"。上古音"孑"屬見母月部，"叛"屬明母元部。月、元是對轉關係，典籍有二字間接通假的例證。"孑""蠚"二字古通。《爾雅·釋魚》"蜎，蠉。"郭璞注："井中小蛣蟩、赤蟲，名孑孓。"《廣雅·釋蟲》："孑孓，蜎也。"《廣雅·釋詁》："孑孓，短也。"王念孫《疏證》："孑孓與蛣蟩聲義並同。""蹶""蹙"二字古通。《史記·夏侯嬰傳》："常蹶兩兒欲棄之。"《索隱》："蹶，《漢書》作'蹙'。""發""反"二字古通。《淮南子·道應》："子發攻蔡。""發"，《論衡·逢遇篇》作"反"。《說文·半部》："叛，半也。从半，反聲。"疑"孑"讀爲"叛"。"民叛"，典籍習見，如《左傳·昭公元年》："神怒民叛，何以能久？趙孟不復年矣。神怒，不歆其祀；民叛，不即其事。祀事不從，又何以年？"《國語·周語中》："佻天不祥，乘人不義，不祥則天棄之，不義則民叛之。"(徐在國)

見紐介聲

介

 清華三·琴舞 14 介(匄)睪(澤)寺(恃)悳(德)

　清華四·別掛 04 介（豫）

　　清華八·處位 01 與（舉）介執事

～，與 介（上博四·昭 6）、介（上博六·壽 5）同。《說文·八部》："介，畫也。从八、从人。人各有介。"

清華三·琴舞 14"介"，讀爲"匄"，祈求。《詩·豳風·七月》："爲此春酒，以介眉壽。"簡文"匄澤恃德"，祈求上天之恩澤依憑有德。

清華四·別掛 04"介"，讀爲"豫"，六十四卦之一。坤下震上。《易·豫》："象曰：雷出地奮，豫。"孔穎達疏："雷是陽氣之聲，奮是震動之狀，雷既出地震動，萬物被陽氣而生，各皆逸豫。""介"字與王家臺秦簡《歸藏》同。阜陽漢簡、今本《周易》作"豫"。"介"屬月部見母，"豫"屬魚部喻母，魚月旁對轉，見喻牙喉音，音近可通。

清華八·處位 01"介"，《漢書·谷永傳》："左右之介。"顔師古注："介，紹也。"

㪰

　清華四·別卦 06 㪰（夬）

～，从"攴"，"介"聲。

清華四·別卦 06"㪰"，讀爲"夬"，《易》卦名。六十四卦之一。乾下兌上。《易·夬》："夬，揚于王庭。"孔穎達疏："此陰消陽息之卦也。陽長至五，五陽共決一陰，故名爲夬也。""夬""介"都是月部見母字，音近可通。馬王堆帛書本、今本《周易》作"夬"。

猋

　清華六·太伯甲 06 輮車閣（襲）猋

清華六·太伯乙 05 韔車闌（襲）淶

～，從二"水"，"价（介）"聲。"价（介）"，上博二·容 14 作 。

　　清華六·太伯甲 06、太伯乙 05"淶"，疑讀爲"介"。《詩·鄭風·清人》："清人在彭，駟介旁旁。"孔穎達疏："介是甲之別名。"簡文"襲介"猶云被甲。或説"淶"爲表二水之間的地名。

見紐丰聲

萅

　　清華三·良臣 10 萅（蔑）明

～，"芍""丰"均是聲符。

　　清華三·良臣 10"萅明"，讀爲"蔑明"。詳見"月部明紐蔑聲"。

鄷

　　清華一·祭公 01 且（祖）鄷（祭）公

　　清華一·祭公 02 鄷（祭）公拜=（拜手）䭫=（稽首）

　　清華一·祭公 07 我亦隹（惟）又（有）若且（祖）鄷（祭）公

　　清華一·祭公 21 鄷（祭）公之賜（顧）命

～，從"邑"，"丰"聲、"㱽"聲。《禮記·緇衣》引作《葉公之顧命》，郭店簡、上博簡《緇衣》作"𦰩（或𦰩）公之募命"。

清華一·祭公"氅公",讀爲"祭公",爲周公之後。《左傳·僖公二十四年》:"凡、蔣、邢、茅、胙、祭,周公之胤也。"封國在今河南鄭州東北。《左傳·昭公十二年》:"祭公謀父作《祈招》之詩,以止王心,王是以獲没於祇宫。"《國語·周語上》:"穆王將征犬戎,祭公謀父諫曰。"

見紐勻聲

勻

 清華八·攝命 14 亦則勻(遏)逆于朕

～,參下"偈"字。《說文·亡部》:"勻,气也。逮安說:亡人爲勻。"

清華八·攝命 14"勻",讀爲"遏"。簡文"遏逆於朕",則亦遏逆於我。略同於《書·君奭》"遏佚前人光"、清華五·厚父 05、06"王廼遏失其命"。

匣紐曷聲

偈

 清華八·攝命 07 女(汝)母(毋)敢怙偈(遏)余曰乃妵(毓)

～,西周金文作(《集成》06458,弔偈父簋),從"人","曷"聲。"曷"所從的"日"在"勻"下,所從的"勻"與清華八·攝命 14""同,與""(清華五·厚父 05)、""(《集成》09735,中山王壺)所從相近。"",即"亡"()、"刀"()的交叉結合的結果。(王磊)

清華八·攝命 07"偈",讀爲"遏",訓爲"止"。《詩·大雅·民勞》:"式遏寇虐,憯不畏明。"鄭箋:"式,用;遏,止也。"

· 3043 ·

渴

 清華五·厚父 05 之匿（慝）王廼渴（遏）㑹（失）其命

 清華八·八氣 01 木燹（氣）渴（竭）

 清華八·八氣 01 自渴（竭）之日

 清華八·八氣 02 屮（艸）燹（氣）渴（竭）

 清華八·八氣 02 自屮（艸）燹（氣）渴（竭）之日

～，所从"曷"旁，上部的圈筆 ⬤，是"日"的簡化。《說文·水部》："渴，盡也。从水，曷聲。"（鄔可晶）。

清華五·厚父 05"渴㑹"，讀爲"遏佚"或"遏失"，斷絕，喪失。《書·君奭》："惟人在我後嗣子孫，大弗克恭上下，遏佚前人光，在家不知，天命不易。"孔傳："惟衆人共存在我後嗣子孫，若大不能恭承天地，絕失先王光大之道，我老在家則不得知。"《漢書·王莽傳上》引作"遏失"。

清華八·八氣 01、02"渴"，讀爲"竭"，窮盡。《禮記·大傳》："旁治昆弟，合族以食，序以昭繆，別之以禮義，人道竭矣。"鄭玄注："竭，盡也。"

蔼

 清華一·尹誥 01 顗（夏）自蔼（遏）亓（其）又（有）民

～，从"艸""心"，"偈"聲。" "上部是一圈形筆畫，與左起第二筆上端相連，與 （清華五·厚父 05）形"日"旁出現的位置相同。除去圈筆的部分，與㮤（上博四·曹65）"匃"（𠚤）的寫法一致，其實就是"曷"的一種寫法。楚文字中"匃"可簡化"刀"旁，寫作"𠚤"，或進一步省去"刀"作"𠚤"，與"亡"同形。

清華一·尹誥01"蕝"，讀爲"遏"。《書·湯誓》："夏王率遏衆力。"《書·呂刑》："遏絶苗民。"（石小力、王磊）或隸定爲"蕝"，讀爲"絶"。

鄥

清華六·太伯甲08 虐（吾）达（逐）王於鄥（葛）

清華六·太伯乙07 虐（吾）达（逐）王於鄥（葛）

～，从"邑"，"𦰩"聲。"𦰩"，與三體石經《春秋》僖公人名"介葛盧"之"葛"形近。與"葛"㮤（上博四·采01）下部所從同。

清華六·太伯甲08、太伯乙07"鄥"，讀爲"葛"，地名。《左傳·桓公五年》："秋，王以諸侯伐鄭，鄭伯禦之……戰于繻葛，命二拒曰：'旝動而鼓。'蔡、衛、陳皆奔，王卒亂，鄭師合以攻之，王卒大敗。"杜預注："繻葛，鄭地。"顧棟高以爲即長葛。

見紐夬聲

快

清華三·芮良夫27 我心不快

清華五·湯丘02 惜（舒）快以忞（恆）

楚文字"夬"或作𠀤（上博三·周39）、𠀤（上博四·采03）、𠀤（郭店·老子乙14）。《説文·心部》："快，喜也。从心，夬聲。"

清華三·芮良夫 27"我心不快",《易·艮》:"六二,艮其腓,不拯其隨,其心不快。"《易·旅》:"得其資斧,我心不快。"

清華五·湯丘 02"快",高興,愉快。《孟子·梁惠王上》:"抑王興甲兵,危士臣,構怨於諸侯,然後快於心與?"

袂

 清華三·説命上 03 尓(爾)左執朕袂

《説文·衣部》:"袂,袖也。从衣,夬聲。"

清華三·説命上 03"袂",衣袖。《易·歸妹》:"帝乙歸妹,其君之袂,不如其娣之袂良。"王弼注:"袂,衣袖,所以爲禮容者也。"

欵

 清華五·三壽 28 尃(補)欵(缺)而救桂(柱)

~,从"聿","夬"聲。

清華五·三壽 28"尃欵",讀爲"補缺",補救錯失。《後漢書·伏湛傳》:"柱石之臣,宜居輔弼,出入禁門,補缺拾遺。"

垬

 清華六·管仲 20 丠(恐)辠(罪)之不垬(竭)

~,从"土","夬"聲,"块"之異體。"夬"下加注"口"。

清華六·管仲 20"垬",讀爲"竭"。《國語·晉語一》注:"盡也。"《管子·心術下》:"泉之不竭,表裏遂通;泉之不涸,四支堅固。"

· 3046 ·

見紐氒聲

氒

清華一·尹至 02 亓(其)又(有)句(后)氒(厥)志亓(其)倉

清華一·尹誥 01 亦隹(惟)氒(厥)衆

清華一·尹誥 02 氒(厥)辟复(作)悁(怨)于民

清華一·程寤 01 廼宑=(小子)發(發)取周廷杍(梓)桓(樹)于氒(厥)閒(間)

清華一·保訓 04 自詣(稽)氒(厥)志

清華一·保訓 05 氒(厥)又(有)攸(施)于上下遠埶(邇)

清華一·保訓 07 甬(用)受(授)氒(厥)緒

清華一·保訓 08 又(有)易怀(服)氒(厥)辠(罪)

清華一·耆夜 08 念(歆)氒(厥)䣊(禋)明(盟)

清華一·皇門 03 以驀(助)氒(厥)辟

清華一·皇門05 是人斯既䕶（助）氒（厥）辟

清華一·皇門06 卑（俾）備（服）才（在）氒（厥）豪（家）

清華一·皇門07 至于氒（厥）逡（後）嗣立王

清華一·皇門07 以豪（家）相氒（厥）室

清華一·皇門10 以不利氒（厥）辟氒（厥）邦

清華一·皇門10 氒（厥）邦

清華一·皇門10 以自霝（落）氒（厥）豪（家）

清華一·祭公11 城（成）氒（厥）矼（功）

清華一·祭公11 亦尚亙（寬）戕（壯）氒（厥）心

清華一·祭公12 叞（戡）氒（厥）戠（敵）

清華一·楚居03 氒（厥）牅（狀）甦（聶）耳

清華二·繫年002 卿㜽（士）、者（諸）正、萬民弗刃（忍）于氒

（厥）心

清華三·說命上 01 王命氒（厥）百攻（工）向

清華三·說命上 02 氒（厥）卑（俾）緟（繃）弓

清華三·說命上 02 氒（厥）敓（說）之頨（狀）

清華三·說命中 01 王韻（原）比氒（厥）夢

清華三·說命中 05 才（在）氒（厥）胳（落）

清華三·說命中 07 隹（惟）戎（干）戈生（眚）氒（厥）身

清華三·說命下 04 氒（厥）兀（其）恁（禍）亦羅于罿罻

清華三·芮良夫 01 氒（厥）辟、钺（禦）事各絭（綣）兀（其）身

清華三·芮良夫 16 莫禹（稱）氒（厥）立（位）

清華三·芮良夫 18 各耆（圖）氒（厥）羕（永）

清華五·厚父 06 真（顛）復（覆）氒（厥）悳（德）

清華五·厚父 06 廼述（墜）氒（厥）命

清華五·厚父 06 亡厽(厥)邦

清華五·厚父 07 廼弗悹(慎)厽(厥)惪(德)

清華五·厚父 08 廼虔秉厽(厥)惪(德)

清華五·厚父 11 厽(厥)俊(作)隹(惟)枼(葉)

清華五·厚父 11 廼洹(宣)弔(淑)厽(厥)心

清華五·厚父 12 若山厽(厥)高

清華五·厚父 12 若水厽(厥)肙(深)

清華五·厚父 12 厽(厥)伔(徵)女(如)有(佐)之服于人

清華五·封許 02 向(尚)脣(純)厽(厥)惪(德)

清華五·封許 02 詆(毖)光厽(厥)剌(烈)

清華五·封許 03 蠢(鼇)厽(厥)猷

清華五·命訓 10 凡厽(厥)六者

清華五·命訓 13 勿(物)厽(厥)崇(權)之欘(屬)也

清華七·子犯13 思(懼)不死型(刑)以及于氒(厥)身

清華八·攝命17 余厭既異氒(厥)心氒(厥)遠(德)

清華八·攝命17 氒(厥)遠(德)

～,與 ᇫ(上博三·周11)、ᇫ(上博六·用06)、ᇫ(上博八·蘭02)同。《說文·氏部》:"氒,木本。从氏。大於末。讀若厥。"

清華一·尹至02、保訓04"氒志",讀爲"厥志"。《書·盤庚中》:"予若籲懷茲新邑,亦惟汝故,以丕從厥志。"

清華一·程寤01"延孚㦰取周廷梓樹于氒閒",讀爲"延小子發取周廷梓樹於厥間"。《太平御覽》卷八十四:"太子發取周庭之梓樹之于闕間。""氒(厥)",金文習見,訓爲其,《藝文類聚》《太平御覽》等引作"闕"。

清華一·保訓07"甬(用)受(授)氒(厥)緒",《書·五子之歌》:"關石和鈞,王府則有。荒墜厥緒,覆宗絶祀!"

清華一·保訓08"又(有)易怀(服)氒(厥)辠(罪)",《書·湯誥》:"天道福善禍淫,降災于夏,以彰厥罪。"

清華一·尹誥02,清華一·皇門03、05,清華三·芮良夫01"氒辟",讀爲"厥辟"。《書·太甲上》:"祇爾厥辟,辟不辟,忝厥祖。"

清華一·皇門06、10"卑(俾)備(服)才(在)氒(厥)豪(家)",今本《逸周書·皇門》作"俾嗣在厥家",陳逢衡注:"嗣在厥家,子孫繩繩萬年靡不承也。"《書·畢命》:"惟周公左右先王,綏定厥家,毖殷頑民,遷于洛邑,密邇王室,式化厥訓。"

清華一·皇門07"至于氒(厥)遂(後)嗣立王",今本《逸周書·皇門》作"至于厥後嗣"。

清華一·皇門07"以豪(家)相氒(厥)室",今本《逸周書·皇門》作"以家相厥室"。

清華一·皇門10、清華五·厚父06"氒邦",讀爲"厥邦"。《書·盤庚中》:"今予將試以汝遷,安定厥邦。"

清華一·祭公11"城氒紅",讀爲"成厥功"。《書·咸有一德》:"無自廣以狹人,匹夫匹婦,不獲自盡,民主罔與成厥功。"

清華一·祭公 11、清華二·繫年 002、清華五·厚父 11"氒心",讀爲"厥心"。《書·無逸》:"不永念厥辟,不寬綽厥心,亂罰無罪,殺無辜。"

清華一·祭公 12"戏(哉)氒(厥)敱(敵)",今本《逸周書·祭公》作"哉厥敵"。

清華三·説命上 02"氒(厥)卑(俾)緪(繃)弓"之"氒",即"厥"。《爾雅·釋言》:"厥,其也。"在此訓"將",參楊樹達《詞詮》第一六○頁。

清華三·説命下 04"氒(厥)亓(其)悠(禍)亦羅于罿罦"之"氒",讀爲"越",與"肆"或"遂"相當,爲表示承接或因果關係的連詞。古音氒聲、越聲、豙聲相通。歲本從戉聲。《釋名·釋天》:"歲,越也,越故限也。"《太平御覽》引《春秋元命苞》:"歲之爲言遂也。"《白虎通義·四時》:"歲者,遂也。"《左傳·成公二年》:"射其左,越于車下。"杜預注:"越,隊也。"《禮記·緇衣》:"《太甲》曰:'毋越厥命,以自覆也。'"孔傳:"越,墜失也。"鄭注:"越之言蹷也。"《孟子·滕文公上》引《書》曰:"若藥不瞑眩,厥疾不瘳。"清華簡本《説命中》:"若藥,女(如)不瞑(瞑)𥄝(眩),䣙疾罔瘳。"《書·盤庚上》:"惰農自安,不昏作勞,不服田畝,越其罔有黍稷。"孔傳:"如怠惰之農苟自安逸,不強作勞於田畝,則黍稷無所有。"(孟蓬生)

清華三·芮良夫 18"各煮(圖)氒(厥)羕(永)",郭店·尊德 39:"凡動民必順民心,民心有恆,求其永。"

清華五·厚父 06"迺述(墜)氒(厥)命",《書·召誥》:"我不敢知曰:有殷受天命,惟有歷年;我不敢知曰:不其延,惟不敬厥德,乃早墜厥命。"

清華五·厚父 06"真(顛)復(覆)氒(厥)惪(德)",《詩·大雅·抑》:"顛覆厥德。"《書·胤征》:"惟時羲和,顛覆厥德。"

清華五·厚父 07"悠氒惪",讀爲"慎厥德"。《書·五子之歌》:"弗慎厥德,雖悔可追?"

清華五·封許 02"向(尚)脣(純)氒(厥)惪(德)",《詩·周頌·維天之命》:"於乎不顯,文王之德之純。"

清華八·攝命 17"余厭既異氒心氒悳",讀爲"余厭既異厥心厥德"。《書·畢命》:"罔曰弗克,惟既厥心;罔曰民寡,惟慎厥事。"

清華五·厚父 12"若山氒(厥)高,若水氒(厥)肙(深)"之"氒",即"厥",相當於句中助詞"之",與《書·無逸》"自時厥後立王,生則逸"之"厥"用法相同。

清華五·封許 03"蚩氒猷",讀爲"蠢厥猷"。《書·微子之命》:"爾惟踐修厥猷,舊有令聞,恪慎克孝,肅恭神人。"

清華五·命訓 10"凡厾（厥）六者"，今本《逸周書·命訓》作"凡此六者，政之始也"。

清華五·命訓 13"勿（物）厾（厥）尚（權）之櫂（屬）也"，今本《逸周書·命訓》作"凡此，物攘之屬也"。

清華三·説命中 07、清華七·子犯 13"厾身"，即"厥身"。《書·伊訓》："嗚呼！嗣王祇厥身。"《書·太甲中》："伊尹拜手稽首曰：修厥身，允德協于下，惟明后。"《書·盤庚上》："以自災于厥身。"《書·無逸》："是叢于厥身。"

見紐盍聲歸葉部盍聲

溪紐桀聲

傑

清華五·三壽 17 均（徇）寶（句）傑（遏）怪（淫）

清華五·三壽 23 弋（代）傑（桀）専（敷）又（佑）下方

清華五·湯丘 14 傑（桀）之疾

～，與 （上博四·曹 65）、 （上博七·君甲 08）、 （上博七·君乙 08）、（《曾侯乙墓》第 571 頁）同，從"人"，"桀"聲。所從的"桀"，從"木"，"勾"聲。（裘錫圭、李家浩；李守奎、張峰）"勾"的省寫、嬗變的過程爲： → → 。（王磊）《説文·人部》："傑，傲也。從人，桀聲。"或隸定爲"偞"。

清華五·三壽 17"傑怪"，讀爲"遏淫"，抵制。《列女傳·仁智傳》："聘則爲妻，奔則爲妾，所以開善遏淫也。"

清華五·三壽 23、湯丘 14"傑"，讀爲"桀"，夏代最後一個國君，名履癸。《史記·夏本紀》："帝發崩，子帝履癸立，是爲桀。帝桀之時，自孔甲以來而諸侯多畔夏,桀不務德而武傷百姓,百姓弗堪。"《墨子·法儀》:"暴王桀、紂、幽、厲,兼惡天下之百姓,率以詬天侮鬼,其賊人多,故天禍之,使遂失其國家,身死爲僇於天下,後世子孫毀之,至今不息。"

傑

 清華七·子犯 15 則傑(桀)及受(紂)、剌(厲)王、幽王

～,从"力","桀"聲,與 (包山 143)、(包山 167)、𠊧(包山 191)、𠈐(上博五·鮑 08)同。"傑"之異體。"人""力"二旁古通。(李守奎、張峰)

清華七·子犯 15 "傑",讀爲"桀",夏代最後一個國君。參上。

渴

清華八·邦道 12 飢渴(渴)

清華八·邦道 26 亓(其)粟(粟)米六顉(擾)敓(敗)渴(竭)

～,上博二·容 25 作,从"水","桀"聲。一説宜隸定爲"渴","渴"讀爲"渴"。上博三·中弓 20 "渴其情","渴"通"竭",可證。

清華八·邦道 12 "飢渴",讀爲"飢渴",腹餓口渴。《詩·王風·君子于役》:"君子于役,苟無飢渴。"《孔叢子·公儀》:"君若飢渴待賢,納用其謀,雖蔬食水飲,伋亦願在下風。"

清華八·邦道 26 "渴",讀爲"竭",窮盡。《禮記·大傳》:"人道竭矣。"鄭玄注:"竭,盡也。"

疑紐宵聲歸辛聲

疑紐埶聲

埶

清華一・保訓 05 氒(厥)又(有)伇(施)于上下遠埶(邇)

清華一・保訓 05 廼(乃)易立(位)埶(設)詣(稽)

清華一・金縢 04 多杍(才)多埶(藝)

清華一・皇門 02 廼佳(惟)大門宗子埶(邇)臣

清華一・皇門 10 悉(媚)夫又(有)埶(邇)亡(無)遠

清華二・繫年 013 乃埶(設)三監于殷

清華二・繫年 017 方(旁)埶(設)出宗子

清華三・說命中 03 甬(用)孚自埶(邇)

清華五・厚父 05 埶(設)萬邦

清華五·湯丘 08 以埶(設)九事之人

 清華六·管仲 06 埶(設)承女(如)之可(何)

 清華六·管仲 06 可埶(設)於承

 清華六·管仲 07 既埶(設)承(丞)

 清華六·管仲 12 既埶(設)亓(其)紀

 清華六·孺子 07 乳=(孺子)亦母(毋)以埶(蓺)豊(豎)卑御

 清華六·孺子 15 是又(有)臣而爲埶(蓺)辟(嬖)

 清華六·子產 21 乃埶(設)六甫(輔)

 清華七·越公 57 王乃徹(趣)埶(設)戍于東尸(夷)、西尸(夷)

 清華八·攝命 15 余既埶(設)乃服

 清華八·處位 04 埶(勢)晉(僭)萬而方(旁)受大政

～，與 、同，其右下的"女"形是

"止"的訛變。《説文·丮部》:"執,種也。从坴、丮。持亟種之。《書》曰:'我執黍稷。'"

清華一·保訓 05"遠執",讀爲"遠邇",猶遠近。《書·盤庚上》:"乃不畏戎毒于遠邇。"孔傳:"不畏大毒於遠近。"《荀子·議兵》:"兵不血刃,遠邇來服。"《後漢書·朱暉傳》:"憲度既張,遠邇清壹。"

清華一·保訓 05"執",讀爲"設"。"易"與"設"相對互文,有修治義。"易",《詩·小雅·甫田》毛傳:"治也。"簡文"易位設稽",與得裛有關。(廖名春、陳偉)

清華一·金縢 04"多材多執",讀爲"多才多藝",具有多方面的才能和技藝。《書·金縢》:"予仁若考,能多材多藝,能事鬼神。乃元孫不若旦多材多藝,不能事鬼神,乃命于帝庭,敷佑四方。"

清華一·皇門 02"廼佳(惟)大門宗子執(邇)臣",今本《逸周書·皇門》作"乃維其有大門宗子勢臣",孔晁注:"大門宗子,適長。""執臣",讀爲"邇臣",親近的大臣。

清華一·皇門 10、清華三·説命中 03"執",讀爲"邇"。《書·舜典》:"柔遠能邇,惇德允元。"孔傳:"柔,安。邇,近。敦,厚也。元,善之長。言當安遠,乃能安近。厚行德信,使足長善。"

清華二·繫年 13、17,清華五·厚父 05,清華五·湯丘 08,清華六·管仲 12"執",讀爲"設"。"執""設"二字古通。武威漢簡《儀禮》多以"執"爲"設"。《大戴禮記·五帝德》説黃帝"治五氣,設五量,撫萬民,度四方,教熊羆貔豹虎,以與赤帝戰于阪泉之野"。《史記·五帝本紀》記此事,"設五量"作"蓺五種"。九 A31"執罔",李家浩讀爲"設網",指設置捕鳥獸的網。簡文"設",設置之義。《玉篇·言部》:"設,置也,合也,陳也。"《戰國策·秦一》注:"設,置也。"

清華六·管仲 06、07"執(設)承女(如)之可(何)"、清華六·子産 21"乃執(設)六甫(輔)"之"執",讀爲"設"。《大戴禮記·保傅》:"誠立而敢斷,輔善而相義者,謂之充。充者,充天子之志也,常立於左,是太公也……博聞强記,接給而善對者,謂之承。承者,承天子之遺忘者也,常立於後,是史佚也。"盧辯注:"充者輔善,故或謂之輔。"一説"承"當讀爲"丞"。《呂氏春秋·介立》:"爲之丞輔。"高誘注:"丞,佐也;輔,相也。"《尚書大傳》:"天子必有四鄰,前儀,後丞,左輔,右弼。"

清華六·孺子 07"乳₌亦母以執豎卑御",讀爲"孺子亦毋以褺豎卑御"。"褺御",近侍。《詩·小雅·雨無正》:"曾我褺御,憯憯日瘁。"毛傳:"褺御,侍御也。"朱熹《集傳》:"近侍也。"或讀爲"褻御",親近侍從的人。《國語‧楚語上》:"在輿有旅賁之規,位寧有官師之典;倚几有誦訓之諫,居寢有褻御之箴。"韋昭注:"褻,近也。"簡文"暬豎卑御",泛指貼身近侍。

清華六‧孺子 15"埶辟",讀爲"暬嬖",親近寵愛。"暬",親近。《説文‧日部》:"暬,日狎習相嫚也。""嬖",《國語‧鄭語》韋昭注:"以邪嬖取愛曰嬖。"或讀爲"褻嬖"。

清華七‧越公 57"埶戍",讀爲"設戍"。《國語‧吳語》作"設戍","王不如設戍,約辭行成以喜其民,以廣侈吳王之心。"

清華八‧攝命 15"埶",讀爲"設",設置,安排。《書‧顧命》:"狄設黼扆綴衣。"孔傳:"扆,屏風。畫爲斧文,置户牖間。"

清華八‧處位 04"埶",讀爲"勢",權勢。《荀子‧解蔽》:"申子蔽於埶而不知知。"楊倞注:"其説但賢得權埶,以刑法馭下。"

敖

 清華五‧命訓 12 教之以敖(藝)

 清華五‧命訓 13 敖(藝)不迻(淫)

 清華五‧命訓 14 敖(藝)迻(淫)則割(害)於材(才)

~,从"攴","埶"聲,"埶"字異體。

清華五‧命訓 12"教之以敖(藝)",今本《逸周書‧命訓》作"教之以藝"。"藝",《禮記‧樂記》:"是故德成而上,藝成而下,行成而先,事成而後。"鄭注:"藝,才技也。"《論語‧子罕》:"吾不試,故藝。"邢昺疏:"試,用也。言孔子自云:'我不見用於時,故多能技藝。'"

清華五‧命訓 13"敖(藝)不迻(淫)",今本《逸周書‧命訓》作"藝不淫"。

清華五‧命訓 14"敖(藝)迻(淫)則割(害)於材(才)",今本《逸周書‧命訓》作"藝淫則害于才"。

爇

　清華四·筮法 48 羅（離）祟：爇（熱）、朲（溺）者

～，與 ■（帛書甲）同。《説文·火部》："熱，溫也。从火，埶聲。"

清華四·筮法 48"爇"，即"熱"，讀爲"爇"。《左傳·昭公二十七年》："將師退，遂令攻郤氏，且爇之。"杜預注："爇，燒也。"簡文"爇、溺者"，燒死或溺斃的人。

疑紐乂聲

乂

　清華六·太伯甲 05 乂戈盾以媷（造）勳

　清華六·太伯乙 05 乂戈盾以媷（造）勳

～，與 ■（上博九·邦 03）、■（上博五·鮑 04）、■（上博四·采 03）同，即"刈"（乂）字。《説文·丿部》："乂，芟艸也。从丿、从乀，相交。■，乂或从刀。"

清華六·太伯"乂"，疑讀爲"執"。典籍中"艾""黙"，"弋""弑"，"熱""執"古通，詳參高亨《古字通假會典》第 614、630 頁。《廣韻·緝韻》："執，持也。"《左傳·成公二年》："張侯曰：'師之耳目，在吾旗鼓，進退從之。此車一人殿之，可以集事，若之何其以病敗君之大事也？擐甲執兵，固即死也。病未及死，吾子勉之！'"《墨子·非攻中》："古者吳闔閭教七年，奉甲執兵，奔三百里而舍焉。"《周禮·夏官·旅賁氏》："旅賁氏掌執戈盾，夾王車而趨，左八人，右八人。車止，則持輪。凡祭祀、會同、賓客，則服而趨。喪紀則衰葛執戈盾。軍旅，則介而趨。"

刈

 清華一·金縢 09 未刈

 清華一·金縢 14 蘇（秋）則大刈

安大一·詩經"是刈是濩"之"刈"作 、、，从"禾"，"刈"聲，刈禾之專字。![]，从"攴"，"刈"聲，"刈"字繁體。

清華一·金縢 09"未刈"，今本《書·金縢》作"未穫"。"穫""刈"，均爲收割、收穫之義，屬於同義互換。《説文·禾部》："穫，刈穀也。"《玉篇》："刈，穫也。"《詩·小雅·大東》："有洌氿泉，無浸穫薪。"毛傳："穫，艾也。"《楚辭·離騷》："冀枝葉之峻茂兮，願竢時乎吾將刈。"王逸注："刈，穫也。草曰刈，穀曰穫。"二字可連用，作"刈穫"，收割，收穫。顏之推《顏氏家訓·涉務》："耕種之，茠鉏之，刈穫之。"也作"穫刈"。《三國志·魏志·司馬芝傳》："夫農民之事田，自正月耕種，耘鋤條桑，耕燰種麥，穫刈築場，十月乃畢。"《詩·豳風·七月》"八月其穫"，孔穎達疏："八月，其禾可穫刈也。"

清華一·金縢 14"蘇（秋）則大刈"，參上。

剡（忩）

 清華三·芮良夫 12 莫敢忩憧

～，从"心"，"刈"聲，"忩"字異體。《説文·心部》："忩，懲也。从心，乂聲。"段注："古多用乂、艾爲之，而忩廢矣。"

清華三·芮良夫 12"忩憧"，疑讀爲"忩衆"。《楚辭·九懷》："奮摇兮衆芳。"《考異》："衆，一作種。""童""重"古通，例不備舉。"忩"，懲處、懲治之義。簡文"忩衆"，懲處衆人。

罰

 清華五·命訓09 瘍(傷)人則不罰(義)

～，从"网"，"刈"聲。

清華五·命訓09"瘍(傷)人則不罰(義)"，今本《逸周書·命訓》作"傷人則不義"。"罰"，讀爲"義"。

疑紐劓聲

劓

 清華一·耆夜09 戠(歲)又(有)劓行

～，與 同，从"刃"，"臬"聲，"劓"字異體。《說文·刀部》："劓，刑鼻也。从刀，臬聲。《易》曰：'天且劓。'![]，臬或从鼻。"

清華一·耆夜09"劓"，讀爲"臬"，极、準則、法度等義。王粲《游海賦》："其深不測，其廣無臬。"簡文"歲有臬行"，歲星有它恆常的道路。（郭永秉）"劓"，或疑讀爲"歇"。沈培讀爲"設"。白於藍讀爲"鮠"。《集韻·質韻》："鮠，危也。"《類篇·危部》："鮠，凶也。"

疑紐月聲

月

 清華一·程寤01 隹王元祀貞(正)月既生朗(霸)

 清華一·耆夜09 月又(有)城斂

清華一・耆夜 12 日月亓（其）穢（邁）

清華二・繫年 059 臧（莊）王衒（率）𠂤（師）回（圍）宋九月

清華二・繫年 063［臧（莊）］王回（圍）奠（鄭）三月

清華三・琴舞 03 日臺（就）月牆（將）

清華三・芮良夫 23 日月星晨（辰）

清華四・筮法 01 月朝屯（純）牝

清華四・筮法 03 月夕屯（純）戊（牡）

清華四・筮法 26 月夕馱（乾）之卒（萃）

清華四・筮法 26 月朝臾（坤）之卒（萃）

清華四・筮法 39 臾（坤），月朝吉

清華四・筮法 40 内（入）月五日豫（舍）巽

清華四・筮法 41 中事月才（在）前,果

清華四·筮法 61 日月又（有）此

清華五·湯丘 03 三月不出

清華五·啻門 01 貞（正）月己亥（亥）

清華五·啻門 06 鼠-（一）月訇（始）匌（揚）

清華五·啻門 07 二月乃裏

清華五·啻門 07 三月乃荊（形）

清華五·啻門 07 四月乃肗（固）

清華五·啻門 07 五月或收（褱）

清華五·啻門 07 六月生肉

清華五·啻門 07 七月乃賸（肌）

清華五·啻門 07 八月乃正

清華五·啻門 08 九月䋣（顯）章

清華五·厚門 08 十月乃成

清華五·三壽 11 而星月躅(亂)行

清華六·孺子 13 女(汝)斲(慎)鈕(重)君戁(葬)而舊(久)之於上三月

清華六·管仲 12 夫=(大夫)堂(當)月

清華六·子儀 02 自蠱月至=(至于)昧(秋)窒備女(焉)

清華七·晉文公 06 爲日月之羿(旗)篩(師)以舊(久)

清華八·攝命 32 隹(唯)九月既望壬申

清華八·邦道 23 卑(譬)之若日月之徐(敘)

《說文·月部》："月，闕也。大陰之精。象形。"

清華一·程寤 01、清華五·厚門 01"貞月"，讀爲"正月"。《春秋·隱公元年》："元年，春，王正月。"杜預注："隱公之始年，周王之正月也。凡人君即位，欲其體元以居正，故不言一年一月也。"

清華一·耆夜 09"月又城敘"，或讀爲"月有成轍"，月亮有它既定的軌轍。(郭永秉)或讀爲"月有盈缺"。《後漢書·律曆志》："月有晦朔，星有合見；月有弦望，星有留逆，其歸一也，步術生焉。"

清華一·耆夜 12"日月亓穫"，讀爲"日月其邁"。《詩·唐風·蟋蟀》："蟋蟀在堂，歲聿其逝。今我不樂，日月其邁。"

清華三·琴舞03"日臺月痌",讀爲"日就月將",每天有成就,每月有進步。《詩·周頌·敬之》:"日就月將,學有緝熙于光明。"孔穎達疏:"日就,謂學之使每日有成就;月將,謂至於一月則有可行。言當習之以積漸也。"朱熹《集傳》:"將,進也……日有所就,月有所進,續而明之,以至於光明。"

清華三·芮良夫23"日月星晨(辰)",《書·堯典》:"乃命羲和,欽若昊天,厤象日月星辰,敬授人時。"

清華四·筮法01、03、26、39"月朝""月夕",或作"月之朝""月之夕"。《荀子·禮論》:"然後月朝卜日,月夕卜宅,然後葬也。"楊倞注:"月朝,月初也;月夕,月末也。"《後漢書·五行志》李賢注引《尚書大傳》鄭玄注云:"上旬爲月之朝,中旬爲月之中,下旬爲月之夕。"

清華四·筮法40"内(入)月五日","入月五日",即初五日。

清華四·筮法41"月",與"歲""日"相對。

清華四·筮法61"日月又此",讀爲"日月有差"。《後漢書·律曆中》:"兩儀相參,日月之行,曲直有差,以生進退。"《禮記·禮運》孔穎達疏:"若氣之不和,日月行度差錯,失於次序,則月生不依其時。"(黃傑)或讀爲"日月有異""日月有食"。

清華五·啻門"鼠-(一)月"至"十月",一年的一月至十月。

清華五·三壽11"星月龖行",即"星月亂行",見長沙子彈庫楚帛書:"日月星辰,亂逆其行。"

清華六·管仲12"夫₌堂月",讀爲"大夫當月"。《書·洪範》:"王省惟歲,卿士惟月,師尹惟日,歲月日,時無易,百穀用成。"

清華六·子儀02"蠶月",《詩·豳風·七月》:"七月流火,八月萑葦。蠶月條桑,取彼斧斨。以伐遠揚,猗彼女桑。"高亨注:"蠶月,即夏曆三月,養蠶的月份,所以叫蠶月。"

清華七·晉文公06"爲日月之羿帥以舊",讀爲"爲日月之旗師以久"。《周禮·春官·司常》:"司常掌九旗之物名,各有屬,以待國事。日月爲常,交龍爲旂。"鄭玄注:"自王以下治民者,旗畫成物之象。王畫日月,象天明也。"

清華八·邦道23"日月",太陽和月亮。《易·離》:"日月麗乎天,百穀草木麗乎土。"

清華"月",記時單位。一年分十二月。《禮記·月令》:"孟春之月,日在營室。"

閒

 清華一·程寤 01 廼尐=（小子）豐（發）取周廷杍（梓）桓（樹）于氒（厥）閒（間）

 清華五·湯丘 05 少閒（間）於疾

 清華五·湯丘 11 女（如）幸余閒（間）於天畏（威）

 清華六·鄭伯甲 07 西鬳（城）絫（伊）閒（澗）

 清華七·越公 43 王則閒=（閒閒）

 清華二·繫年 099 閒（縣）陳、郬（蔡）

 清華二·繫年 104 既閒（縣）陳、郬（蔡）

 清華二·繫年 105 閒（縣）之

 清華二·繫年 107 楚人女（焉）閒（縣）郬（蔡）

 清華三·芮良夫 03 閒（間）鬲（隔）若（若）否

清華七·晉文公 04 晉邦之閒（間）

清華七·晉文公 04 尻（處）戳（仇）戠（讎）之鬧（間）

清華七·趙簡子 09 以絧（治）河淒（濟）之鬧（間）之衞（亂）

清華七·越公 34 乃亡（無）又（有）鬧（間）芔（草）

清華八·邦道 18 皮（彼）天下亡（無）又（有）鬧（間）民

～，與（上博四·曹 26）、（上博六·用 9）同。《說文·門部》：「閒，隙也。從門、從月。，古文閒。」

清華一·程寤 01"洒屮₌（小子）鑾（發）取周廷杍（梓）桓（樹）于氒（厥）閼（間）"，《太平御覽》卷八十四：「太子發取周庭之梓樹之于闕間。」

清華二·繫年 099、104、105、107"閼陳、郼"，讀為"縣陳、蔡"。"縣"，謂以其地為縣。《左傳·宣公十一年》：「遂入陳，殺夏徵舒，轘諸栗門。因縣陳。」杜預注：「滅陳以為楚縣。」

清華二·繫年 105"閼之"，讀為"縣之"。酈道元《水經注·河水五》：「（虎牢）秦以為關，漢乃縣之。」

清華三·芮良夫 03"閼鬲"，讀為"間隔"，隔絕，阻隔，分離。陶潛《桃花源記》：「自云先世避秦時亂，率妻子邑人來此絕境，不復出焉，遂與外人間隔。」

清華五·湯丘 05"少閼（間）於疾"，病好了一些。枚乘《七發》：「伏聞太子玉體不安，亦少閒乎？」《列子·周穆王》：「尹氏聞其友言，寬其役夫之程，減己思慮之事，疾並少閒。」

清華五·湯丘 11"閼"，即"閒"，讀為"關"。《漢書·董仲舒傳》注：「由也。」簡文"關於天威"意云伐夏是由於天對夏後的懲罰。或讀為"干"。（白於藍）

清華六·太伯甲 07"緣閼"，讀為"伊澗"。《書·禹貢》：「伊、洛、瀍、澗既入于河，滎波既豬。」孔傳：「伊出陸渾山，洛出上洛山，澗出沔池山，瀍出河南北山，四水合流而入河。」孔穎達疏：「《地理志》云，伊水出弘農盧氏縣東熊耳山，東北入洛。洛水出弘農上洛縣冢領山,東北至鞏縣入河。瀍水出河南穀城縣潛亭北,東南入洛。澗水出弘農新安縣,東南入洛。"

清華七·越公 43"閒₌",即"閒閒",古書作"閑閑",悠閒貌。《詩·魏風·十畝之間》:"十畝之間兮,桑者閑閑兮,行與子還兮。"朱熹《集傳》:"閑閑,往來者自得之貌。"

清華七·晉文公 04、趙簡子 09"之間",中間,內,亦指事物兩者的關係。《易·序卦》:"盈天地之間者唯萬物。"《孟子·梁惠王上》:"七八月之間旱,則苗槁矣。"

清華七·越公 34"閒芔",即"閒草",無用之雜草。《鹽鐵論·申韓篇》:"犀銚利鉏,五穀之利而閒草之害也。"

清華八·邦道 18"閼民",即"閒民"。《周禮·天官·大宰》"九曰閒民,無常職,轉移執事",孫詒讓《正義》:"此民無常職事,轉移無定,與人爲役,故謂之閒民。"

澗

 清華二·繫年 133 戠(止)郯公涉澗(澗)以歸(歸)

～,從"水"(或認爲從"糸"),"閒"聲。《説文·水部》:"澗,山夾水也。從水,閒聲。一曰澗水,出弘農新安,東南入洛。"《釋名·釋水》:"山夾水曰澗。澗,間也,言在兩山之間也。"

清華二·繫年 133"涉澗",即"涉澗",滕公之名。

阩

 清華八·邦道 19 隹(雖)阩(踐)立(位)豐录(禄)

～,從"自""水",""(包山 10)省,"澗"字異體。"水",常訛爲"米"。

清華八·邦道 19"阩立",讀爲"踐位",登基,即位。《管子·小問》:"桓公踐位,令釁社塞禱。"

外

清華一・祭公 17 肰(然)莫血(恤)亓(其)外

清華二・繫年 052 而卲(召)人于外

清華二・繫年 121 明(盟)于魯稷門之外

清華二・繫年 123 明(盟)陳和與陳淏於溋門之外

清華三・祝辭 04 外弓

清華三・赤鵠 04 四亢(荒)之外

清華三・赤鵠 04 四晵(海)之外

清華四・筮法 25 內戠(勝)外

清華四・筮法 26 外戠(勝)內

清華四・筮法 35 外之立(位)也

清華四・筮法 41 外事豐(數)而出

清華四・筮法 61 外又(有)叟(咎)

清華五·三壽 20 内亞（基）而外比

清華六·孺子 06 門檻之外母（毋）敢又（有）智（知）女（焉）

清華六·管仲 26 出外必張

清華六·太伯甲 12 方諫虐（吾）君於外

清華六·太伯乙 10 方諫虐（吾）君於外

清華六·子儀 04 乃張大侯於東奇之外

清華六·子產 08 嬍（美）外𩪊（態）端

清華六·子產 10 外戮（仇）否

清華七·趙簡子 07 車麐（甲）外

清華八·虞夏 01 晦（海）外又（有）不至者

清華八·虞夏 03 晦（海）外之者（諸）侯逞（歸）而不迷（來）

～，與 ䷂（上博二·昔 3）、䷂（上博六·用 14）同。《説文·夕部》："外，遠也。卜尚平旦，今夕卜，於事外矣。䷂，古文外。"

清華一·祭公 17"肰莫血亓外",讀爲"然莫恤其外",不要體恤外面的臣民。

清華二·繫年 052"而卲(召)人于外",《左傳·文公七年》:"曰:'先君何罪?其嗣亦何罪?舍適嗣不立而外求君,將焉寘此?'"

清華二·繫年 121、123"盈門之外",《左傳·成公十二年》:"癸亥,盟于宋西門之外。"

清華三·祝辭 04"外弓",弓名。

清華三·赤鵠 04"四亢(荒)之外",《吕氏春秋·知度》:"舜曰:'若何而服四荒之外?'"

清華三·赤鵠 04"四晉(海)之外",《莊子·齊物論》:"若然者,乘雲氣,騎日月,而遊乎四海之外。"

清華四·筮法 25、26"内戠(勝)外,外戠(勝)內"。"内""外",指戰爭中我方、敵方。一説據《詩·小雅·魚麗》序鄭箋:"内,謂諸夏也;外,謂夷狄也。"

清華四·筮法 35"外",《大戴禮記·曾子立事》:"宮中雍雍,外焉肅肅。"王聘珍《解詁》:"外,謂宮之外也。"

清華四·筮法 41"外事譽(數)而出","外事"與"内事"相對。

清華四·筮法 61"外又(有)㱃(吝)",與"内又(有)㱃(吝)"相對。

清華五·三壽 20"内亟(基)而外比",以内爲本,以外爲輔。

清華六·管仲 26"出外必張",《文子·下德》:"在内而合乎道,出外而同乎義。"

清華七·趙簡子 07"車敄(甲)外",讀爲"車甲完",指車甲完整而堅固。上古音"外"爲疑母月部字,"閒"爲見母元部字,"完"爲匣母元部字,"外""閒"和"完"聲母同爲喉牙音,韻部則"閒""元"疊韻,例可通假。傳世典籍和出土文獻中均有"閒(間)""完"相通之例。《詩·邶風·凱風》:"睍睆黄鳥。"《太平御覽》引《韓詩》"睍睆"作"簡簡"。《墨子·辭過》:"聖人爲舟車,完固輕利,可以任重致遠。"《吴子·治兵》:"車騎之具,鞍勒銜轡,必令完堅。"(段凱)

清華八·虞夏 01、03"晉外",讀爲"海外",四海之外,泛指邊遠之地。《詩·商頌·長發》:"相土烈烈,海外有截。"鄭箋:"四海之外率服。"《史記·孟子荀卿列傳》:"先列中國名山大川,通谷禽獸,水土所殖,物類所珍,因而推之,及海外人之所不能睹。"《論衡·無形篇》:"海外三十五國,有毛民羽民,羽則翼矣。"

清華"外",外面。與"内"或"裏"相對。《莊子·天下》:"至大无外,謂之大一;至小无内,謂之小一。"袁康《越絶書·外傳計倪》:"夫有勇見於外,必有仁於内。"

坐

 清華八·邦政 04 亓(其)立(位)受(授)能而不坐(外)

~,從"止","外"聲。
清華八·邦政 04"坐",讀爲"外"。

肙

 清華一·祭公 07 保肙(乂)王豪(家)

~,兩"月"相對。也有可能是"刖"之訛。
清華一·祭公 07"保肙王豪",讀爲"保乂王家",與今本《逸周書·祭公》同。《書·康誥》:"往敷求于殷先哲王,用保乂民。""保乂",亦作"保艾"。治理使之安定太平。《書·君奭》:"率惟兹有陳,保乂有殷。"孔傳:"以安治有殷。"

肙

 清華一·祭公 17 亓(其)皆自寺(時)审(中)肙(乂)萬邦

~,從"火","肙"聲。
清華一·祭公 17"亓(其)皆自寺(時)审(中)肙(乂)萬邦",今本《逸周書·祭公》作"尚皆以時中乂萬國"。《書·洛誥》:"其自時中乂,萬邦咸休。"

肖

 清華五·三壽 23 甬(用)肖(孽)卲(昭)句(后)成湯

~,從"屮","月"聲,與 、、、所從的 ![] 同,當由 ![]("薛",《集成》10133,

薛侯盤)、("薛",先秦璽印 1036)、 (上博七·吳 4)等省變而來。

清華五·三壽 23"肖",讀爲"辥"。"月""辥"二字上古音同在疑紐月部。"辥",讀爲"艾"。《爾雅·釋詁》:"艾,相也。"

胖

 清華五·封許 05 束(簡)胖(乂)三(四)方不殹(果)

~,與 (上博五·三 14)同,从"辛","月"聲,"薛"字異體。齊系文字中"薛"字或作 (《山東》393,薛子仲安簠器)、 (《集成》04547,薛子仲安簠)、 (《集成》04556,走馬薛仲赤簠)、 (《集成》10263,薛侯匜)、 (陶文·薛市人)。

清華五·封許 05"胖",讀爲"乂"。《爾雅·釋詁》:"乂,治也。"

辥

 清華八·攝命 02 宖(宏)辥(乂)亡(無)諆(斁)

~,"辥""月"雙聲。《説文·辛部》:"辥,辠也。从辛,𢍏聲。"

清華八·攝命 02"宖辥亡諆",讀爲"宏乂無斁",大治無敗。"辥",讀爲"乂",治。

端紐帶聲

繡(帶)

 清華二·繋年 072 郘(呂)之克走敚(援)齊侯之繡(帶)

 清華七·子犯 07 乃各賜之鐱(劍)繡(帶)衣常(裳)而數之

清華七·越公 05 募（寡）人又（有）繃（帶）甲伞（八千）

 清華七·越公 11 今雩（越）公亓（其）故（胡）又（有）繃（帶）甲伞（八千）以臺（敦）刃皆（偕）死

～，與 同，从"糸"，"帶"聲，"帶"字繁體。《說文·巾部》："帶，紳也。男子鞶帶，婦人帶絲。象繫佩之形。佩必有巾，从巾。"

清華二·繫年 072"繃"，即"帶"，腰帶，古代多用皮革、金玉、犀角或絲織物製成。《詩·衛風·有狐》："心之憂矣，之子無帶。"毛傳："帶，所以申束衣。"

清華七·子犯 07"鏘繃衣常"，讀爲"劍帶衣裳"，見《左傳·襄公二十一年》："若大盜禮焉，以君之姑姊與其大邑，其次皁牧輿馬，其小者，衣裳劍帶，是賞盜也。"

清華七·越公 05、11"繃甲伞"，即"帶甲八千"，"帶甲"，披甲的將士。《國語·越語上》："有帶甲五千人，將以致死。"

端紐叕聲歸大聲

端紐赘聲歸貝聲

透紐世聲

邺

 清華三·良臣 06 又（有）邺（葉）公子膏（高）

～，从"邑"，"世"聲。

清華三·良臣 06"邺公子高"，即"葉公子高"，春秋時楚國人，僭偁公，姓沈，名諸梁，字子高，沈尹戌之子，楚大夫，封於葉，爲葉縣尹。《荀子·非相》："葉公子高，微小短瘠，行若將不勝其衣。然白公之亂也，令尹子西、司馬子期皆死焉，葉公子高入據楚，誅白公，定楚國，如反手爾，仁義功名善於後世。"

枼

清華五·厚父 11 氒(厥)俊(作)隹(惟)枼(葉)

清華六·孺子 05 今虗(吾)君既〈即〉枼(世)

清華六·太伯甲 06 枼(世)及虗(吾)先君武公

清華六·太伯甲 07 枼(世)及虗(吾)先君臧(莊)公

清華六·太伯甲 09 枼(世)及虗(吾)先君卲公、剌(厲)公

清華六·太伯乙 06 枼(世)及虗(吾)先君武公

清華六·太伯乙 07 枼(世)及虗(吾)先君臧(莊)公

清華六·太伯乙 08 枼(世)及虗(吾)先君卲公、刺〈剌〉(厲)公

清華五·封許 09 經嗣枼(世)亯(享)

《說文·木部》:"枼,楄也。枼,薄也。从木,丗聲。"

清華五·厚父 11"氒俊隹枼",讀爲"厥作惟葉",人的所作所爲像枝葉。

清華六·孺子 05"既枼",讀爲"即世",意爲亡卒。《左傳·成公十三年》:"穆、襄即世。"杜預注:"文六年晉襄、秦穆皆卒。"

清華六·太伯甲 06、07、09,清華六·太伯乙 06、07、08"枼",讀爲"世",謂

世襲,繼承。《玉篇·世部》:"世,父子相繼也。"《呂氏春秋·圜道》:"皆欲世勿失矣。"高誘注:"父死子繼曰世。"《漢書·賈誼傳》:"賈嘉最好學,世其家。"顏師古注:"言繼其家業。"

清華五·封許09"枼亯",讀爲"世享"。《書·康誥》:"乃以殷民世享。"屈萬里《尚書集釋》:"世享,世世祭享,意謂永保其國也。"

鄴

 清華二·繫年091 述(遂)以䢒(遷)䚈(許)於鄴(葉)而不果

～,與(新蔡甲三 233、190)、(上博八·命01)同,從"邑","枼"聲,即"葉"地之專字,其地在今河南南陽葉縣南。

清華二·繫年091"鄴",《春秋·成公十五年》:"許遷于葉。"《左傳·成公十五年》:"許靈公畏偪于鄭,請遷于楚。辛丑,楚公子申遷許于葉。"簡文"遷許於葉",謂遷許出葉而使之近晉。

殜

 清華二·繫年010 武公即殜(世)

 清華二·繫年010 臧(莊)公即殜(世)

 清華二·繫年015 殜(世)乍(作)周危(衛)

 清華二·繫年021 文公即殜(世)

 清華二·繫年058 穆王即殜(世)

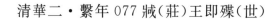

 清華二·繫年 077 戕（莊）王即殜（世）

 清華二·繫年 080 霝（靈）王即殜（世）

 清華二·繫年 082 競（景）坪（平）王即殜（世）

 清華二·繫年 097 康王即殜（世）

 清華二·繫年 098 乳=（孺子）王即殜（世）

 清華二·繫年 099 晉戕（莊）坪（平）公即殜（世）

 清華二·繫年 100 卲（昭）公、冋（頃）公膚（皆）喿（早）殜（世）

 清華二·繫年 100 競（景）坪（平）王即殜（世）

 清華二·繫年 104 競（景）坪（平）王即殜（世）

 清華二·繫年 106 卲（昭）王即殜（世）

 清華二·繫年 110 盍（闔）虖（盧）即殜（世）

 清華二·繫年 127 聖（聲）王即殜（世）

清華五·命訓 10 大命殜（世）罰

清華五·三壽 08 殜₌（世世）至于逡（後）飤（嗣）

清華七·子犯 12 嚊君之逡（後）殜（世）

清華七·越公 03 丁（當）孤之殜（世）

～，楚文字或作❋（上博四·曹 65）、❋（上博二·容 05）、❋（上博六·天乙 01），从"歹"，"枼"聲，去世之"世"的專字。

清華二·繫年"即殜"，即"即世"，參上。

清華二·繫年 015"殜乍周危"，讀爲"世作周衛"。《後漢書·袁紹傳》："臣備公族子弟，生長京輦，頗聞俎豆，不習干戈；加自乃祖先臣以來，世作輔弼，咸以文德盡忠，得免罪戾。"

清華二·繫年 100"曩殜"，即"早世"，過早地死去，夭死。《左傳·昭公三年》："則又無禄，早世殞命，寡人失望。"《後漢書·桓帝紀》："曩者遭家不幸，先帝早世。"李賢注："謂順帝崩也。"

清華五·命訓 10"大命殜（世）罰"，今本《逸周書·命訓》作"大命世罰"。孔晁云："遺（據盧校，當爲'違'字）大命則世受罰，犯小命則罰身。"

清華五·三壽 08"殜₌"，即"世世"，累世，代代。《書·微子之命》："世世享德，萬邦作式。"孔傳："言微子累世享德。"《史記·孟嘗君傳》："齊得東國益彊，而薛世世無患矣。"

清華七·子犯 12"逡殜"，讀爲"後世"，後代。《易·繫辭下》："上古穴居而野處，後世聖人易之以宮室。"

清華七·越公 03"丁孤之殜"，讀爲"當孤之世"。《國語·吳語》："天既降禍於吳國，不在前後，當孤之身。""當……世"，《易·繫辭下》："《易》之興也，其當殷之末世，周之盛德邪？當文王與紂之事邪？"

透紐奎聲

達

 清華一·皇門 03 亡(無)不醫(閱)達

 清華一·皇門 11 善夫莫達才(在)王所

 清華五·命訓 05 六亟(極)既達

清華五·命訓 05 達道=(道道)天以正人

 清華六·子儀 06 逆視達化

 清華七·越公 20 不兹(使)達气(暨)

 清華八·邦政 09 亓(其)政噩(苛)而不達

 清華八·邦道 07 皮(彼)善人之欲達

~，楚文字或作 (上博七·凡甲 16)、 (上博六·用 10)、 (上博六·用 19)、 (郭店·窮達以時 15)。 ，兩橫劃放在"止"上，位置和其他字不同。《說文·辵部》："達，行不相遇也。从辵，奎聲。《詩》曰：'挑兮達兮。' ，達或从大。或曰迭。"

· 3079 ·

清華一·皇門03"亡(無)不瞖(閱)達",今本《逸周書·皇門》作"罔不允通,咸獻言在于王所。"簡文的"達"字,今本作"通","達""通"可互訓。《玉篇》:"達,通也。"

清華一·皇門11"善夫莫達才(在)王所",今本《逸周書·皇門》作"俾莫通在士王所。"

清華五·命訓05"六亟(極)既達",今本《逸周書·命訓》作"六極既通"。唐大沛云:'此總上文,言六極之道既貫通而無不至,則六者之間隙無不塞矣。""達""通"互訓。

清華五·命訓05"達道₌(道道)天以正人",今本《逸周書·命訓》作"通道通天以正人,正人莫如有極,道天莫如無極"。今本有誤。"達道",公認的準則。《禮記·中庸》:"君臣也,父子也,夫婦也,昆弟也,朋友之交也:五者,天下之達道也。"

清華六·子儀06"逆視達化",迎視生長,化育。"達化",或疑讀為"撻禍"。此句意指晉軍以撻伐迎接反國之秦軍。(楊蒙生)

清華七·越公20"達气",讀為"達暨"。"達""暨"同義連用,至,到。《上博六·用曰》簡10"謂天高而不概(暨),恐地厚而不達"。簡文"不使達暨",不能使寡人之辭到達。(王凱博)或説"達氣",通氣,猶達意。《鶡冠子·近迭》:"縱法之載於圖者,其於以喻心達意,揚道之所謂。"

清華八·邦政09"達",暢通。《荀子·君道》:"然後明分職,序事業,材技官能,莫不治理,則公道達而私門塞矣,公義明而私事息矣。"

徫

 清華六·子產13 先聖君所以徫(達)成邦或(國)也

~,从"彳","奎"聲,"達"字異體。

清華六·子產13"徫",即"達"。《禮記·中庸》:"五者,天下之達道也。知、仁、勇三者,天下之達德也。所以行之者一也。"鄭玄注:"達者常行,百王所不變也。"

逹（達）

清華三·芮良夫 28 以寓命達聖（聽）

清華五·三壽 19 四方達宔（寧）

～，與 ☒（上博二·民 2）、☒（上博八·成 12）同，"達"字異體。

清華三·芮良夫 28 "達聖"，讀爲"達聽"，謂廣泛聽取，瞭解下情。《梁書·武帝紀中》："朕達聽思治，無忘日昃，而百司群務，其途不一，隨時適用，各有攸宜，若非總會衆言，無以備茲親覽。"

清華五·三壽 19 "四方達宔（寧）"之"達"，副詞，皆，都。《禮記·禮器》："是故天時雨澤，君子達亹亹焉。"鄭玄注："達，猶皆也……君子愛物，見天雨澤皆勉勉勸樂。"

定紐大聲

大

清華一·尹至 04 孳（兹）乃柔大縈（傾）

清華一·程寤 01 大（太）姒夢見商廷隹（惟）棶（棘）

清華一·程寤 02 曶（詔）大（太）子發（發）

清華一·程寤 02 晉（巫）銜（率）敝（蔽）大（太）姒

清華一·程寤 02 宗丁敝（蔽）大（太）子發（發）

· 3081 ·

清華一·程寤 03 王及大(太)子發(發)並拜吉夢

 清華一·保訓 09 甬(用)受大命

 清華一·保訓 11 不及尔(爾)身受大命

 清華一·耆夜 01 大戓(戡)之

 清華一·耆夜 01 乃㱃(飲)至于文大(太)室

 清華一·耆夜 11 母(毋)已大藥(樂)

 清華一·耆夜 12 母(毋)已大康

 清華一·耆夜 14 母(毋)已大康

 清華一·金縢 09 𫻻(秋)大管(熟)

 清華一·金縢 09 大木㪔(斯)𢽾(拔)

 清華一·金縢 13 凡大木斎=(之所)𢽾(拔)

 清華一·金縢 13 戢(歲)大又(有)年

清華一·金縢 14 蘇（秋）則大刈

 清華一·皇門 02 今我卑（譬）少（小）于大

 清華一·皇門 02 廼隹（惟）大門宗子埶（邇）臣

 清華一·祭公 07 甬（用）臧（畢）城（成）大商

 清華一·祭公 10 皇天改大邦墼（殷）之命

 清華一·祭公 10 隹（惟）武王大敗（敗）之

 清華一·祭公 12 隹（惟）文武中大命

 清華一·祭公 16 女（汝）母（毋）以戾孳（茲）皋壚（辜）芒（亡）寺（時）寔大邦

 清華一·祭公 16 女（汝）母（毋）以少（小）愁（謀）敗（敗）大慮（作）

 清華一·祭公 18 寺（時）隹（惟）大不弔（淑）孳（哉）

 清華一·楚居 14 王大（太）子以邦返（復）於湫（沈）鄗

清華一·楚居 14 王大（太）子自淋（沈）郢遱（徙）居疆郢

 清華一·楚居 15 柬大王自疆郢遱（徙）居藍郢

 清華一·楚居 15 王大（太）子以邦居鄙（鄗）郢

 清華一·楚居 16 邦大瘠（瘠）

 清華二·繫年 002 厲王大瘧（虐）于周

 清華二·繫年 004 戎乃大敗（敗）周自（師）于千畮（畝）

 清華二·繫年 016 秦以訇（始）大

 清華二·繫年 019 大敗（敗）衛（衛）盲（師）於睘

 清華二·繫年 031 乃譖（譖）大子龔（共）君而殺之

 清華二·繫年 048 大敗之

 清華二·繫年 083 五（伍）員爲吳大宰（宰）

 清華二·繫年 101 晉自（師）大疫虞（且）飢

清華二·繫年 114 楚東（簡）大王立七年

 清華二·繫年 121 晉自（師）大賊（敗）齊自（師）

 清華二·繫年 131 奠（鄭）大䣍（宰）慾（欣）亦记（起）祸（禍）於奠（鄭）

 清華二·繫年 135 楚自（師）大敗

 清華三·說命下 08 昔在大戊

 清華三·說命下 08 隹（惟）寺（時）大戊盍（謙）曰

 清華三·琴舞 14 大亓（其）又（有）慕（謨）

 清華三·琴舞 14 曰亯（享）人大……罔克甬（用）之

 清華三·芮良夫 25 愆（謀）亡（無）少（小）大

 清華三·良臣 07 雩（越）王句賤（踐）又（有）大同

 清華三·良臣 07 秦穆公又（有）舀（殺）大夫

清華三·良臣09 又（有）子大弔（叔）

 清華三·良臣11 以爲大（太）宰

 清華四·筮法05 凢（凡）見大人

 清華四·筮法35 大夫之立（位）

 清華四·筮法37 埶（來）巽大吉

 清華四·筮法37 艮羅（離）大凶

 清華四·筮法37 裻（勞）大吉

 清華四·筮法37 兑大凶

 清華四·筮法38 兑大吉

 清華四·筮法38 裻（勞）大凶

 清華四·筮法38 艮羅（離）大吉

 清華四·筮法38 埶（來）巽大凶

清華四·筮法 40 大事戠（歲）才（在）前

　清華四·筮法 46 女子大面端虞（嚇）死

　清華四·筮法 56 九象爲大獸（獸）

　清華四·筮法 61 奴（如）大奴（如）少（小）

　清華五·封許 02 雁（膺）受大命

　清華五·命訓 01 [天]生民而成大命

　清華五·命訓 01 大命又（有）裳（常）

　清華五·命訓 10 大命殜（世）罰

　清華五·命訓 10 福莫大於行

　清華五·命訓 10 褙（禍）莫大於遙（淫）祭

　清華五·命訓 10 佴（恥）莫大於瘍（傷）人

　清華五·命訓 11 賞莫大於壤（讓）

清華五·命訓 11 罰莫大於多虞(詐)

 清華五·啻門 16 大弼(費)於邦

 清華五·三壽 11 大茖(路)甬(用)見兵

 清華六·孺子 01 女(如)邦將又(有)大事

 清華六·孺子 03 邦亦無大繇賻(賦)於萬民

 清華六·孺子 04 虐(吾)君函(陷)於大難之中

 清華六·孺子 17 或(又)禹(稱)记(起)虐(吾)先君於大難之中

 清華六·管仲 11 大事柬(簡)以成(誠)

 清華六·管仲 17 少(小)大之事

 清華六·管仲 25 以大又(有)求

 清華六·太伯甲 11 啟(爲)大亓(其)宫

 清華六·太伯乙 09 啟(爲)大亓(其)宫

清華六·子儀01 忎(恐)民之大貶(方)逐(移)易

 清華六·子儀04 乃張大庂於東奇之外

 清華六·子產07 子產不大宅寁(域)

 清華六·子產08 宅大心張

 清華六·子產12 才(在)大能政

 清華六·子產12 才(在)大可舊(久)

 清華六·子產12 才(在)少(小)可大

 清華六·子產28 可用而不勛(遇)大或(國)

 清華七·子犯12 無少(小)大

 清華七·子犯13 見受(紂)若大陲(岸)牁(將)具陞(崩)

 清華七·子犯14 敢大膫(膽)酳(問)

 清華七·子犯14 則大甲與盤庚

清華七·晉文公 07 因以大乍(作)

 清華七·晉文公 08 九年大旻(得)河東之者(諸)侯

 清華七·越公 10 虘(且)皮(彼)既大北於坪(平)备(邊)

 清華七·越公 26 乃大鷹(薦)祟(攻)

 清華七·越公 35 凡王左右大臣

 清華七·越公 36 雩(越)邦乃大多飤(食)

 清華七·越公 49 雩(越)墬(地)乃大多人

 清華七·越公 51 王乃歸(親)徍(使)人意(請)餌(問)群大臣

 清華七·越公 52 雩(越)邦乃大多兵

 清華七·越公 54 王乃大詢(徇)命于邦

 清華七·越公 58 大迻(失)鼉=(續墨)

 清華七·越公 60 王大惪(喜)

清華七·越公 61 乃命靶（范）羅（蠡）、太甫大鬲（歷）雩（越）民

清華七·越公 66 吳帀（師）乃大刻（駭）

清華七·越公 67 大臠（亂）吳帀（師）

清華七·越公 68 吳帀（師）乃大北

清華八·攝命 02 雩（越）少（小）大命

清華八·攝命 04 雩（越）四方少（小）大邦

清華八·攝命 07 有曰四方大贏（贏）亡民

清華八·攝命 18 少（小）大乃有䎽（聞）智（知）䌛（弼）恙（詳）

清華八·攝命 32 各（格）于大室

清華八·邦政 07 亓（其）宮室𡉈（坦）大以高

清華八·邦政 07 亓（其）器大

清華八·處位 04 埶（勢）晉（儕）萬（列）而方（旁）受大政

清華八·邦道 11 母(毋)喬(驕)大(泰)以不龏(恭)

 清華八·邦道 12 少(小)大

 清華八·邦道 27 則亡(無)命大於此

 清華八·心中 01 心所出少(小)大

 清華八·虞夏 03 車大迻(輅)

～，與🀄(上博二·昔 1)、🀄(上博三·周 2)、🀄(上博四·昭 9)、🀄(上博二·魯 1)同。《説文·大部》："大，天大，地大，人亦大。故大象人形。古文大也。凡大之屬皆从大。"

清華一·尹至 04"大縈"，即"大縈"，讀爲"大傾"。《管子·七臣七主》："芒主：目伸五色，耳常五聲，四鄰不計，司聲不聽，則臣下恣行而國權大傾。"

清華一·程寤 01、02"大姒"，亦作"太姒"，有莘氏之女，周文王妻，武王母。《詩·大雅·思齊》："大姒嗣徽音，則百斯男。"毛傳："大姒，文王之妃也。"《史記·管蔡世家》："武王同母兄弟十人，母曰太姒，文王正妃也。"

清華一·程寤 02、03"大子發"，讀爲"太子發"。《史記·周本紀》："明年，西伯崩，太子發立，是爲武王。"

清華一·保訓 09、11，清華一·祭公 12"大命"，天命。《書·太甲上》："天監厥德，用集大命，撫綏萬方。"孔傳："天視湯德，集王命於其身。"

清華一·耆夜 01"大戡(戡)之"，《文選·論四·辯命論》："而或者睹湯武之龍躍，謂龜亂在神功，聞孔墨之挺生，謂英睿擅奇響。"李善注："成湯、武王也。《周易》曰：見龍在田。又曰：或躍在淵。《墨子》曰：夏桀時，天乃命湯於鑣宫，有神來告曰：夏德大亂，往攻之，予必使汝大戡之。"

清華一·耆夜 01"文大室"，讀爲"文太室"，祭祀文王的太室。《書·洛誥》："王入太室，祼。"孔穎達疏："太室，室之大者。故爲清廟，廟有五室，中央曰太室。"吴方彝蓋(《集成》09898)"王在周成大室"、伊簋(《集成》04287)"王各穆大室"。

清華一·耆夜11"母已大藥",讀爲"毋已大樂"。《詩·唐風·蟋蟀》:"無已大康。"

清華一·耆夜12、14"母(毋)已大康",《詩·唐風·蟋蟀》:"無已大康。""大康",大樂。

清華一·金縢09"蘇(秋)大管(熟)",大豐收。今本《書·金縢》:"秋,大熟,未穫,天大雷電以風。"

清華一·金縢09、13"大木昪(斯)甗(拔)",今本《書·金縢》:"禾盡偃,大木斯拔,邦人大恐。"

清華一·金縢13"戠(歲)大又(有)年",今本《書·金縢》:"歲則大熟。"

清華一·金縢14"蘇(秋)則大刈",秋天有大收穫。

清華一·皇門02"今我卑(譬)少(小)于大",今本《逸周書·皇門》作"命我辟王小至于大"。

清華一·皇門02"廼佳(惟)大門宗子埶(邇)臣",今本《逸周書·皇門》作"乃維其有大門宗子勢臣",孔晁注:"大門宗子,適長。""大門",指貴族。"大門宗子",即門子。《周禮·春官·小宗伯》:"其正室皆謂之門子,掌其政令。"鄭玄注:"正室,適子也,將代父當門者也。"孫詒讓《正義》:"云'將代父當門者也'者,明以父老則適子代當門户,故尊之曰門子……蓋詳言之曰大門宗子,省文則曰門子,其實一也。"

清華一·祭公07"大商",指商王朝。《詩·大雅·大明》:"保右命爾,燮伐大商。"韋孟《諷諫詩》:"總齊群邦,以翼大商。"

清華一·祭公10"皇天改大邦壓(殷)之命",《書·康誥》:"敢敬告天子,皇天改大邦殷之命,惟周文武誕受羑若,克恤西土。""大邦殷"與《書·大誥》"興我小邦周"相對。

清華一·祭公10"佳(惟)武王大歔(敗)之",《戰國策·魏一》:"楚攻齊,大敗之,而魏弗救。"

清華一·祭公16"大邦",大國。《書·武成》:"大邦畏其力,小邦懷其德。"孔傳:"言天下諸侯,大者畏威,小者懷德。"《詩·小雅·采芑》:"蠢爾蠻荆,大邦爲讎。"鄭箋:"大邦,列國之大也。"

清華一·祭公16"女母以少怣敗大嘑",讀爲"汝毋以小謀敗大作"。《禮記·緇衣》引作:"毋以小謀敗大作,毋以嬖御人疾莊后,毋以嬖御士疾莊士、大夫、卿士。"郭店簡《緇衣》引作："毋以小謀敗大煮（圖），毋以卑（嬖）御息（塞）莊后，毋以卑（嬖）士息（塞）大夫、卿士。"上博簡略同。

清華一·祭公 18"寺佳大不弔㚒"，讀爲"時惟大不淑哉"。《吕氏春秋·知士》："靜郭君之交，大不善於宣王，辭而之薛，與劑貌辨俱。"

清華一·楚居 14、15"王大（太）子"，王太子是指惠王的太子，即下文之朿大王。

清華一·楚居 15、清華二·繫年 114"朿大王"，即楚簡王，惠王之子。"大"是諡法，應讀爲"簡厲王"或"簡烈王"。出土文獻所見春秋戰國時代的楚王常有雙字諡法。（董珊）

清華一·楚居 16"邦大瘠（瘠）"，上博簡《朿大王泊旱》簡 18"邦家大旱疠瘠"，義同"大瘠"。《公羊傳·莊公二十年》："大災者何？大瘠也。大瘠者何？痾也。"

清華二·繫年 002"大瘧"，即"大虐"，非常殘暴的行爲。賈誼《新書·耳痺》："子胥發鬱冒忿，輔闔閭而行大虐。"

清華二·繫年 004、019、048、121"大敗"，《荀子·宥坐》："三軍大敗，不可斬也；獄犴不治，不可刑也，罪不在民故也。"

清華二·繫年 031"大子龍（共）君"，太子申生諡爲共君。《國語·晉語二》："驪姬見申生而哭之……驪姬退，申生乃雉經於新城之廟……是以諡爲共君。"

清華二·繫年 083"五員爲吴大宔"，讀爲"伍員爲吴大宰"。《左傳·定公四年》："伍員爲吴行人以謀楚……伯州犁之孫嚭爲吴太宰以謀楚。"

清華二·繫年 101"大疫"，謂瘟疫流行。《吕氏春秋·孟春紀》："（孟春）行秋令，則民大疫。"《史記·趙世家》："二十二年，大疫。"

清華二·繫年 131"奠大宔慾"，即鄭太宰欣。《韓非子·説難》："若夫齊田恆、宋子罕、魯季孫意如、晉僑如、衛子南勁、鄭太宰欣、楚白公、周單荼、燕子之，此九人者之爲其臣也。"

清華三·説命下 08"昔在大戊"，與《書·無逸》"昔在殷王中宗"，周初𣄰尊（《集成》06014）"昔在爾考公氏"句例相同。《書·咸有一德》："伊陟相大戊，亳有祥桑榖共生于朝。"

清華三·芮良夫 25、清華六·管仲 17、清華八·攝命 02"少大"，讀爲"小大"，小的和大的。《書·顧命》："柔遠能邇，安勸小大庶邦。"《左傳·莊公十年》："小大之獄，雖不能察，必以情。"

清華三·良臣 07"雩（越）王句賤（踐）又（有）大同"之"大同"，讀爲"舌

庸"。《國語·吳語》："於是越王句踐乃命范蠡、舌庸,率師沿海溯淮以絕吳路。"(廣瀨薰雄)

清華三·良臣09"子大弔",讀爲"子大叔"。見《左傳·定公四年》:"反自召陵,鄭子大叔未至而卒。晉趙簡子爲之臨,甚哀。"

清華三·良臣11"大宰",讀爲"太宰",周稱冢宰,爲天官之長,掌建邦之六典,以佐王治邦國。春秋列國亦多置太宰之官,職權不盡相同。《禮記·曲禮下》:"天子建天官,先六大,曰大宰、大宗、大史、大祝、大士、大卜,典司六典。"《大戴禮記·保傅》:"青史氏之記曰:'古者胎教……太宰持斗而禦户右。'"盧辯注:"太宰,膳夫也,冢宰之屬。"

清華四·筮法05"大人",指在高位者,如王公貴族。《易·乾》:"九二:見龍在田,利見大人。"《史記·孟子荀卿列傳》:"王公大人初見其術,懼然顧化,其後不能行之。"

清華四·筮法37、38"大吉",大吉利。《易·家人》:"富家,大吉。"《荀子·議兵》:"慮必先事而申之以敬,慎終如始,終始如一,夫是之謂大吉。"

清華四·筮法37、38"大凶",凶禍,謂死滅。《國語·越語下》:"天節不遠,五年復反,小凶則近,大凶則遠。"韋昭注:"大凶,謂死滅。"

清華四·筮法40"大事",與"中事""小事"相對。

清華四·筮法46"大面",大臉。

清華四·筮法56"大獸",即"大獸"。《周禮·夏官·大司馬》:"大獸公之,小禽私之,獲者取左耳,及所弊,鼓皆駴,車徒皆譟,徒乃弊,致禽饁獸于郊。"

清華四·筮法61"大",與"少(小)"相對。

清華五·命訓01"[天]生民而成大命",今本《逸周書·命訓》作"天生民而成大命"。

清華五·命訓01、10"大命又(有)棠(常)",今本《逸周書·命訓》作"大命有常"。

清華五·命訓10、11"莫大於",《老子·德經》:"罪莫大於可欲,禍莫大於不知足,咎莫大於欲得。"

清華五·封許02"雁受大命",讀爲"膺受大命",語見西周乖伯鼎(《集成》04331)、五祀㝬鐘(《集成》00358)、師克盨(《集成》04467、04468)、毛公鼎(《集成》02841)等。大盂鼎(《集成》02837)"丕顯文王受天有大命",亦云文王受大命。

清華五·啻門16"大粥",讀爲"大費",巨大消耗。《戰國策·秦四》:"割河東,大費也;免於國患,大利也。"

　　清華五·三壽11"大茖",讀爲"大路",大道。《詩·鄭風·遵大路》:"遵大路兮,摻執子之袪兮。"鄭箋:"路,道。"

　　清華六·孺子01"大事",重大的事情。《書·大誥》:"我有大事,休,朕卜并吉。"孔傳:"大事,戎事也。"《禮記·月令》"仲春之月……毋作大事,以妨農之事",鄭玄注:"大事,兵役之屬。"《吕氏春秋·仲春紀》:"仲春之月……是月也,耕者少舍,乃修闔扇,寢廟必備。無作大事,以妨農功。""大事"不光指兵事,還應包括"土功",即修城郭宫室等大型工程。

　　清華六·孺子04"虘(吾)君函(陷)於大難之中",《晏子春秋·内篇問上》:"故忠臣也者,能納善於君,不能與君陷於難。"師詢簋(《集成》04342):"欲汝弗以乃辟函(陷)于艱。"

　　清華六·管仲11"大事",與"小事"相對。

　　清華六·太伯甲11、太伯乙09"大亓(其)宫",《管子·四稱》:"大其宫室,高其臺榭。"

　　清華六·子產07"子產不大宅寏(域)",《晏子春秋·内篇問下》:"今君大宫室,美臺榭,以辟飢渴寒暑,畏禍,敬鬼神,君之善足以没身,不足以及子孫矣。"

　　清華六·子產08"宅大心張",《水經注·泗水》:"臺南四里許則孔廟,即夫子之故宅也。宅大一頃,所居之堂,後世以爲廟。"

　　清華六·子產12"才(在)大能政"之"大",指大國,與下小指小國相對。

　　清華六·子產28"大或",讀爲"大國",古指大諸侯國。《詩·商頌·長發》:"玄王桓撥,受小國是達,受大國是達。"《公羊傳·隱公五年》:"諸侯者何?天子三公稱公,王者之後稱公,其餘大國稱侯。"何休注:"大國謂百里也。"

　　清華七·子犯13"大薩",即"大岸"。《水經注·江水二》:"北對大岸,謂之江津口,故洲亦以名焉。"

　　清華七·子犯14"大膪",即"大膽",不畏怯,有勇氣。

　　清華七·子犯12、清華八·邦道12"少大",讀爲"小大",長幼。《詩經·小雅·楚茨》:"既醉既飽,小大稽首。"鄭箋:"小大,猶長幼也。"

　　清華七·子犯14"大甲",《左傳·襄公二十一年》:"鯀殛而禹興。伊尹放大甲而相之,卒無怨色。"

　　清華七·晉文公07"大乍",讀爲"大作",猶大事。《逸周書·祭公》:"汝無以小謀敗大作。"孔晁注:"大作,大事也。"

　　清華七·晉文公08"九年大旻河東之者侯",讀爲"九年大得河東之諸侯"。《國語·周語中》:"王叔子譽溫季,以爲必相晉國,相晉國,必大得諸侯,勸二三君子必先導焉,可以樹。"

清華七·越公10、68"大北",大敗。

清華七·越公35、51"大臣",官職尊貴之臣。《左傳·昭公元年》:"和聞之,國之大臣,榮其寵禄,任其寵節。"

清華七·越公54"王乃大詢(徇)命于邦",《國語·吳語》:"王乃命有司大徇於軍。"

清華七·越公61"大鬲",讀爲"大歷",大數。

清華七·越公66"吳帀乃大衋",讀爲"吳師乃大駭",《國語·吳語》:"吳師聞之大駭。"

清華七·越公67"大圅",即"大亂",秩序嚴重破壞,大騷亂。《周禮·秋官·司約》:"若大亂,則六官辟藏,其不信者殺。"鄭玄注:"大亂,謂僭約若吳楚之君、晉文公請隧以葬者。"《孟子·滕文公下》:"及紂之身,天下又大亂。"

清華八·攝命04"雩四方少大邦",讀爲"越四方小大邦"。《書·多士》:"惟天不畀不明厥德,凡四方小大邦喪,罔非有辭于罰。"《書·酒誥》:"越小大邦用喪,亦罔非酒惟辜。"

清華八·心中01"少大",讀爲"小大",指事物輕重。《禮記·王制》:"必察小大之比以成之。"鄭玄注:"小大猶輕重。"

清華八·攝命32"各于大室",讀爲"格于大室"。"大室",亦作"太室",太廟中央之室,亦指太廟。《書·洛誥》:"王入太室,祼。"孔傳:"太室,清廟。"孔穎達疏:"太室,室之大者,故爲清廟。廟有五室,中央曰太室。"《春秋·文公十三年》:"大室屋壞。"杜預注:"大廟之室。"伊簋(《集成》04287)"王各穆大室"。

清華八·邦政07"亓宫室曓大以高",讀爲"其宫室坦大以高"。《管子·四稱》:"大其宫室,高其臺榭。"

清華八·邦政07"亓(其)器大",《論衡·程材篇》:"世名材爲名器,器大者盈物多。"

清華八·邦道11"喬大",讀爲"驕泰",驕恣放縱。《禮記·大學》:"是故君子有大道,必忠信以得之,驕泰以失之。"《管子·禁藏》:"故適身行義,儉約恭敬,其唯無福,禍亦不來矣;驕傲侈泰,離度絶理,其唯無禍,福亦不至矣。"

清華八·虞夏03"大迭",即"大路",大車。《禮記·明堂位》:"大路,殷路也。"鄭玄注:"大路,木路也。""路"字或作"輅",《書·顧命》:"大輅在賓階面。"

清華八·處位04"大政",國家政務。《左傳·襄公二十九年》:"吾子爲魯宗卿,而任其大政,不慎舉,何以堪之?"

太

 清華六·太伯甲 01 太白(伯)壴(當)邑

 清華六·太伯甲 01 太白(伯)又(有)疾

 清華六·太伯甲 03 太白(伯)曰

 清華六·太伯乙 01 太白(伯)壴(當)邑

 清華六·太伯乙 01 太白(伯)又(有)疾

 清華七·越公 61 乃命靶(范)羅(蠡)、太甬大鬲(歷)雩(越)民

～,从"大",右上加一"丨","太"字異體。《説文·水部》:"泰,滑也。从廾、从水,大聲。𡘅,古文泰。"

清華六·太伯"太白",即"太伯",鄭莊公子人氏長子太伯,繼子人成子執政。

清華七·越公 61"太甬",《良臣》作"大同"。典籍或作"舌庸""洩庸""泄庸"。《國語·吳語》:"於是越王句踐乃命范蠡、舌庸,率師沿海泝淮以絶吳路。"《吳越春秋·夫差内傳》:"越王聞吳王伐齊,使范蠡、洩庸率師屯海通江,以絶吳路。"《吳越春秋·勾踐入臣外傳》:"大夫曳庸曰:'大夫文種者,國之梁棟,君之爪牙。夫驥不可與匹馳,日月不可並照。君王委國於種,則萬綱千紀無不舉者。'"該人與苦成、大夫種、范蠡、皋如等爲越王勾踐的良臣,是越王勾踐的五大夫之一。(胡敕瑞)

汏

 清華四·筮法 53 爲汏(汏)

～，從"水"，"太"聲，"汏"字異體。

《說文·水部》："汏，淅灡也。從水，大聲。"

清華四·筮法 53"汏"，即"汏"，淘米水。

歺大

 清華一·祭公 19 我亦隹(惟)以慁(湛)我歺大(世)

～，從"歺"，"大"聲，疑爲去世之"世"的異體。

清華一·祭公 19"歺大"，讀爲"世"，一生，一輩子。《左傳·成公十六年》："不可以當吾世而失諸侯，必伐鄭。"

敥

 清華六·子儀 11 辟(譬)之女(如)兩犬縊(延)河敥(啜)而獎(猒)

～，從"攴"，"埊"聲。

清華六·子儀"敥"，讀爲"啜"，《釋名·釋飲食》訓"絕也"。

僓

 清華八·邦道 24 婦子僓(贅)叚(賈)

 清華八·邦道 26 僓(贅)位亓(其)子弟

～，從"人"，"贅"聲。

清華八·邦道24"婦子價賑",讀爲"婦子贅賈",猶《淮南子·本經》所言"贅妻鬻子"。《說文·貝部》:"贅,以物質錢。"段玉裁注:"若今人之抵押也。"

清華八·邦道26"價位亓子弟",讀爲"贅位其子弟",指抵押子弟。

繰

 清華一·金縢 10 夫=(大夫)繰

～,從"示","綴"聲。

清華一·金縢10"繰",或讀爲"髻",束髮。《說文·言部》:"話,合會善言者。從言,昏聲。《傳》曰:'告之話之。'譮,籀文話從會。"《說文·口部》:"噲,咽也。從口會聲。讀若快。"《說文·歙部》:"歠,歙也。從歙省叕聲。吷,歠或從口從央。"段玉裁注:"央聲也。《莊子·則陽》:'吹劍首者,吷而已矣。'用此字。"《說文·髟部》:"髻,潔髮也。從髟,昏聲。"段玉裁注:"'絜',各本偽作'潔'。今依《玉篇》《韻會》正'絜,麻一耑也',引申爲圍束之偁。'絜髮'指束髮也。按《士喪禮》'主人髻髮',戴《記》作'括髮',謂小斂訖,去纚爲露髻也。婦人之'髽'亦是'去纚而髻',與男子之'髻髮'相等,則'髻'爲凶禮矣。然許於'髽'曰'喪髻',於'髻'不云'喪髻'者,'髻髮'猶云'束髮',《內則》《喪服》之'總'、《深衣》之'束髮'、《士喪禮》之'髻'同爲一事。'髻'即'髻'字之異者。"(白於藍)或釋爲"繰","大夫繰"疑即《左傳》之"乘縵",杜注:"車無文。"《書·金縢》:"王與大夫盡弁以啓金縢之書。"

定紐折聲

折

 清華一·皇門02 我䎽(聞)昔才(在)二又(有)或(國)之折(哲)王

 清華一·楚居16 至恕(悼)折(哲)王猷居鄂(鄢)郢

清華二·繫年 068 郘(駒)之克陞(降)堂而折(誓)曰

清華二·繫年 127 刟(悼)折(哲)王即立(位)

清華三·芮良夫 24 非穀折(哲)人

清華五·三壽 19 元折(哲)並進

清華七·子犯 09 昔之舊聖折(哲)人

～，與 ❏(上博二·從甲 5)、❏(上博六·競 7)、❏(上博六·天甲 12)、❏(上博八·蘭 3)同，从斤斷木。《說文·艸部》："折，斷也。从斤斷艸。譚長說。❏，籀文𣂚从艸在仌中，仌寒故折。❏，篆文𣂚从手。"

清華一·皇門 02"我餌(聞)昔才(在)𠄞又(有)或(國)之折(哲)王"，今本《逸周書·皇門》作"我聞在昔有國誓王之不綏于卹"，陳逢衡注："在昔有國誓王，古我夏先后與殷先哲王也。""哲王"，聰慧賢能的君王。《書·康誥》："往敷求于殷先哲王，用保乂民。"《逸周書·商誓》："在商先誓(哲)王明祀上帝。"

清華一·楚居 16"恧折王"、清華二·繫年 127"刟折王"，讀爲"悼哲王"，即楚悼王熊疑，聲王之子，望山卜筮簡 88、110 作"恧王"。

清華二·繫年 068"郘之克陞堂而折曰"，讀爲"駒之克降堂而誓曰"。《左傳·宣公十七年》："十七年春，晉侯使郤克徵會於齊。齊頃公帷婦人，使觀之。郤子登，婦人笑於房。獻子怒，出而誓曰。"

清華三·芮良夫 24、清華七·子犯 09"折人"，讀爲"哲人"，智慧卓越的人。《詩·小雅·鴻雁》"維此哲人"，朱熹《集傳》："哲，知。"

清華五·三壽 19"折"，讀爲"哲"，智也。《書·洪範》："明作哲。"蔡沈《集傳》："哲者，智也。"

3101

劼

 清華五·厚父 03 才（在）顕（夏）之劼（哲）王

 清華五·厚父 06 弗甬（用）先劼（哲）王孔甲之典刑（刑）

 清華八·邦政 12 新則劼（制）

～，从"刀"或"刃"，"折"字異體。或説是"制"字異體。

清華五·厚父 03、06"劼王"，讀爲"哲王"，指賢明的君王。《書·康誥》"往敷求于殷先哲王，用保乂民"、《酒誥》"在昔殷先哲王迪畏天"、《召誥》"茲殷多先哲王在天"。《皋陶謨》："知人則哲。"

清華八·邦政 12"劼"，讀爲"制"。《國語·晉語一》："以制百物。"韋昭注："制，裁也。"

誓

 清華八·攝命 29 余亦隹（唯）誓毄兑（説）女（汝）

～，从"言"，"折"省聲，"誓"字異體。

清華八·攝命 29"誓"，即"誓"字。"誓毄"，或疑即《書·秦誓》之"杌陧"。《易·困》作"臲卼"，《説文》作"槷黜"，訓爲不安。

定紐舌聲

䚻

 清華一·楚居 07 至武王酓（熊）䚻自宵遷（徙）居免

～，从"奚"，"肙"（舌）聲。"肙"作 、；"䚻"

作(上博六·用12);"遣"作☒(上博五·姑5)、☒(上博五·姑7)。

清華一·楚居07"畲䚻",典籍作"熊通"或"熊達"。《史記·楚世家》:"蚡冒弟熊通弒蚡冒子而代立,是爲楚武王。"《左傳·昭公二十三年》:"無亦監乎若敖、蚡冒至於武、文。"孔穎達疏:"《楚世家》云:周成王始封熊繹於楚,以子男之田居丹陽,歷十四君至於熊儀,是爲若敖。若敖生霄敖,霄敖生蚡冒。蚡冒卒,弟熊達立,是爲武王。"(孟蓬生)

話

 清華八·攝命13 自一話一言

～,與☒(郭店·緇衣30)所從同。《説文·言部》:"話,合會善言也。從言,㕯聲。《傳》曰:'告之話言。'☒,籒文譮从會。"

清華八·攝命13"自一話一言",見《書·立政》:"自一話一言。"

适

 清華三·良臣03 又(有)南宮适

 清華三·良臣03 又(有)白(伯)适

清華三·三壽14 适還蚕(妖)蠱(祥)

～,與☒(上博五·姑7)同。《説文·辵部》:"适,疾也。從辵,㕯聲。讀與括同。"

清華三·良臣03"南宮适",見《書·君奭》:"惟文王尚克修和我有夏;亦惟有若虢叔,有若閎夭,有若散宜生,有若泰顛,有若南宮括。"《尚書大傳》:"散宜生、南宮括、閎夭三子相與學訟於太公。"

清華三·良臣03"白适",即"伯适"。《論語·微子》:"周有八士:伯達、伯适、仲突、仲忽、叔夜、叔夏、季隨、季騧。"

清華五·三壽 14"适",讀爲"襘",古指消除災病,也指爲消除災病而舉行的祭祀。《周禮·天官·女祝》:"掌以時招、梗、襘、禳之事,以除疾殃。"鄭玄注:"梗,禦未至也。除災害曰襘,襘猶刮去也。"《周禮·春官·神仕》:"以襘國之凶荒。"鄭玄注:"杜子春云:襘,除也。玄謂此襘讀如潰癰之潰。"(暮四郎)或讀爲"括",捆束。《易·坤》:"括囊,無咎無譽。"孔穎達疏:"括,結也。"

定紐丙聲

敳(敵)

清華六·太伯甲 08 乃東伐齊蘁之戎爲敵(徹)

清華六·太伯甲 10 長不能莫(慕)虘(吾)先君之武敵(烈)臧(壯)玒(功)

清華六·太伯乙 07 乃東伐齊蘁之戎爲敵(徹)

清華六·太伯乙 09 長不能莫(慕)虘(吾)先君之武敵(烈)臧(壯)玒(功)

清華一·耆夜 09 月又(有)城敵

清華二·繫年 03 乃歸東(厲)王于敵(彘)

清華三·赤鵠 13 句(后)女(如)敵(撤)廑(屋)

清華三·赤鵠 14 敳（徹）廛（屋）

～，與🔲（上博七·凡甲 18）、🔲（郭店·緇衣 40）同，从"攴"，"丙"聲、"呂"（或省）聲，"敳"字異體。

清華六·太伯甲 08、太伯乙 07"敳"，讀爲"徹"。《詩·小雅·十月之交》："天命不徹，我不敢傚我友自逸。"毛傳："徹，道也。"陳奐《傳疏》："言天之命，不循道而行。"《爾雅·釋訓》："不徹，不道也。"郭璞注："徹亦道也。"郝懿行《義疏》："徹者，通也，達也。通、達皆道路之名，故云徹亦道也。徹之言轍，有軌轍可循。"或訓爲撤除，或訓治，或訓爲徹田。

清華六·太伯甲 10、太伯乙 09"武敳烕釭"，讀爲"武烈壯功"。"武烈"，《國語·周語下》："成王能明文昭，能定武烈者也"。韋昭注："烈，威也。言能明其文，使之昭；定其武，使之威也"。後以"武烈"謂武功。《後漢書·馮衍傳上》："衍上書陳八事：其一曰顯文德，二曰褒武烈……"

清華一·耆夜 09"月又城敳"，讀爲"月有成轍"，月亮有它既定的軌轍。（郭永秉）。或讀爲"盈缺"。

清華二·繫年 03"敳"，讀爲"戲"，地名。簡文"乃歸屬王于戲"，參《左傳·昭公二十六年》："至于攜王，王心庶虐，萬民弗忍，居王于戲。"

清華三·赤鵠 13、14"敳廛"，即"徹屋"，毀壞房屋。馬王堆帛書《篆書陰陽五行》："敳茅屋而坦之，大兇。"《詩·小雅·十月之交》："徹我牆屋。"鄭箋："徹毀我牆屋。"睡虎地秦簡《日書》甲種 143—144 背有"壞垣、起垣、徹屋、及殺，大凶"之語，155 背有"墨（晦）日，利壞垣，徹屋"之語，可以參看。

定紐筮聲

筮

　清華四·筮法 15 篅（筮）死妻

　清華四·筮法 18 篅（筮）疾者

清華四·筮法21 簪(筮)死夫

清華四·筮法24 凸(凡)簪(筮)志

清華四·筮法32 凸(凡)簪(筮)志事

清華四·筮法35 奴(如)簪(筮)軍遬(旅)

清華四·筮法38 凸(凡)簪(筮)志事及軍遬(旅)

清華五·厚父08 辪(肆)女(如)其若龜簪(筮)之言亦勿可遬(專)改

清華五·三壽11 龜簪(筮)孚貣(忒)

清華六·孺子02 恩(圖)所叚(賢)者女(焉)繡(申)之以龜簪(筮)

～，楚簡或作 ᠅(上博四·曹52)、᠅(郭店·緇衣46)、᠅(新蔡甲三72)、᠅(新蔡甲三114)。从"口"，乃增飾偏旁。《周禮·秋官·序官》"硩蔟氏"，鄭玄注："鄭司農云：'硩讀爲摘。'""摘"从"啻"聲，"折""筮"均爲禪紐月部字。《說文·竹部》："筮，《易》卦用蓍也。从竹从巫。巫，古文巫字。"

清華五·厚父08、三壽11、清華六·孺子02"龜簪"，即"龜筮"，占卦。古時占卜用龜，筮用蓍，視其象與數以定吉凶。亦指占卦的人。《書·大禹謨》："鬼神其依，龜筮協從。"蔡沈《集傳》："龜，卜；筮，蓍。"陳琳《大荒賦》："假龜筮以貞吉,問神諡以休詳。"

清華四·筮法"簪",即"筮",用蓍草占卜休咎或卜問疑難的事,占卦。《易·蒙》:"初筮告,再三瀆,瀆則不告。"王弼注:"筮者,決疑之物也。"《周禮·春官·簪人》:"簪人掌三易,以辨九簪之名。"

定紐睿聲

矘

 清華三·説命上05 一豕乃矘(旋)保以遆(逝)

 清華五·三壽22 音色柔丂(巧)而矘(叡)武不罔

 清華五·三壽22 寺(是)名曰矘(叡)訐(信)之行

～,從"視","睿"聲,"睿(叡)"之異體。《説文·叔部》:"叡,深明也,通也。從叔、從目,從谷省。睿,古文叡。壡,籀文叡從土。"

清華三·説命上05"矘",讀爲"旋",回還,歸來。《詩·小雅·黃鳥》:"言旋言歸,復我邦族。"朱熹《集傳》:"旋,回。"

清華五·三壽22"矘武",讀爲"叡武",叡知而神武。《易·繋辭上》:"古之聰明叡知,神武而不殺者夫。"

清華五·三壽22"矘",讀爲"叡",聖明,聰慧。《逸周書·諡法》:"叡,聖也。"《漢書·敍傳下》:"燕蓋譸張,寔叡寔聰,皋人斯得,邦家和同。"

悆

 清華四·別卦08 悆(渙)

～,從"心","宍"("睿"省)聲。

清華四·別卦08"悆",讀爲"渙",卦名。六十四卦之一。《易·渙》:"渙,

3107

亨。"孔穎達疏："涣,卦名也。"馬國翰輯本《歸藏》作"奂",王家臺秦簡《歸藏》、馬王堆帛書《周易》、今本《周易》作"涣"。上博簡《周易》作"㪇","睿""爰"皆聲。"睿",心母真部;"涣",曉母元部,韻部旁轉,心曉通轉。

濬

清華五·湯丘 19 君既濬明

清華五·啻門 13 惠(德)濬明執訐(信)以義成

～,與 （上博一·性 19）同,郭店·性自 31 作 ,下從"見","見""目"二旁古通,"濬"字異體。《說文·谷部》："睿,深通川也。從谷從卢。卢,殘地,阮坎意也。《虞書》曰：'睿畎澮距川。'濬,睿或從水。叡,古文睿。"

清華五·湯丘 19、啻門 13"濬明",聰明睿智。《書·舜典》："濬哲文明。"《禮記·中庸》："唯天下至聖為能聰明睿知,足以有臨也。"

濬

清華二·繫年 082 為長濬(壑)而洇(湮)之

清華八·處位 02 唯濬(浚)良人能敔(造)御柔

～,從"水","叡"聲,"濬"字異體。"叡",楚文字或作 (上博六·用 18)、(上博三·周 28)、(上博三·周 29)。

清華二·繫年 082"濬",讀為"壑",水坑,水溝。《禮記·郊特牲》："土反其宅,水歸其壑。"簡文"為長壑而洇之",挖長溝蓄水,以阻堵楚軍。

清華八·處位 02"濬","濬"字異體,亦作"浚"。《左傳·襄公二十四年》："子實生我,而謂子浚我以生乎。"杜預注："浚,取也。"或讀為"睿",《說文》"叡"字古文。《書·洪範》："思曰睿,睿作聖,叡良人。"即叡人、良人,也就是聖人、賢人。《詩·大雅·桑柔》"維此聖人,瞻言百里""維此良人,作爲式穀"。

定紐烕聲

剠

 清華八·邦道 24 邦又(有)剠(癘)殳(疫)

～,與(上博三·周 49)同,从"刀","烕"字異體。或釋爲"滅"字異體。(王輝)

清華八·邦道 24"剠殳"、上博二·容 16 作"烕殳",均讀爲"癘疫",瘟疫。《左傳·昭公元年》:"山川之神,則水旱癘疫之災,於是乎禜之。"孔穎達疏:"癘疫謂害氣流行,歲多疾病。"《周禮·夏官·戎右》:"贊牛耳桃茢。"鄭玄注:"故書茢爲滅。杜子春云:'滅當爲厲。'"

烕

 清華一·楚居 03 爰旻(得)妣烕

清華一·楚居 03 妣烕賓于天

～,與(上博五·季 14)同,从"炎",與从"火"同,"戌"聲,釋爲"烕"。(王輝)《說文·火部》:"烕,滅也。从火、戌。火死於戌,陽氣至戌而盡。《詩》曰:赫赫宗周,褒姒烕之。"或疑"剠"字異文。《說文·金部》:"銳,芒也,从金,兌聲。,籀文銳,从厂,剡。"或說从"炎","炎"从乚、从二火,會烈火燒乚[區之初文,象一個區域、隱蔽之地,戰國文字"或(域)""區"多从此形]之意,爲"烈"之象意本字。(季旭昇)

清華一·楚居 03"妣烕",或讀爲"妣厲",人名。

定紐兌聲歸元部合聲

來紐剌聲

朿

 清華二·繫年002 羍=(至于)朿(厲)王

 清華二·繫年003 乃歸朿(厲)王于徹(彘)

 清華二·繫年003 朿(厲)王生洹(宣)王

 清華二·繫年012 改立朿(厲)公

 清華二·繫年087 朿(厲)公即立(位)

 清華二·繫年089 朿(厲)公先起兵

 清華二·繫年090 朿(厲)公救(救)奠(鄭)

 清華二·繫年090 朿(厲)公亦見褙(禍)以死

～，與 ▆（上博一·性19）同，从"木"、从雙手。或説"剌"之省體。

清華二·繫年002、003"朿王"，讀爲"厲王"。金文作"剌王"，見坴盤（《近二》939），周厲王。《史記·周本紀》："夷王崩，子厲王胡立。厲王即位三十年，好利，近榮夷公。"

清華二·繫年 012、087、089、090 "朿公",讀爲"厲公",即晉厲公。《史記·晉世家》:"十九年夏,景公病,立其太子壽曼爲君,是爲厲公。後月餘,景公卒……閏月乙卯,厲公遊匠驪氏,欒書、中行偃以其黨襲捕厲公,囚之,殺胥童,而使人迎公子周于周而立之,是爲悼公。"

剌

 清華一·祭公 04 朕(朕)之皇且(祖)周文王、剌(烈)且(祖)武王

 清華一·祭公 08 以余少(小)子颺(揚)文武之剌(烈)

 清華一·祭公 08 颺(揚)城(成)、康、卲(昭)宔(主)之剌(烈)

 清華三·良臣 10 子剌

 清華五·封許 02 誀(慭)光毕(厥)剌(烈)

 清華六·太伯甲 09 剌(厲)公

 清華六·子產 21 子剌

 清華七·子犯 15 剌(厲)王

 清華六·太伯乙 08 (訛)葉(世)及虖(吾)先君卲公、刾〈剌〉(厲)公

～，與 同。或作 ![]，左側訛爲"朱"；也有可能是"制"字或體，在簡文中讀爲"厲"。《説文·束部》："剌，戾也。从束从刀。刀者，剌之也。"

　　清華一·祭公 04"剌且"，讀爲"烈祖"，指建立功業的祖先。古多稱開基創業的帝王。《書·伊訓》："伊尹乃明言烈祖之成德，以訓于王。"孔傳："湯，有功烈之祖，故稱焉。"《詩·小雅·賓之初筵》："籥舞笙歌，樂既和奏。丞衎烈祖，以洽百禮。"

　　清華一·祭公 08"剌"，讀爲"烈"，功業，業績。《書·洛誥》："公稱丕顯德，以予小子，揚文武烈。"孔傳："用我小子褒揚文武之業。"

　　清華三·良臣 10、清華六·子產 21"子剌"，人名。

　　清華五·封許 02"訟光氒剌"，讀爲"怸光厥烈"。"光烈"，大業，偉績。《書·洛誥》："王命予來，承保乃文祖受命民，越乃光烈考武王，弘朕恭。"孔傳："於汝大業之父武王，大使我恭奉其道。"《潛夫論·贊學》："凡欲顯勳績、揚光烈者，莫良於學矣。"

　　清華六·太伯甲 09"剌公"，讀爲"厲公"，參上。

　　清華七·子犯 15"剌王"，讀爲"厲王"，周厲王。《史記·周本紀》："夷王崩，子厲王胡立。厲王即位三十年，好利，近榮夷公。"

來紐孚聲

爰

　　清華一·楚居 01 乇(宅)尻(處)爰波

　　清華一·楚居 02 爰生絸白(伯)、遠中(仲)

　　清華一·楚居 02 爰旻(得)妣㜈

　　清華三·芮良夫 24 虐(吾)楚(麋)所爰(援)□詣

清華六·太伯甲 02 或爰(援)肰(然)

 清華六·太伯乙 02 或爰(援)然

 清華六·子產 23 以爰(遠)姘(屏)者

～,楚文字或作 、。《説文·爰部》:"爰,引也。从受从于。籀文以爲車轅字。"

清華一·楚居 01"爰波",地名。

清華一·楚居 02"爰",助詞,用在句首或句中,起調節語氣的作用。《詩·邶風·凱風》:"爰有寒泉,在浚之下。"

清華六·太伯甲 02、太伯乙 02"爰",讀爲"援",援引。

清華六·子產 23"爰",讀爲"遠"。《國語·吳語》:"又不承共王命,以遠我一二兄弟之國。"

敽

 清華二·繋年 071 魯眚(臧)孫訐(許)迈(適)晉求敽(援)

 清華二·繋年 072 邭(駒)之克走敽(援)齊侯之纕(帶)

 清華二·繋年 127 以爲楚敽(援)

～,从"攴","爰"聲。"援"字異體。

清華二·繋年 071"求敽",即"求援",請求援助。

清華二·繋年 072"敽",即"援",牽拉,牽引。簡文"駒之克走援齊侯之帶",參《左傳·襄公二十三年》:"右撫劍,左援帶,命驅之出。"《後漢書·王符傳》:"規(皇甫規)素聞符名,乃驚遽而起,衣不及帶,屣履出迎,援符手而還。"

清華二·繫年127"敓",即"援",幫助,救助。《國語·魯語上》:"爲四鄰之援,結諸侯之信。"

援

 清華八·邦道 21 民不援(緩)

《說文·手部》:"援,引也。从手,爰聲。"

清華八·邦道 21"援",讀爲"緩",怠慢。《墨子·親士》:"見賢而不急,則緩其君矣。"王煥鑣《校釋》:"緩,怠慢。"

緩

 清華六·管仲 27 或緩或緪(急)

 清華八·八氣 04 甘爲緩

～,與 (上博二·容 1)、(上博八·蘭 2)同。《說文·素部》"繎,繛也。从素,爰省。,繎或省。"

清華六·管仲 27"或緩或緪",讀爲"或緩或急",寬舒和急迫,慢和快。《管子·五行》:"昔黃帝以其緩急作五聲,以政五鍾。"尹知章注:"調政理之緩急,作五聲也。"《漢書·食貨志下》:"歲有凶穰,故穀有貴賤;令有緩急,故物有輕重。"

清華八·八氣 04"甘爲緩",《黃帝內經·素問》:"辛散,酸收,甘緩,苦堅,鹹耎,毒藥攻邪。"

寏

 清華一·祭公 16 女(汝)母(毋)以戻孳(茲)皋虖(辜)芒(亡)寺(時)寏大邦

· 3114 ·

～，从"宀"，"爰"聲。

清華一·祭公 16"寏"，讀爲"遠"。《説文·辵部》："遠，遼也。"或讀爲"緩"。（《讀本一》第 246 頁）

精紐祭聲

祭

清華一·楚居 05 乃機（竊）若（鄀）人之牴（犝）以祭

清華三·赤鵠 07 于飤（食）亓（其）祭

清華四·筮法 44 乃西祭

清華五·命訓 09 民㮺（畏）則遙（淫）祭

清華五·命訓 10 禍（禍）莫大於遙（淫）祭

清華六·子儀 10 虖（吾）可（何）以祭稷

清華八·邦政 05 亓（其）祭時而戠（敬）

清華八·邦政 08 亓（其）祭弼（拂）以不時以婁（數）

清華八·邦道 21 祭以豊（禮）

· 3115 ·

清華八·虞夏 01 祭器四羅（璉）

清華八·虞夏 02 祭器六臣（簠）

清華八·虞夏 02 祭器八𣪘（簋）

～，與 （上博三·周 57）、 （上博四·柬 5）、 （上博七·君乙 5）同。《說文·示部》："祭，祭祀也。从示，以手持肉。"

清華五·命訓 09、10"遙祭"，讀爲"淫祭"，淫祀，邪祭。《逸周書·命訓》："極禍則民鬼，民鬼則淫祭，淫祭則罷家。"

清華八·邦道 21"祭以豊"，讀爲"祭以禮"。《禮記·曲禮》："禱祠祭祀，供給鬼神，非禮不誠不莊。是以君子恭敬撙節退讓以明禮。""祭禮"，古代祭祀或祭奠的儀式。《禮記·檀弓上》："祭禮與其敬不足而禮有餘也，不若禮不足而敬有餘也。"《墨子·公孟》："執無鬼而學祭禮，是猶無客而學客禮也。"

清華八·虞夏 01、02"祭器"，祭祀時所陳設的各種器具。《禮記·王制》："祭器未成，不造燕器。"《戰國策·齊四》："願請先王之祭器，立宗廟於薛。"《史記·張儀列傳》："出兵函谷而毋伐，以臨周，祭器必出。"司馬貞《索隱》："凡王者大祭祀必陳設文物軒車彝器等，因謂此等爲祭器也。"

清華"祭"，祭祀。對陳物供奉神鬼祖先的通稱。《禮記·祭統》："祭者，所以追養繼孝也。"《穀梁傳·成公十七年》："祭者，薦其時也，薦其敬也，薦其美也，非享味也。"

清紐殺聲

殺

 清華二·繫年 008 晉文侯戁（仇）乃殺惠王于虢（虢）

清華二·繫年011 亓(其)大=(大夫)高之巨(渠)爾(彌)殺卲(昭)公而立亓(其)弟子釁(眉)壽

 清華二·繫年011 殺子釁(眉)壽

 清華二·繫年013 殺三監而立录子耿

 清華二·繫年014 殺录子耿

 清華二·繫年014 殺飛厤(廉)

 清華二·繫年028 殺賽(息)侯

 清華二·繫年031 乃諡(讒)大子龍(共)君而殺之

 清華二·繫年032 亓(其)夫=(大夫)里之克乃殺瓞(奚)脊(齊)

 清華二·繫年033 里之克或(又)殺悼子

 清華二·繫年038 晉人殺褢(懷)公而立文公

 清華二·繫年059 宋人是古(故)殺孫(申)白(伯)亡(無)愄(畏)

清華二·繫年 075 陳公子諻(徵)余(舒)殺亓(其)君霝(靈)公

　清華二·繫年 076 殺呈(徵)余(舒)

　清華二·繫年 081 少币(師)亡(無)𢦏(極)譖(讒)連尹䫉(奢)
而殺之

　清華二·繫年 094 晉人既殺孌(欒)經(盈)于曲夭(沃)

　清華二·繫年 095 齊裒(崔)芧(杼)殺亓(其)君臧(莊)公

　清華二·繫年 099 殺䣄(蔡)霝(靈)侯

　清華三·說命上 04 我亓(其)殺之

　清華三·說命上 05 勿殺

　清華三·說命上 05 乃殺一豕

　清華三·赤鵠 03 虐(吾)不亦殺尔

　清華三·赤鵠 13 殺黃它(蛇)與白兔

清華三·赤鵠 14 殺二黃它（蛇）與一白兔

清華五·湯丘 16 不瘧（虐）殺

清華七·子犯 12 殺三無殆（辜）

清華七·子犯 12 殺某（梅）之女

清華七·越公 54 則戮（戮）殺之

～，與 （上博四·柬 7）、 （上博五·三 14）、 （上博六·天乙 4）、 （上博七·鄭乙 1）同。《說文·殳部》："殺，戮也。从殳、杀聲。凡殺之屬皆从殺。 ，古文殺。 ，古文殺。 ，古文殺。 ，古文殺。"

清華二·繫年 011"殺子亹（眉）壽"，《左傳·桓公十八年》："秋，齊侯師于首止，子亹會之，高渠彌相。七月戊戌，齊人殺子亹而轘高渠彌。"

清華二·繫年 032"亓夫=里之克乃殺瓠脊"，讀爲"其大夫里之克乃殺奚齊"。《國語·晉語二》："二十六年，獻公卒。里克……於是殺奚齊、卓子及驪姬，而請君於秦。"

清華二·繫年 038"晉人殺衺（懷）公而立文公"，《史記·晉世家》："子圉遂亡歸晉。十四年九月，惠公卒，太子圉立，是爲懷公……秦繆公乃發兵送內重耳……殺懷公於高梁，入重耳。重耳立，是爲文公。"

清華二·繫年 094"晉人既殺欒經于曲天"，讀爲"晉人既殺欒盈于曲沃"。《左傳·襄公二十三年》："晉人克欒盈于曲沃，盡殺欒氏之族黨。"

清華三·說命上 04、05"殺"，或讀爲"樧"，拋撒，流放。《說文·米部》："樧，糕樧，散之也。从米，殺聲。"（李銳）

清華五·湯丘 16"瘧殺"，即"虐殺"，殘酷殺害。《史記·秦始皇本紀》：

"六國回辟,貪戾無厭,虐殺不已。"《三國志·魏志·楊阜傳》:"馬超背父叛君,虐殺州將。"

清華七·子犯 12"殺三無殍(辜)",《淮南子·道應》:"乃爲炮烙,剖比干,剔孕婦,殺諫者。"

清華七·越公 54"翏殺",即"戮殺",杀戮。《司馬法·嚴位》:"若畏太甚,則勿戮殺。"《史記·大宛列傳》:"郁成食不肯出,窺知申生軍日少,晨用三千人攻,戮殺申生等。"

清華"殺",殺死。《書·大禹謨》:"與其殺不辜,寧失不經。"

戠

清華一·尹至 05 自西戠(翦)西邑

清華一·尹誥 02 我戠(翦)汏(滅)顕(夏)

清華三·說命中 03 戠(翦)菁(蠢)邦

"殺"字,甲骨文作 (《合集》7703)、 (《合集》34120),从戈,从 。 象人頭髮形,會用戈割頭之意。(吳振武)西周金文作 (《集成》10175,牆盤)、 (《集成》00251,瘋鐘)。"戠"所從" "乃承繼甲骨文、西周金文"殺"字。(白於藍)或釋爲"翦"。或釋爲"捷",與三體石經《春秋》僖公三十二年"捷"字古文同。

清華一·尹至 05、清華三·說命中 03"戠",即"翦",消滅,削弱。《詩·魯頌·閟宮》:"居岐之陽,實始翦商。"鄭箋:"翦,斷也。"《左傳·宣公十二年》:"其翦以賜諸侯,使臣妾之,亦唯命。"杜預注:"翦,削也。"

清華一·尹誥 02"戠汏",讀爲"翦滅",消滅。《左傳·成公二年》:"余姑翦滅此而朝食。"

戧

 清華八·邦道 01 戧（翦）少（小）刖（削）敗（損）

～，用"戈"截人之毛髮，會割頭之意，下加"人"，"殺"之異體。

清華八·邦道 01 "戧"，讀爲"翦"，翦滅。簡文"翦小削損"，意謂小國將被翦滅，大國則國土侵削。

清紐大聲

郒

 清華一·楚居 14 王自郘旱遷（徙）郒（蔡）

 清華一·楚居 15 王自郒（蔡）遪（復）邔（鄢）

 清華二·繫年 023 郒（蔡）哀侯取（娶）妻於陳

清華二·繫年 023 迦（過）郒（蔡）

 清華二·繫年 024 賽（息）爲（媯）乃内（入）于郒（蔡）

 清華二·繫年 025 我牁（將）求救（救）於郒（蔡）

 清華二·繫年 025 賽（息）侯求救（救）於郒（蔡）

清華二·繫年026 郙(蔡)侯與從

 清華二·繫年027 郙(蔡)侯智(知)賽(息)侯之誘吕(己)也

 清華二·繫年043 命(令)尹子玉述(遂)衒(率)奠(鄭)、壑(衛)、陳、郙(蔡)

 清華二·繫年099 闕(縣)陳、郙(蔡)

 清華二·繫年099 殺郙(蔡)需(靈)侯

 清華二·繫年104 既闕(縣)陳、郙(蔡)

 清華二·繫年104 改邦陳、郙(蔡)之君

 清華二·繫年105 陳、郙(蔡)、猷(胡)反楚

 清華二·繫年106 回(圍)郙(蔡)

 清華二·繫年106 郙(蔡)卲(昭)侯繡(申)懼

清華二·繫年107 吳縵(洩)用(庸)以自(師)逆郙(蔡)卲(昭)侯

清華二·繫年 107 是下鄅(蔡)

清華二·繫年 107 楚人女(焉)閖(縣)鄅(蔡)

清華六·太伯甲 07 魯、䱷(衛)、鄝(蓼)、鄅(蔡)逨(來)見

～，从"邑"，"𡕒(夶)"聲，多讀爲"蔡"。

清華二·繫年 023"鄅(蔡)哀侯取(娶)妻於陳"，《左傳·莊公十年》："蔡哀侯娶于陳，息侯亦娶焉。"《史記·管蔡世家》："哀侯十一年，初，哀侯娶陳，息侯亦娶陳。""蔡哀侯"，即蔡侯獻舞。

清華二·繫年 099、104"閖陳、鄅"，讀爲"縣陳、蔡"。《春秋·昭公八年》："冬，十月壬午，楚師滅陳。"同年《左傳》："使穿封戌爲陳公。"杜預《集解》："滅陳爲縣，使戌爲縣公。"《春秋·昭公十一年》："夏四月丁巳，楚子虔誘蔡侯般，殺之于申。楚公子弃疾帥師圍蔡……冬十有一月丁酉，楚師滅蔡，執蔡世子有以歸，用之。"同年《左傳》："使弃疾爲蔡公。"

清華二·繫年 099"鄅䙴侯"，讀爲"蔡靈侯"。《史記·管蔡世家》："四十九年，景侯爲太子般娶婦於楚，而景侯通焉。太子弒景侯而自立，是爲靈侯。"《春秋·昭公十一年》："夏四月丁巳，楚子虔誘蔡侯般，殺之于申。楚公子弃疾帥師圍蔡。"

清華二·繫年 104"改邦陳、鄅(蔡)之君"，《左傳·昭公十三年》："楚之滅蔡也，靈王遷許、胡、沈、道、房、申於荊焉。平王即位，既封陳、蔡，而皆復之，禮也。"

清華二·繫年 106"鄅卲侯繻"，讀爲"蔡昭侯申"，蔡悼侯之弟。

清華二·繫年 107"下鄅"，讀爲"下蔡"。《左傳·哀公元年》(楚昭王二十二年)："楚子圍蔡，報柏舉也……蔡於是乎請遷于吳。"《春秋·哀公二年》："十有一月，蔡遷於州來。"同年《左傳》："吳洩庸如蔡納聘。而稍納師。師畢入，衆知之。蔡侯告大夫，殺公子駟以説。哭而遷墓。冬，蔡遷于州來。"蔡本都上蔡，今河南上蔡縣；後遷都新蔡，今河南新蔡縣；今則入吳，因吳師遷州來。

清華"鄅"，讀爲"蔡"，《史記·管蔡世家》："武王已克殷紂，平天下，封功臣昆弟。於是封叔鮮於管，封叔度於蔡：二人相紂子武庚禄父，治殷遺民……蔡

叔度既遷而死。其子曰胡，胡乃改行，率德馴善。周公聞之，而舉胡以爲魯卿士，魯國治。於是周公言於成王，復封胡於蔡，以奉蔡叔之祀，是爲蔡仲。"蔡國於楚昭王時遷至州來(今安徽鳳臺)，楚惠王四十二年滅蔡。

邹

 清華六·太伯乙 06 魯、衛、鄾(蓼)、邹〈鄔〉(蔡)

～，乃"鄔"之訛。

清華六·太伯乙 06"邹"，乃"鄔"之訛，讀爲"蔡"，參上。

清紐毚聲

寱

 清華八·邦道 03 則或(又)恥自縈(營)寱

～，與 (上博二·子 1)、 (上博八·子 6)同，從"宀"，"毚"聲。"毚"，或作 (上博二·容 49)。

清華八·邦道 03"寱"，待考。

憯

 清華八·邦道 11 母(毋)咎母(毋)憯

～，從"心"，"毚"聲。

清華八·邦道 11"憯"，或讀爲"輟"。《吕氏春秋·圜道》："冬夏不輟。"高誘注："輟，止也。"

· 3124 ·

譭

 清華八·邦政09 衆譭（脆）女（焉）惪（詰）

～，从"言"，"毳"聲。

清華八·邦政09"譭"，讀爲"脆"。郭店·老甲25 (毳)，今本《老子》作"脆"。《國語·晉語六》："臣脆弱，不能忍俟也。"

從紐 𢇍聲

蠿

 清華五·湯丘01 蠿（絶）䬳（芳）旨以飿（粹）

 清華六·子儀08 亓（其）蠿（絶）也

 清華七·越公05 母（毋）蠿（絶）雩（越）邦之命于天下

 清華七·越公07 余亓（其）必敭（滅）蠿（絶）雩（越）邦之命于天下

 清華七·越公60 女（焉）旨（始）蠿（絶）吳之行夲（李）

 清華七·越公70 余不敢蠿（絶）祀

 清華二·繫年066 會者（諸）侯于蠿（斷）道

清華二·繫年069 逤(須)者(諸)侯于𢇍(斷)𧗟(道)

 清華二·繫年070 銜(率)𠂤(師)以會于𢇍(斷)𧗟(道)

 清華八·八氣07 金曰隹(唯)𢇍(斷)母(毋)紉

～,楚文字或作 、、、、,从"刀"从"糸"或"絲",會用刀斷絲之意,"絕"字異體。或作 、。《説文·糸部》:"絕,斷絲也。从糸从刀从卩。![],古文絕。象不連體,絕二絲。"

清華五·湯丘01"𢇍",即"絕",副詞,極,最。《詩·小雅·正月》:"終踰絕險,曾是不意。"《爾雅·釋宮》:"鼎,絕大謂之鼐。"

清華六·子儀08"𢇍",即"絕",斷,分成兩段或幾段。《荀子·修身》:"其折骨絕筋,終身不可以相及也。"《史記·孔子世家》:"讀《易》,韋編三絕。"

清華七·越公05"母𢇍雩邦之命于天下",讀爲"毋絕越邦之命于天下"。"絕命",猶滅亡。《書·甘誓》:"有扈氏威侮五行,怠棄三正,天用勦絕其命。"

清華七·越公07"歇𢇍",讀爲"滅絕"。《管子·牧民》:"民惡危墜,我存安之;民惡滅絕,我生育之。"

清華七·越公60"𢇍",即"絕",斷絕。

清華七·越公70"𢇍祀",即"絕祀",斷絕祭祀,謂亡國。《左傳·襄公二十四年》:"若夫保姓受氏,以守宗祊,世不絕祀,無國無之。祿之大者,不可謂不朽。"此處指斷絕他國之祭祀,指滅國。

清華二·繫年066"𢇍道",069、070"𢇍𧗟",讀爲"斷道"。《春秋·宣公十七年》:"公會晉侯、衛侯、曹伯、邾子同盟于斷道。"杜預注:"斷道,晉地。"《左傳·宣公十七年》:"盟于卷楚。"楊伯峻《春秋左傳注》認爲在今河南濟源西南。

清華八·八氣07"𢇍",讀爲"斷",截斷,折斷。《詩·豳風·七月》:"七月食瓜,八月斷壺。"

譅

 清華八·邦政 11 上下＝譅（絕）悳（德）

～，從"言"，"䰧（絕）"聲。"䰧"，"絕"字古文。《古文四聲韻》引古《老子》"絕"字作𢇍（《傳抄古文字編》第 1296 頁）。

清華八·邦政 11"上下＝譅悳（德）"之"譅"，讀爲"絕"，背離之意。

屬

 清華七·越公 05 亦茲（使）句踐（踐）屬（繼）蔡於雩（越）邦

 清華七·越公 07 勿茲（使）句踐（踐）屬（繼）蔡於雩（越）邦巳（矣）

 清華三·祝辭 02 屬晶楳＝（冥冥）

～，從"尸"，"䰧"聲。"䰧"，與"絕"反義，疑爲"繼"字。

清華三·祝辭 02"屬晶楳＝"，或讀爲"絕明冥冥"，指失火黑煙阻遮天光。

清華七·越公 05、07"屬蔡"，或讀爲"繼燎"，與"繼祀"相類，有嗣續之義。或讀爲"繼燎"，指勤奮工作。

心組戌聲

戌

 清華二·繫年 137 甲戌

 清華四·筮法 56 脣（辰）戌

清華四·筮法 56 唇（辰）戌

《說文·戌部》："戌，滅也。九月，陽气微，萬物畢成，陽下入地也。五行，土生於戊，盛於戌。从戊含一。凡戌之屬皆从戌。"

清華二·繫年 137"甲戌"，《左傳·僖公二十七年》："十有二月甲戌，公會諸侯，盟于宋。"

清華四·筮法 56"唇（辰）戌"，"辰""戌"配"五"。天水放馬灘秦簡《日書》184"辰五水"、190"戌五火"。

祴

 清華八·邦道 01 以返（及）祴（滅）由虛丘

～，从"衣"，"戌"聲，

清華八·邦道 01"祴"，讀爲"滅"。"由"，《周禮·考工記·梓人》"而由其虞鳴"，鄭注引鄭司農云："猶也。"簡文"滅由虛丘"，指國家被夷滅而成廢墟。

㬅（威）

 清華八·邦政 11 可（何）㬅（滅）可（何）璋（彰）

 清華八·邦政 13 亓（其）則無㬅（滅）無璋（彰）

～，从"火""戌"，所从"戌"贅加"口"。楚文字或作 、。《說文·火部》："威，滅也。从火、戌。火死於戌，陽氣至戌而盡。《詩》曰：'赫赫宗周，褒似威之。'"

清華八·邦政 11、13"㬅"，讀爲"滅"，和"璋（彰）"相對。"滅"，隱没，消失。《莊子·應帝王》："列子追之不及。反，以報壺子曰：'已滅矣，已失矣，吾弗及已。'"《淮南子·原道》："草木注根，魚鱉湊淵。莫見其爲者，滅而無形。""彰"，彰顯。《吕氏春秋·貴直》："將以彰其所好耶？"高誘注："彰，明也。"

滅

清華一·尹誥 02 我哉（翦）沬（滅）顕（夏）

清華三·説命中 03 故（古）我先王沬（滅）顕（夏）

清華二·繫年 007 幽王及白（伯）盤乃滅

清華二·繫年 019 幽侯滅女（焉）

清華二·繫年 132 奠（鄭）子旃（陽）用滅

，與（上博七·凡甲 20）、（郭店·唐虞之道 28）同，從"水"，"戌"聲，"滅"字異體。《説文·水部》："滅，盡也。從水，威聲。"

清華一·尹誥 02"哉沬"，讀爲"翦滅"，消滅。《左傳·成公二年》："余姑翦滅此而朝食。"

清華三·説命中 03"故我先王沬顕"，讀爲"古我先王滅夏"。《吕氏春秋·慎大》："湯與伊尹盟，以示必滅夏。"

清華二·繫年 007"幽王及白（伯）盤乃滅"，《國語·周語上》："十一年，幽王乃滅，周乃東遷。"

清華二·繫年 132"奠（鄭）子旃（陽）用滅"，《國語·周語下》："皇天弗福，庶民弗助，禍亂竝興，共工用滅。"

蟁

 清華五·厚父 01 蟁（遹）䎽（聞）禹……川

～，從"虫"，"戌"聲。

清華五·厚父 01"咸",讀爲"遹"。《詩·大雅·文王有聲》："遹求遹寧,遹觀厥成。"《詞詮》："遹,語首助詞。"

心紐柰聲

柰

清華四·筮法 43 訐(乾)柰(祟)

清華四·筮法 44 臾(坤)柰(祟)

清華四·筮法 45 艮柰(祟)

清華四·筮法 46 兌柰(祟)

清華四·筮法 47 裵(勞)柰(祟)

清華四·筮法 48 羅(離)柰(祟)

清華四·筮法 49 礜(震)柰(祟)

～,楚文字或作（上博六·競9）、（上博六·競12）、（包山247）、（新蔡甲三112）、（新蔡零241）,从"木",从"示"。《説文·示部》："祟,神禍也。从示、从出。，籀文祟从饕省。"

清華四·筮法"柰",即"祟",鬼神的禍害。古人以爲想象中的鬼神常出而禍人。《戰國策·東周》："及王病,使卜之。太卜譴之曰:'周之祭地爲祟。'"鮑彪注："神禍也。"《莊子·天道》："一心定而王天下，其鬼不祟。"

心紐月聲

僰

清華八·天下 07 乃夒（顧）僰（察）之

清華八·天下 07 女（如）弗僰（察）

～，从"人"，"裞"聲。

清華八·天下 07"夒僰之"，讀爲"顧察之"，仔細察看。《易·繫辭上》："仰以觀於天文，俯以察於地理，是故知幽明之故。"

清華八·天下 07"女弗僰"，讀爲"如弗察"。《吕氏春秋·召類》："謀利而得害，猶弗察也。"

謢

清華八·邦道 11 湟（徵）而謢（察）之

清華八·邦道 10 必設（察）聖（聽）

清華八·邦道 10 設（察）亓（其）訐（信）者以自攺（改）

～，楚文字或作、、、、、、、、、、，或省作、、、![](上博六·

· 3131 ·

孔 27），从"言"，"卤"聲，或"卤"省聲。（李零）或説其所从"⿱""⿱""⿱"可能是"辛"字的變體，是聲旁。

清華八·邦道 11"湮而護之"，讀爲"徵而察之"。《左傳·昭公二十五年》："至，次於外而察之，皆無之。"

清華八·邦道 10"設聖"，讀爲"察聽"，審察聽取。《漢書·鄒陽傳》："故願大王之無忽，察聽其志。"

清華八·邦道 10"設亓訐者以自改"，讀爲"察其信者以自改"。《吕氏春秋·重己》："故有道者不察所召，而察其召之者。"

淺

 清華六·子産 01 淺（淺）以諰（信）罙（深）

 清華六·子産 01 罙（深）以諰（信）淺（淺）

～，从"水"，"戔"聲。楚文字或作 ⿰（郭店·五行 46）、⿰（上博六·用 20）。

清華六·子産 01"淺"，即"淺"，與"深"相對。

覥

 清華六·子産 22 覥（蔑）明

～，从"視"，"戔"聲。

清華六·子産 22"覥明"，讀爲"蔑明"，即䘏蔑，或稱䘏明、然明。《左傳·昭公二十八年》："昔叔向適鄭，䘏蔑惡，欲觀叔向，從使之收器者而往，立於堂下。一言而善。叔向將飲酒，聞之，曰：'必䘏明也。'"清華三·良臣 10"蔑明"之"蔑"作 ⿰。

戜

 清華六·子儀 12 心則不戜（察）

 清華七·越公 33 亓（其）見又（有）戜（察）、又（有）司及王左右

～，从"戈"，左旁與、、所从右旁同。

清華六·子儀 12"不戜"，讀爲"不察"，不察知，不了解。《楚辭·離騷》："荃不察余之中情兮，反信讒而齌怒。"《墨子·尚賢中》："且夫王公大人，有所愛其色而使之，其心不察其知，而與其愛。"

清華七·越公 33"戜"，讀爲"察"。《論語·衛靈公》："衆惡之，必察焉；衆好之，必察焉。"簡文"有察"，與"有司""有正"等結構相同，或疑專指掌糾察之職官。或讀爲"班"。

敲

 清華七·越公 67 以亓（其）厶（私）稡（卒）卒=（六千）敲（竊）涉

～，與、、、所从同，从"攴"，"离"聲。"离"或作、，象人形，突出大的頭部，頭上"川"像頭髮形，下部有腳趾。或从四腳趾，是由於類化的影響。（魏宜輝）《説文·厹部》："离，蟲也，从厹、象形，讀與偰同。![]，古文离。"

清華七·越公 67"敲"，讀爲"竊"，副詞，偷偷地，暗地里。《左傳·莊公十年》："公子偃曰：'宋師不整，可敗也，宋敗，齊必還，請擊之。'公弗許。自雩門竊出，蒙皋比而先犯之。"《韓非子·説難》："衛國之法，竊駕君車者罪刖。"

斀

清華七·越公 59 乃斀（竊）焚舟室

～，從"月""又"，"敵"聲。
清華七·越公 59"斀"，讀爲"竊"，副詞，偷偷地，暗地里。參上。

檄

清華二·繫年 079 繻（申）公檄（竊）載少孟（孟）以行

清華一·楚居 04 乃檄（竊）若（鄀）人之牭（犝）以祭

～，與 、同，從"米"，"敵"聲，"竊"字異體。《說文·米部》："竊，盜自中出曰竊。從穴從米，卨、廿皆聲。廿，古文疾。卨，古文偰。"

清華二·繫年 079"繻（申）公檄（竊）載少孟（孟）以行"之"竊"，副詞，偷偷地，暗地里。《史記·孫子吳起列傳》："齊使者如梁，孫臏以刑徒陰見，説齊使。齊使以爲奇，竊載與之齊。"

清華一·楚居 04"檄"，即"竊"，偷盜。《左傳·僖公二十四年》："竊人之財，猶謂之盜，況貪天之功以爲己力乎？"《淮南子·覽冥》："羿請不死之藥於西王母，姮娥竊以奔月。"

墢

清華二·繫年 044 盟（盟）者（諸）侯於墢（踐）土

～，從"土"，"羕"聲。
清華二·繫年 044"墢土"，讀爲"踐土"，地名，鄭地。楊伯峻以爲在今河南省原陽縣西南，武陟縣東南。《左傳·僖公二十八年》："晉師三日館穀，及癸酉而還。甲午,至于衡雍,作王宮于踐土。"《史記·晉世家》:"甲午,晉師還至衡雍,作王宮于踐土。"

厰

　　清華五·封許 06 厰莙脒妣

～,從"厂""斤","坪"聲。"厰",兮甲盤(《集成》10174)作,在盤銘讀爲"蕞"或"踐"。(劉釗)

清華五·封許 06 "厰莙脒妣"之"厰",或讀爲"戩"。《詩·小雅·天保》:"天保定爾,俾爾戩穀。"毛傳:"戩,福。"

幫紐貝聲

敗

　　清華二·繫年 048 大敗之

　　清華二·繫年 054 敗之于㵲〈䵣〉岳(陰)

　　清華二·繫年 065 述(遂)敗晉𠂤(師)于河

　　清華二·繫年 082 以敗楚𠂤(師)

　　清華二·繫年 135 楚𠂤(師)大敗

　　清華一·尹誥 01 尹念天之敗(敗)西邑顕(夏)

· 3135 ·

清華一·祭公 10 隹(惟)武王大敗(敗)之

  清華一·祭公 14 藍(監)于顕(夏)商之既敗(敗)

  清華一·祭公 16 女(汝)母(毋)以少(小)悲(謀)敗(敗)大(作)

  清華二·繫年 004 戎乃大敗(敗)周自(師)于千畮(畝)

  清華二·繫年 019 大敗(敗)衛(衛)自(師)於睘

  清華二·繫年 025 君女(焉)敗(敗)之

  清華二·繫年 026 文王敗(敗)之於新(莘)

  清華二·繫年 044 文公衛(率)秦、齊、宋及群戎之自(師)以敗(敗)楚自(師)於城儣(濮)

  清華二·繫年 071 敗(敗)齊自(師)于䵑(靡)开(笄)

  清華二·繫年 083 以敗(敗)楚自(師)于白(柏)壆(舉)

  清華二·繫年 090 敗(敗)楚自(師)於隩(鄢)

 清華二·繫年 113 戉(越)公、宋公敗(敗)齊𠂤(師)于襄坪(平)

 清華二·繫年 127 秦人敗(敗)晉𠂤(師)於茖(洛)𣥺(陰)

 清華三·芮良夫 02 瑩(嚳)敗(敗)改繇(繇)

 清華三·芮良夫 17 道(導)譚(讀)善敗(敗)

 清華五·厚父 13 民亦隹(惟)酉(酒)甬(用)敗(敗)鬼(威)義(儀)

 清華六·孺子 15 爲敗(敗)

 清華六·子儀 01 既敗(敗)於啻(殽)

 清華七·晉文公 08 敗(敗)楚師於城僕(濮)

 清華八·邦道 26 亓(其)粟(粟)米六頯(擾)敗溁(竭)

 清華八·邦道 27 足以敗(敗)於邦

～,楚文字或作 （上博四·曹 46）、 （上博六·用 14）,爲《說文》籀文所本。或作 ,贅加"吕"形,有可能是聲符,可參"徹"字所從;也有可能左旁是"員"。《説文·攴部》:"敗,毁也。从攴、貝。敗、賊皆从貝,會意。󰎁,籀文敗从賏。"

清華二·繫年048"大敗之",《左傳·桓公十二年》:"楚人坐其北門,而覆諸山下,大敗之,爲城下之盟而還。"

清華二·繫年065"述(遂)敗晉自(師)于河",《左傳·桓公十一年》:"遂敗鄖師於蒲騷,卒盟而還。"

清華二·繫年082"以敗楚自(師)",《左傳·定公五年》:"吳師敗楚師于雍澨,秦師又敗吳師。"

清華二·繫年135"楚自(師)大敗",《左傳·襄公二十六年》:"晉人從之,楚師大敗,王夷師熸,子反死之。"

清華一·祭公14"藍(監)于䪻(夏)商之既獘(敗)",今本《逸周書·祭公》作"監于夏商之既敗"。

清華一·祭公16"女(汝)母(毋)以少(小)惎(謀)獘(敗)大慮(作)",《禮記·緇衣》孔穎達疏:"'葉公之《顧命》曰:毋以小謀敗大作'者,此葉公《顧命》之書,無用小臣之謀敗損大臣之作。"

清華二·繫年004"戎乃大獘(敗)周自(師)于千畮(畝)",《國語·周語上》:"三十九年,戰於千畝,王師敗績於姜氏之戎。"

清華二·繫年019"大獘(敗)䧹(衛)𠂤(師)於睘",《左傳·莊公二十八年》:"二十八年春,齊侯伐衛。戰,敗衛師。"

清華二·繫年044、清華七·晉文公08"敗楚師於城濮",《吕氏春秋·義賞》:"文公用咎犯之言,而敗楚人於城濮。"

清華二·繫年083"以獘(敗)楚自(師)于白(柏)毀(舉)",《春秋·定公四年》:"冬十有一月庚午,蔡侯以吳子及楚人戰于柏舉,楚師敗績。楚囊瓦出奔鄭。庚辰,吳入郢。"

清華二·繫年090"獘(敗)楚自(師)於隤(鄢)",《國語·晉語七》:"鄢之役,親射楚王而敗楚師,以定晉國而無後,其子孫不可不崇也。"

清華二·繫年113"戉(越)公、宋公獘(敗)齊自(師)于襄坪(平)",《左傳·僖公十八年》:"夏五月,宋敗齊師于甗,立孝公而還。"

清華三·芮良夫02"蘦獘改䌛",讀爲"蘦敗改䌛",指從失敗中覺悟,改弦更張。

清華三·芮良夫17"善獘",即"善敗",《左傳·僖公二十年》:"量力而動,其過鮮矣;善敗由己,而由人乎哉?"善敗指成功和失敗。

清華五·厚父13"敚",即"敗",毀壞。《易·大有》:"大車以載,積中不敗也。"馬王堆漢墓帛書《戰國縱橫家書·蘇秦謂齊王章(四)》:"王必毋以竪之私怨敗齊之德。"

清華六·子儀01"既敚(敗)於唐(殽)",《左傳·僖公三十三年》:"夏四月辛巳,敗秦師于殽,獲百里孟明視、西乞術、白乙丙以歸,遂墨以葬文公。"

清華八·邦道26"敚",或釋爲"損"。

清華八·邦道27"足以敚(敗)於邦",《荀子·王霸》:"故彊,南足以破楚,西足以詘秦,北足以敗燕,中足以舉宋。"

賊

　　清華二·繫年121 晉自(師)大賊(敗)齊自(師)

～,從"戈","敗"字異體。上博七·武15作。

清華二·繫年121"晉自(師)大賊(敗)齊自(師)",參《左傳·隱公九年》:"十一月甲寅,鄭人大敗戎師。"

幫紐拜聲

拜

　　清華一·程寤03 王及大(太)子籹(發)並拜吉夢

　　清華一·祭公21 王拜韽₌(稽首)堅(舉)言

　　清華六·孺子11 乳₌(孺子)拜

～,與(上博五·競9)、(上博三·彭8)、(上博八·有1)同,從

· 3139 ·

兩手,會意。《說文·手部》:"捧,首至地也。从手、𠦬。𠦬音忽。𢱰,楊雄説:拜从兩手下。𢳎,古文拜。"

清華一·程寤 03"王及大(太)子發(發)並拜吉夢",《潛夫論·夢列》:"是故太姒有吉夢,文王不敢康吉,祀於群神,然後占於明堂,並拜吉夢,修省戒懼,聞喜若憂,故能成吉以有天下。"

清華一·祭公 21"王拜䪞=舉言",讀爲"王拜稽首舉言"。《逸周書·祭公》:"王拜手稽首黨言。"《書·益稷》:"皋陶拜手稽首颺言曰。"

清華六·孺子 11"拜",表示恭敬的一種禮節。行禮時下跪,低頭與腰平,兩手至地。後用爲行禮的通稱。《書·顧命》:"授宗人同,拜,王答拜。"《荀子·大略》:"平衡曰拜。"楊倞注:"平衡謂磬折,頭與腰如衡之平。"

幫紐市聲

市

 清華五·命訓 07 又(有)市(韍)冒(冕)

 清華五·命訓 07 以亓(其)市(韍)冒(冕)尚(當)天之福

《説文·市部》:"市,韠也。上古衣蔽前而已,市以象之。天子朱市,諸侯赤市,大夫蔥衡。从巾,象連帶之形。凡市之屬皆从市。𩐏,篆文市从韋从戊。"

清華五·命訓 07"市冒",讀爲"韍冕"。今本《逸周書·命訓》作"紼絻",亦作"紼冕",古代禮服。也借指高官顯位。"紼",通"芾"。《逸周書·命訓》:"以紼絻當天之福,以斧鉞當天之禍。"曹植《文帝誄》:"紼冕崇麗,衡紞維新。"

敝

 清華一·程寤 02 卑(俾)靁(靈)名荣(總)敝(蔽)

清華一·程寤 02 祝忻敂(蔽)王

清華一·程寤 02 晉(巫)銜(率)敂(蔽)大(太)姒

清華一·程寤 02 宗丁敂(蔽)大(太)子發(發)

～，與(上博二·容 3)同，从"攴"，"市"聲。

清華一·程寤 02"兊敂"，讀爲"總蔽"，統領蔽志。《書·大禹謨》："禹，官占，惟先蔽志，昆命于元龜。"孔傳："蔽，斷。昆，後也。官占之法，先斷人志，後命於元龜，言志定然後卜。"（孟蓬生、裘錫圭）

清華一·程寤 02"祝忻敂王"，讀爲"祝忻蔽王"，祝忻爲王蔽志。

清華一·程寤 02"晉銜敂大姒"，讀爲"巫率蔽太姒"，巫率爲太姒蔽志。

清華一·程寤 02"宗丁敂大子發"，讀爲"宗丁蔽太子發"，宗丁爲太子發蔽志。

帯

清華七·越公 08 帯(旆)胥(旌)

～，从"羽"，"市"聲，"旆"字異體。《說文·㫃部》："旆，繼旐之旗也，沛然而垂。从㫃，宋聲。"

清華七·越公 08"帯胥"，即"旆旌"，泛指旗幟。《詩·小雅·車攻》："蕭蕭馬鳴，悠悠旆旌。"

滂紐發聲

發

清華一·保訓 02 [王]若曰：發(發)，朕疾壹甚

清華一·保訓 09 癹(發),敬才(哉)

清華一·程寤 02 瑨(詔)大(太)子癹(發)

清華一·程寤 02 宗丁敊(蔽)大(太)子癹(發)

清華一·程寤 03 王及大(太)子癹(發)並拜吉夢

清華一·程寤 04 曰:癹(發),女(汝)敬聖(聽)吉夢

清華一·金縢 03 尒(爾)元孫癹(發)也

清華一·金縢 03 隹(惟)尒(爾)元孫癹(發)也

清華一·楚居 05 酓(熊)迬(渠)遟(徙)居癹(發)漸

清華一·楚居 06 至酓(熊)朔、酓(熊)埶(摯)居癹(發)漸

清華五·湯丘 02 九交(竅)癹(發)明

清華五·菑門 08 亓(其)燹(氣)晉䚻(解)癹(發)紿(治)

清華八·邦道 11 分(貧)瘝勿癹(廢)

清華八·天下 03 以癹（發）亓（其）一日之妄（怒）

清華八·八氣 01 癹（發）氣（氣）

清華八·八氣 01 自癹（發）氣（氣）之日

清華八·八氣 04 辛爲癹（發）

清華三·祝辭 01 句（侯）兹某也癹（發）陽（揚）

癹，與（上博六·競 5）、（上博六·用 11）、（上博四·柬 16）同。，與（上博五·競 3）同，省"又"。《説文·癶部》："癹，以足蹋夷艸。从癶，从殳。《春秋傳》曰：'癹夷蘊崇之。'"

清華一·保訓 02、09，程寤 04，金縢 03"發"，清華一·程寤 02、03"太子發"，《史記·周本紀》："明年，西伯崩，太子發立，是爲武王。"

清華一·楚居 05、06"癹漸"，讀爲"發漸"，地名。

清華五·湯丘 02"癹明"，讀爲"發明"，使聰明。《文選·宋玉〈風賦〉》："清清泠泠，愈病析酲。發明耳目，寧體便人。"吕延濟注："發，開也。言能開耳目之明。"《後漢書·馬融傳》："若乃《陽阿》衰斐之晉制，闡鼃華羽之南音，所以洞蕩匈臆，發明耳目。"《廣雅·釋詁》："發，明也。"

清華五·帝門 08"癹"，讀爲"發"，抒發。《儀禮·聘禮》："下階，發氣怡焉，再三舉足又趨。"

清華八·邦道 11"癹"，讀爲"廢"。《論語·微子》"廢中權"，陸德明《釋文》引馬融云："棄也。"

清華八·天下 03"以癹亓一日之妄"，讀爲"以發其一日之怒"。"發怒"，動怒，産生怒氣。《淮南子·本經》："人之性有侵犯則怒，怒則血充，血充則氣激，氣激則發怒，發怒則有所釋憾矣。"

清華八·八氣01"癹戡",讀爲"發氣",相當於二十四節氣中的立春。《管子·幼官圖》作"地氣發",《呂氏春秋·孟春紀》作"地氣上騰"。

清華八·八氣04"辛爲癹",讀爲"辛爲發",《黃帝内經·素問》作"辛散"。"發",散。

清華三·祝辭01"癹陽",讀爲"發揚",奮起。《禮記·樂記》:"發揚蹈厲,大公之志也。"孔穎達疏:"言武樂之舞,發揚蹈厲象大公威武鷹揚之志也。"《禮記·樂記》:"其喜心感者,其聲發以散。"鄭玄注:"發,猶揚也。"《後漢書·樊宏傳》附樊準上疏:"臣愚以爲宜下明詔,博求幽隱,發揚巖穴,寵進儒雅。"

癹

 清華八·邦道27 每(每)弋(一)之癹(發)也

～,从"廾","癹"聲,"癹"字異體。

清華八·邦道27"癹",讀爲"發",發政。《墨子·尚同上》:"國君發政國之百姓。"

癹

 清華一·程寤01 廼孚=(小子)癹(發)取周廷杍(梓)桓(樹)于氒(厥)閒(間)

～,从"止","癹"聲,"癹"字異體。

清華一·程寤01"孚=癹",讀爲"小子發"。《博物志》卷八:"大姒夢見商之庭產棘,乃小子發取周庭梓樹,樹之于闕間,梓化爲松柏棫柞。"

蕟

 清華六·子產18 民屯蕟然

～,从"心","癹"聲,"廢"字異體。"癹"所從的"癶"訛從"艸"。與"隆"作 ,或作 同。

清華六·子産 18"蓏然",或讀爲"廢然"。《史記·淮陰侯列傳》:"項王喑噁叱吒,千人皆廢,然不能任屬賢將,此特匹夫之勇耳。"孟康曰:"廢,伏也。"張晏曰:"廢,偃也。"(趙平安)或釋爲"蓏",讀作"散"。(段凱)

發

清華三·芮良夫 25 則畏天之發幾(機)

清華七·越公 40 亓(其)才(在)邑司事及官帀(師)之人則發(廢)也

《說文·弓部》:"發,躲發也。从弓,癹聲。"

清華三·芮良夫 25"發幾",讀爲"發機",指發動的機關。《莊子·齊物論》:"其發若機栝。"《孫子·勢》:"節如發機。"《後漢書·張衡傳》:"候風地動儀……中有都柱,傍行八道,施關發機。"

清華七·越公 40"發",讀爲"廢",黜免。《書·康誥》:"弘于天,若德裕,乃身不廢,在王命。"

並紐犮聲

犮

清華二·繫年 056 王會者(諸)侯于犮(厥)貈(貉)

～,與 (上博六·天甲 11)、 (上博六·天乙 11)同。《說文·犬部》:"犮,走犬皃。从犬而丿之。曳其足,則剌犮也。"

清華二·繫年 056"犮貈",讀爲"厥貉",地名。《左傳·文公十年》:"陳侯、鄭伯會楚子于息。冬,遂及蔡侯次于厥貉。"《公羊傳·文公十年》作"屈貉",楊伯峻《春秋左傳注》云在今河南項城。

並紐伐聲

伐

　清華一·耆夜 01 证（征）伐郘（黎）

　清華二·繫年 014 成王屎（踐）伐商邑

　清華二·繫年 014 成王伐商盍（蓋）

　清華二·繫年 019 赤鄻（翟）王峁唐记（起）肖（師）伐壟（衛）

　清華二·繫年 021 伐衛于楚丘

　清華二·繫年 025 君埜（來）伐我

　清華二·繫年 025 文王记（起）肖（師）伐賽（息）

　清華二·繫年 028 起肖（師）伐賽（息）

　清華二·繫年 039 二邦伐緒（都）

　清華二·繫年 041 楚成王衛（率）者（諸）侯以回（圍）宋伐齊

清華二·繫年042 伐(衛)以敓(脱)齊之戍及宋之回(圍)

清華二·繫年047 伐頯(滑)

清華二·繫年056 酒(將)以伐宋

清華二·繫年080 需(靈)王伐吳

清華二·繫年085 命(令)尹子襠(重)伐奠(鄭)

清華二·繫年087 競(景)公史(使)翟(糴)之伐(茷)鳴(聘)於楚

清華二·繫年089 衍(率)自(師)會者(諸)侯以伐秦

清華二·繫年094 伐齊

清華二·繫年098 述(遂)以伐郤(徐)

清華二·繫年098 伐吳

清華二·繫年101 以伐楚

清華二·繫年101 伐中山

清華二·繫年 105 與吳人伐楚

清華二·繫年 105 與楚𠂤(師)會伐陽(唐)

清華二·繫年 109 與吳王盍(闔)膚(盧)伐楚

清華二·繫年 112 述(遂)以伐齊

清華二·繫年 113 㲋(趙)狗衒(率)𠂤(師)與戉(越)公朱(朱)

句伐齊

清華二·繫年 120 伐齊

清華二·繫年 123 母(毋)伐稟(廩)丘

清華三·說命上 04 天廼命敓(說)伐達(失)审(仲)

清華三·說命上 05 敓(說)于寧(圍)伐達(失)审(仲)

清華六·太伯甲 08 乃東伐齊藋之戎爲敵(徹)

清華六·太伯甲 10 亦不豫(逸)斬伐

清華六·太伯乙08 亦不媿（逸）斬伐

 清華六·太伯乙07 乃東伐齊瀞之戎爲敢（徹）

～，與 、同。或作 ，"人"在"戈"左下。《説文·人部》："伐，擊也。从人持戈。一曰：敗也。"

清華一·耆夜01"延伐邰"，讀爲"征伐黎"。《史記·殷本紀》："及西伯伐飢國，滅之。"《韓非子·五蠹》："近古之世，桀、紂暴亂，而湯、武征伐。"

清華二·繫年014"屎伐"，讀爲"踐伐"，猶剪伐，誅滅。《吕氏春秋·古樂》："成王立，殷民反，王命周公踐伐之。"一説爲前往討伐。

清華二·繫年014"成王伐商盍（蓋）"，《孟子·滕文公下》："周公相武王誅紂，伐奄，三年討其君，驅飛廉於海隅而戮之，滅國者五十，驅虎豹犀象而遠之，天下大悦。"

清華二·繫年019、021"伐衛"，《左傳·莊公三年》："三年春，溺會齊師伐衛，疾之也。"

清華二·繫年025"君丞（來）伐我"，《左傳·莊公十年》："息侯聞之，怒，使謂楚文王曰：'伐我，吾求救於蔡而伐之。'"

清華二·繫年039"二邦伐緒（都）"，《左傳·僖公二十五年》："秋，秦、晉伐都。"

清華二·繫年041"伐齊"，《左傳·哀公十年》："公會吳子、邾子、郯子伐齊南鄙，師于鄎。"

清華二·繫年042"伐䘏（衛）以敓（脱）齊之戍及宋之回（圍）"，《左傳·僖公二十八年》："二十八年春，晉侯……侵曹伐衛。"

清華二·繫年047"伐頡"，讀爲"伐滑"。《左傳·僖公二十四年》："鄭公子士、洩堵俞彌帥師伐滑。"

清華二·繫年085"命尹子礻重伐奠"，讀爲"令尹子重伐鄭"。《春秋·成公七年》："秋，楚公子嬰齊帥師伐鄭。"同年《左傳》："秋，楚子重伐鄭，師于氾。"

清華二·繫年087"翟之伐"，讀爲"籊之茷"，即"籊茷"。《左傳·成公十年》："春，晉侯使籊茷如楚，報大宰子商之使也……晉人止公，使逆葬。於是籊茷未反。"

清華二•繫年089"衍自會者侯以伐秦",讀爲"率師會諸侯以伐秦"。《春秋•成公十三年》:"春,晉侯使郤錡來乞師……夏五月,公自京師,遂會晉侯、齊侯、宋公、衛侯、鄭伯、曹伯、邾人、滕人伐秦。"

清華二•繫年094"伐齊",《左傳•襄公二十五年》:"伐齊,以報朝歌之役。"

清華二•繫年098"伐吳",《左傳•昭公四年》:"秋七月,楚子以諸侯伐吳。"

清華六•太伯甲10、太伯乙08"斬伐",征伐。《詩•小雅•雨無正》:"降喪饑饉,斬伐四國。"

清華"伐",征討,攻打。《孟子•梁惠王下》:"湯放桀,武王伐紂。"

並紐罰聲

罰

清華一•皇門12 悉(娼)夫先受咨(殄)罰

清華一•祭公19 型(刑)四方克审(中)尔(爾)罰

清華三•説命下06 审(中)乃罰

清華三•芮良夫22 曰亓(其)罰寺(時)堂(當)

清華五•命訓09 亟(極)罰則民多虞(詐)

清華五•命訓10 大命殜(世)罰

清華五•命訓11 罰莫大於多虞(詐)

清華五·命訓 12 睪(畏)之以罰

清華五·命訓 12 罰[不服]

清華六·管仲 13 女(焉)爲賞罰

清華五·三壽 16 寺(時)型(刑)罰詠(赦)

清華五·三壽 26 天罰是加

清華七·子犯 09 昔之舊聖折(哲)人之桷(敷)政命(令)荆(刑)罰

清華七·晉文公 07 忻(近)羿(旗)罰

清華七·越公 27 不戮不罰

清華七·越公 39 因亓(其)貨(過)以爲之罰

清華七·越公 47 又(有)賞罰

清華七·越公 57 王則自罰

～，與（上博一·緇 15）、（上博四·曹 21）、（上博五·季 20）

同。《說文·刀部》："罰，辠之小者。从刀从詈。未以刀有所賊。但持刀罵詈則應罰。"

清華一·皇門 12"悉（媢）夫先受吝（殄）罰"，今本《逸周書·皇門》作"媢夫先受殄罰"。

清華一·祭公 19"型（刑）四方克审（中）尔（爾）罰"、清華三·説命下 06"审（中）乃罰"，"中"，意爲公正。《書·立政》："兹式有慎，以列用中罰。"牧簋（《集成》04343）："毋敢不明不中不刑。"

清華五·三壽 16"寺型罰詠"，讀爲"時刑罰赦"。參《書·康誥》："乃其速由文王作罰，刑兹無赦。"簡文"時刑罰赦"，意云刑赦有時。

清華五·命訓 09"亟（極）罰則民多虞"，今本《逸周書·命訓》作"極罰則民多詐"。

清華五·命訓 10"大命殜（世）罰"，今本《逸周書·命訓》作"大命世罰"。孔晁云："遺大命則世受罰，犯小命則罰身。"

清華五·命訓 11"罰莫大於多虞（詐）"，今本《逸周書·命訓》作"罰莫大於貪詐"。

清華五·命訓 12"畏（畏）之以罰"，今本《逸周書·命訓》作"畏之以罰"。

清華五·命訓 12"罰［不服］"，今本《逸周書·命訓》作"罰不服"。

清華六·管仲 13、清華七·越公 47"賞罰"，獎賞和懲罰。《書·康誥》："惟新陟王，畢協賞罰，戡定厥功，用敷遺後人休。"

清華五·三壽 26"天罰"，上天的誅罰。《書·多士》："我乃明致天罰，移爾遐逖。"《左傳·昭公二十六年》："毋速天罰，赦圖不穀，則所願也。"《書·泰誓下》："爾其孜孜，奉予一人，恭行天罰。"

清華七·子犯 09"荆罰"，讀爲"刑罰"，刑指肉刑、死刑，罰指以金錢贖罪。《書·呂刑》："刑罰世輕世重，惟齊非齊，有倫有要。"《荀子·議兵》："故制號政令欲嚴以威；慶賞刑罰欲必以信。"

清華七·晉文公 07"忻罪罰"，讀爲"近旗罰"，近旗處以懲罰。

清華七·越公 27"不戮不罰"，"戮""罰"均有懲罰、懲治之意。

清華七·越公 39"因亓（其）貨（過）以爲之罰"，根據其過錯以決定其懲罰。

清華七·越公 57"王則自罰"，《列子·力命》："景公慙焉，舉觴自罰；罰二臣者，各二觴焉。"

並紐敝聲

㡀

 清華二·繫年 068 郎（駒）之克牁（將）受齊侯㡀（幣）

～，與 、同，从"巾"，"㡀"聲；或說从"采"聲，"㡀"屬並母月部，"采"屬並母元部，二字聲母相同，元、月二部陽入對轉。古文字"㡀"或把上部改寫作與它形近的"采"，顯然是爲了使它聲符化。《説文·㡀部》："㡀，敗衣也。从巾，象衣敗之形。"

清華二·繫年 068"㡀"，讀爲"幣"，用以餽贈之帛。《周禮·地官·媒氏》："凡嫁子娶妻，入幣純帛，無過五兩。"鄭玄注："五兩，十端也……《雜記》曰：'納幣一束。束五兩，兩五尋。'然則每端二丈。"

詩

 清華七·子犯 04 不詩（蔽）又（有）善

～，从"言"，"㡀"聲。

清華七·子犯 04"詩"，讀爲"蔽"。《廣韻》："掩也。"《書·湯誥》："爾有善，朕弗敢蔽。"《漢書·李尋傳》："佞巧依勢，微言毀譽，進類蔽善。"顏師古注："進其黨類，而擁蔽善人。"或讀爲"敝"，《禮記·郊特牲》，陸德明《釋文》："棄也。"

幣

 清華一·程寤 02 幣告宗方（祊）杢（社）稷（稷）

 清華一·程寤 07 隹（惟）杍（梓）幣（敝）不義

清華六·管仲 26 既幣(蔽)於貨

 清華七·越公 71 人之幣(敝)邑

 清華八·邦道 14 亓(其)民愈(愈)幣(弊)以鄰〈解〉悬(怨)

《説文·巾部》:"幣,帛也。从巾,敝聲。"

清華一·程寤 02"幣告",参看《周禮·春官·男巫》鄭玄注:"但用幣致其神。"孫詒讓《正義》:"但用幣,則無牲及粢盛也。"

清華一·程寤 07"隹(惟)杍(梓)幣不義"之"幣",讀爲"敝",《左傳·僖公十年》注:"敗也。"

清華六·管仲 26"既幣於貨",讀爲"既蔽於貨"。《淮南子·氾論》:"惑於財利之得,而蔽於死亡之患也。""蔽",蒙蔽,壅蔽。《左傳·襄公二十七年》:"以誣道蔽諸侯,罪莫大焉。"楊伯峻注:"蔽,塞也,壅也。"

清華七·越公 71"幣邑",讀爲"敝邑",謙辭,稱自己的國家。《禮記·檀弓下》:"君王討敝邑之罪,又矜而赦之。"《左傳·僖公二十六年》:"寡君聞君親舉玉趾,將辱於敝邑。"《左傳·宣公十二年》:"鄭伯肉袒牽羊以逆,曰:'孤不天,不能事君,使君懷怒,以及敝邑,孤之罪也。'"

清華八·邦道 14"愈幣",讀爲"愈弊"。《韓非子·孤憤》:"重人不能忠主而進其仇,人主不能越四助而燭察其臣,故人主愈弊而大臣愈重。"

敤

 清華八·處位 02 敤(弊)政檑(更)政(正)

 清華八·處位 04 乃敤(敝)於亡

～,从"羊","敝"聲。

清華八·處位 02"敤政",讀爲"弊政",即惡政。《漢書·公孫弘傳》:"夫使邪吏行弊政,用倦令治薄民,民不可得而化,此治之所以異也。"

清華八·處位04"散",讀爲"敝"。《左傳·襄公二十一年》:"女,敝族也。"杜預注:"敝,衰壞也。"《韓非子·說林》:"邢不亡,晉不敝。"《史記·太史公自序》:"存亡國,繼絶世,補敝起廢,王道之大者也。"

明紐末聲

末

　　清華一·程寤03 忻(祈)于六末山川

　　清華五·啻門06 亓(其)末熙(氣)

　　清華六·管仲04 目、耳則心之末

～,與 ✦(上博四·采1)、✦(上博四·曹20)同。《說文·木部》:"末,木上曰末。从木,一在其上。"

清華一·程寤03"六末",疑指天地四方。

清華五·啻門06"末",終。《韓非子·說林上》:"聖人見微以知萌,見端以知末。""末"或可讀爲"蔑"。《書·君奭》:"文王蔑德。"孔穎達疏:"謂精微也。"簡文"末气",即精微之氣。

清華六·管仲04"末",指耳目。《管子·宙合》:"謹充末衡,易政利民……謹充,言心也,心欲忠。末衡,言耳目也,耳目欲端。"

明紐首聲

蔑

　　清華二·繫年131 奠(鄭)自(師)逃内(入)於蔑

清華七·越公 27 蔑弃(棄)悁(怨)皋(罪)

 清華七·越公 49 古(姑)蔑

 清華八·邦道 12 上亦蔑有咎女(焉)

～,與、、同。《説文·苜部》:"蔑,勞目無精也。从苜,人勞則蔑然;从戍。"

清華二·繫年 131"蔑",或作"鄭",鄭地。

清華七·越公 27"蔑弃",即"蔑棄",抛棄。《國語·周語下》:"上不象天,而下不儀地,中不和民,而方不順時,不共神祇,而蔑棄五則。"

清華七·越公 49"古蔑",讀爲"姑蔑",地名。《國語·越語上》:"句踐之地,南至於句無,北至於禦兒,東至於鄞,西至於姑蔑,廣運百里。"

清華八·邦道 12"蔑",王引之《經傳釋詞》卷十:"蔑,無也。常語。"《詩·大雅·板》:"喪亂蔑資,曾莫惠我師。"毛傳:"蔑,無。資,財也。"

謢

 清華八·攝命 06 則由謢(勸)女(汝)訓言之譔

～,从"言","蔑"聲。

清華八·攝命 06"謢",讀爲"勸",勉力,努力。《説文·力部》:"勸,勉力也。"《書·立政》:"其惟吉士,用勸相我國家。"孔穎達疏:"其惟任用善士,使勉力治我國家。"

瘍

 清華二·繫年 051 乃命左行瘍(蔑)与(與)陞(隨)會

清華二·繫年054 左行癘（蔑）、陂（隨）會不敢歸（歸）

～，從"疒"，"蔑"聲。

清華二·繫年051、054"左行癘"，讀爲"左行蔑"，即先蔑，人名。《左傳·僖公二十八年》："晉侯（文公）作三行以禦狄，荀林父將中行，屠擊將右行，先蔑將左行"。《公羊傳·文公七年》作"先眛"。

鄸

 清華二·繫年131 楚自（師）回（圍）之於鄸

～，從"邑"，"蔑"聲。

清華二·繫年131"鄸"，或作"蔑"，是鄭地。

穢

 清華一·耆夜12 日月亓（其）穢（邁）

清華一·皇門01 穢（蔑）又（有）耆耇慮（慮）事畀（屏）朕立（位）

 清華一·皇門07 孫=（子孫）用穢（末）被先王之耿光

～，與 （上博四·曹1）、 （上博四·曹64）同，從"禾"，"蔑"聲。

清華一·耆夜12"日月其穢"，讀爲"日月其邁"。《詩·唐風·蟋蟀》"日月其邁"，朱熹《集傳》："逝，邁，皆去也。"

清華一·皇門01"穢"，讀爲"蔑"，訓無。參上。

清華一·皇門07"孫=（子孫）用穢（末）被先王之耿光"，今本《逸周書·皇門》作"萬子孫用末被先王之靈光"，陳逢衡注："用末被先王之靈光，謂終受其福也。""穢"，讀爲"末"，訓終。《書·立政》："我則末惟成德之彥，以乂我受民。"孔穎達疏："末，訓爲終。"

蕺

清華三·良臣 10 蕺（蔑）明

～，雙聲符字，从"蔑"省聲、"丯"聲。"丯"聲重見。

清華三·良臣 10"蕺明"，讀爲"蔑明"，即鬷蔑，或稱鬷明、然明。《左傳·昭公二十八年》："昔叔向適鄭，鬷蔑惡，欲觀叔向，從使之收器者而往，立於堂下。一言而善。叔向將飲酒，聞之，曰：'必鬷明也。'"

明紐萬聲

萬

清華一·保訓 05 不諱（違）于庶萬眚（姓）之多欲

清華一·耆夜 09 萬壽亡疆

清華一·皇門 04 百眚（姓）萬民用亡（無）不服（擾）比才（在）王廷

清華一·祭公 14 至于萬啻（億）年

清華一·祭公 17 亓（其）皆自寺（時）审（中）叚（乂）萬邦

清華二·繋年 002 卿裞（士）、者（諸）正、萬民弗刃（忍）于氒（厥）心

清華二·繋年 132 楚人歸（歸）奠（鄭）之四帀（將）軍與亓（其）

萬民於奠(鄭)

清華三·說命下 05 女(汝)隹(惟)又(有)萬壽才(在)乃政

清華三·說命下 06 女(汝)亦隹(惟)又(有)萬福韖₌(業業)才(在)乃備(服)

清華三·說命下 09 余不克辟萬民

清華三·芮良夫 05 君子而受柬萬民之嚻(咎)

清華三·芮良夫 15 萬民具(俱)懯(懋)

清華五·厚父 05 埶(設)萬邦

清華五·湯丘 08 以和利萬民

清華五·畬門 15 民長萬(賴)之

清華六·孺子 03 邦亦無大繇賻(賦)於萬民

清華六·管仲 09 型(刑)正(政)既萬(蔑)

清華六·子儀 07 萬(賴)子是救

清華七·越公58 以礪(勵)萬民

清華八·處位04 執(勢)晉(僭)萬(列)而方(旁)受大政

清華八·邦道15 萬民斯樂亓(其)道

清華八·邦道16 萬民是爲

清華八·邦道26 古(故)萬民溓(慊)疒(病)

～,與 (上博二·容10)、 (上博五·鬼2)、 (上博七·君甲9)、 (上博七·凡甲29)同。《説文·厹部》:"萬,蟲也。从厹,象形。"

清華一·保訓05"庶萬眚",讀爲"庶萬姓",指庶民百姓。《書·立政》:"式商受命,奄甸萬姓。"秦公鎛(《集成》00267—00270)銘文"萬生(姓)是敕",秦公簋(《集成》04315)"萬民是敕","萬姓"亦即"萬民"。

清華一·耆夜09"萬壽亡疆",千秋萬世,永遠生存。祝福、祝願之語。《詩·小雅·南山有臺》:"南山有桑,北山有楊。樂只君子,邦家之光。樂只君子,萬壽無疆。"《詩·豳風·七月》:"朋酒斯饗,曰殺羔羊,躋彼公堂。稱彼兕觥:萬壽無疆!"

清華一·皇門04,清華二·繫年002、132,清華三·説命下09,清華三·芮良夫05、15、清華五·湯丘08,清華六·孺子03,清華七·越公58,清華八·邦道15、26"萬民",廣大百姓。《易·謙》:"勞謙君子,萬民服也。"《史記·蒙恬列傳》:"凡臣之言,非以求免於咎也,將以諫而死,願陛下爲萬民思從道也。"

清華一·祭公14"萬啻(億)年",《書·洛誥》:"公其以予萬億年敬天之休。"

清華一·祭公17、清華五·厚父05"萬邦",所有諸侯封國。後引申爲天下,全國。《書·堯典》:"協和萬邦,黎民於變時雍。"《詩·大雅·文王》:"儀刑文王,萬邦作孚。"鄭箋:"儀法文王之事,則天下咸信而順之。"

清華三·説命下 05"萬壽",長壽,祝福之詞。《詩·小雅·南山有臺》:"樂只君子,萬壽無期。"

清華三·説命下 06"萬福",多福,祝禱之詞。《詩·小雅·蓼蕭》:"和鸞雝雝,萬福攸同。"趙曄《吴越春秋·勾踐入臣外傳》:"大王延壽萬歲……觴酒既升,永受萬福。"

清華五·畬門 15"萬",讀爲"賴"。《廣韻》:"賴,利也。"《書·吕刑》:"一人有慶,兆民賴之。"孔穎達疏:"天子一人有善事,則億兆之民蒙賴之。"

清華六·管仲 09"萬",讀爲"蔑"。《國語·周語中》"不蔑民功",韋昭注:"蔑,棄也。"白於藍讀爲"亂"。

清華六·子儀 07"萬",讀爲"賴",依靠,憑藉。《書·大禹謨》:"帝曰:'俞,地平天成,六府三事允治,萬世永賴,時乃功。'"孔穎達疏:"汝治水土,使地平天成,六府三事信皆治理,萬代長所恃賴,是汝之功也。"

清華八·處位 04"萬",讀爲"列",行列、位次。馬王堆帛書《九主》"并列百官之職者也。"

墓

　清華五·命訓 11 以牧墓(萬)民

～,與(上博四·曹 63)同,從"土","萬"聲,"萬"字繁體。

清華五·命訓 11"以牧墓(萬)民",治萬民。《管子·形勢解》:"主牧萬民,治天下,莅百官,主之常也。"《管子·權脩》:"凡牧民者,以其所積者食之,不可不審也。"

邁

　清華一·楚居 14 以爲尻(處)於䣑邁

　清華二·繫年 098 克邁(賴)、𨚚(朱)䣙(方)

～,與、同,从"水","萬"聲,見於石鼓文。

清華一·楚居14"囷瀵",地名。

清華二·繫年098"瀵",讀爲"賴",地名。《左傳·昭公四年》:"秋七月,楚子以諸侯伐吳,宋大子、鄭伯先歸,宋華費遂、鄭大夫從。使屈申圍朱方,八月甲申,克之……遂以諸侯滅賴……遷賴於鄀。"楊伯峻《春秋左傳注》:"賴,《公羊》作'厲'……今湖北隨縣東北之厲山店。"

礪(礪)

清華三·說命中02 甬(用)隹(惟)女(汝)复(作)礪(礪)

清華七·越公04 募(寡)人不忍君之武礪(勵)兵甲之鬼(威)

清華七·越公58 以礪(勵)萬民

清華八·天下06 弌(一)曰礪(勵)之

～,與同,从"石","萬"聲,"礪"字異體。《說文·石部》:"礪,礛也。从石,厲聲。經典通用厲。"或說即"厲",古文字"厂"旁是从"石"旁分化。《說文·厂部》:"厲,旱石也。从厂,蠆省聲。![],或不省。"

清華三·說命中02"甬隹女复礪",讀爲"用惟汝作礪"。《國語·楚語上》:"若金,用汝作礪。""礪",即"礪","礪石"。劉向《說苑·建本》:"學所以益才也,礪所以致刃也。"

清華七·越公04"礪",即"礪",或讀爲"勵"。或讀爲"武厲"。《楚辭·天問》:"何壯武厲,能流厥嚴。"

清華七·越公58、清華八·天下06"礪",即"礪",讀爲"勵",勸勉,鼓勵。《國語·吳語》:"請王勵士,以奮其朋勢。"《三國志·魏志·楊阜傳》:"阜等率父兄子弟以義相勵,有死無二。"

䣴

　　清華二·繫年 061 王會者(諸)侯于䣴(厲)

　　清華二·繫年 061 奠(鄭)成公自䣴(厲)逃歸

～,从"酉","萬"聲。

清華二·繫年 061 "䣴",讀爲"厲",國名,在今湖北隨州東北,或作"賴"。王夫之《春秋稗疏》則以爲在今河南鹿邑東。

正編・元部

元　部

影紐安聲

安

 清華二・繫年 069 齊三辟（嬖）夫=（大夫）南章（郭）子、鄝（蔡）子、安（晏）子

 清華二・繫年 070 郘（駒）之克乃敦（執）南章（郭）子、鄝（蔡）子、安（晏）子以歸（歸）

 清華三・芮良夫 16 莫好安情

 清華六・管仲 22 邦以安寍（寧）

 清華六・子儀 01 民所安

 清華六・子產 03 立（位）固邦=安=（邦安，邦安）民蕍（遂）

清華七·越公 27 王乍(作)安邦

 清華七·越公 29 邦乃叚(暇)安

 清華七·越公 74 唯王所安

 清華八·邦道 09 安(焉)□

 清華八·天下 05 以安亓(其)邦

～,與 (上博二·民 4)、 (上博八·志 3)同。《說文·宀部》:"安,靜也。从女在宀下。"

清華二·繫年 069、070"安子",讀爲"晏子",齊大夫晏弱。《左傳·宣公十七年》:"齊侯使高固、晏弱、蔡朝、南郭偃會。及斂盂,高固逃歸。"

清華三·芮良夫 16"安情",即安於情,簡文"莫好安情",即沒有人喜歡安於情。

清華六·管仲 22"安寍",即"安寧",安定,太平。《詩·小雅·常棣》:"喪亂既平,既安且寧。"《莊子·天下》:"願天下之安寧以活民命。"枚乘《七發》:"今時天下安寧,四宇和平。"

清華六·子儀 01"民所安",《孟子·滕文公下》:"壞宮室以爲汙池,民無所安息;棄田以爲園囿,使民不得衣食。"

清華六·子產 03"立固邦安",讀爲"位固邦安"。參《呂氏春秋·求人》:"五曰:身定、國安、天下治,必賢人。"

清華七·越公 29"叚安",讀爲"暇安",暇逸安寧。或讀爲"嘏安",大安。《詩·周頌·我將》:"伊嘏文王,既右饗之。"陸德明《釋文》:"嘏,古雅反。毛:大也。"孔穎達疏引王肅曰:"維天乃大文王之德,既佑助而歆饗之。"

清華八·天下 05"以安亓(其)邦",參《韓非子·姦劫弒臣》:"上不能說人主使之明法術度數之理以避禍難之患,下不能領御其衆以安其國。"

清華七·越公 27"安邦",使國家平安穩定。焦贛《易林·家人之渙》:"解商驚惶,散我衣裝,君不安邦。"

清華七·越公 74"唯王所安",《國語·吳語》:"寡人其達王於甬、句東,夫婦三百,唯王所安,以没王年。"

女

清華一·金縢 02 周公立女(焉)

清華一·楚居 07 女(焉)訓(始)□□

清華一·楚居 08 乃渭(圍)疆浧之波(陂)而宇人女(焉)

清華一·楚居 09 女(焉)改名之曰福丘

清華一·楚居 10 女(焉)遷(徙)居承(烝)之垈(野)

清華一·楚居 12 女(焉)返(復)遷(徙)居秦(乾)溪之上

清華一·楚居 13 女(焉)遷(徙)衺(襲)淋(沈)鹿

清華一·楚居 13 女(焉)曰肥遺

清華一·楚居 16 女(焉)遷(徙)衺(襲)肥遺

清華一·楚居 16 女(焉)遷(徙)居鄀郢

 清華二·繫年 008 邦君者(諸)侯女(焉)訂(始)不朝于周

 清華二·繫年 009 晉人女(焉)訂(始)啓于京自(師)

 清華二·繫年 016 秦中(仲)女(焉)東居周地

 清華二·繫年 019 幽侯滅女(焉)

 清華二·繫年 020 齊趄(桓)公會者(諸)侯以成(城)楚丘女

(焉)

 清華二·繫年 021 公子啓方女(焉)

 清華二·繫年 025 君女(焉)敗(敗)之

 清華二·繫年 029 女(焉)取邨(頓)以贛(恐)陳侯

 清華二·繫年 035 惠公女(焉)以亓(其)子褱(懷)公爲執(質)

于秦

 清華二·繫年 039 秦晉女(焉)訂(始)會(合)好

清華二·繫年 048 女(焉)縈(脫)繡(申)公義(儀)

清華二·繫年 048 秦女(焉)訇(始)與晉敦(執)衞

清華二·繫年 052 而女(焉)牁(將)寘(置)此子也

清華二·繫年 053 女(焉)囻(葬)襄公

清華二·繫年 059 宋人女(焉)爲成

清華二·繫年 079 女(焉)訇(始)迵(通)吳晉之迻(路)

清華二·繫年 080 吳人女(焉)或(又)服於楚

清華二·繫年 084 卲(昭)王女(焉)返(復)邦

清華二·繫年 106 女(焉)克猷(胡)、回(圍)郲(蔡)

清華二·繫年 107 楚人女(焉)鬩(縣)郲(蔡)

清華二·繫年 108 女(焉)訇(始)迵(通)吳晉之迻(路)

清華二·繫年 112 齊人女(焉)訇(始)爲長城於濟

（焉）

清華二·繫年 135 三執珪之君與右尹卲（昭）之妃（竢）死女

清華二·繫年 136 陳人女（焉）反而內（入）王子定於陳

清華六·孺子 02 恩（圖）所臤（賢）者女（焉）繡（申）之以龜筮

（筮）

清華六·孺子 02 古（故）君與夫=（大夫）龤（晏）女（焉）

清華六·孺子 06 門檻之外母（毋）敢又（有）智（知）女（焉）

清華六·孺子 08 虞（且）以教女（焉）

清華六·孺子 09 思群臣旻（得）執女（焉）

清華六·孺子 12 乳=（孺子）母（毋）敢又（有）智（知）女（焉）

清華六·孺子 14 远=（惶惶）女（焉）

清華六·孺子 17 今二三夫=（大夫）畜孤而乍（作）女（焉）

清華六·管仲 02 見善者謹（墨）女（焉）

清華六·管仲 02 見不善者戒女（焉）

清華六·管仲 12 女（焉）智（知）少多

清華六·管仲 13 女（焉）爲賞罰

清華六·管仲 15 而佀（已）五女（焉）

清華六·管仲 15 而佀（已）四女（焉）

清華六·管仲 16 而佀（已）三女（焉）

清華六·子儀 02 自鼍月羋₌（至于）眯（秋）窒備女（焉）

清華七·子犯 01 凥（處）女（焉）三㢦（歲）

清華七·子犯 01 秦公乃訋（召）子靶（犯）而䚻（問）女（焉）

清華七·子犯 01 公子不能荓（止）女（焉）

清華七·子犯 03 宔（主）女（如）曰疾利女（焉）不跊（足）

清華七·子犯 03 省（少）公乃訋（召）子余（餘）而䚻（問）女（焉）

清華七·子犯 04 岜（止）女（焉）

 清華七·子犯 05 事又（有）訛（過）女（焉）

 清華七·子犯 11 若雹雨方奔之而麗雁（膺）女（焉）

 清華七·子犯 15 瓢（奚）袋（勞）餌（問）女（焉）

 清華七·越公 29 雩（越）王句戈（踐）女（焉）訂（始）复（作）緒（紀）五政之聿（律）

 清華七·越公 38 □□而□（價）賈女（焉）

 清華七·越公 60 女（焉）訂（始）鑒（絕）吳之行李（李）

 清華七·越公 74 女（焉）述（遂）遳（失）宗窨（廟）

 清華八·邦政 09 袤讕（脆）女（焉）悥（誥）

 清華八·處位 06 從取贎（資）女（焉）

 清華八·邦道 12 上亦蔑有咎女（焉）

清華八·邦道 17 女(焉)蓳(觀)亓(其)貇(貌)

清華八·邦道 17 女(焉)聖(聽)亓(其)訇(辭)

清華八·邦道 17 女(焉)少(小)斅(毅)亓(其)事

清華八·邦道 18 上女(如)以此巨(矩)□、蓳(觀)女(焉)

清華八·邦道 19 則亦母(毋)彊(弼)女(焉)

清華八·邦道 20 邦豪(家)女(安)

清華八·心中 04 必心與天兩事女(焉)

清華八·心中 05 心女(焉)爲之

～，與 □(上博一·緇 21)、□(上博四·柬 13)、□(上博五·弟 16)、□(上博五·三 4)、□(上博六·競 13)同。"安"字的省形，在楚簡中大多讀爲"焉"，當是从"安"分化出的專表虛詞的字。

清華一·金縢 02 "周公立女(焉)"，今本《書·金縢》作"北面周公立焉"。

清華一·楚居 07 "女(焉)訇(始)□□"，屬上讀"焉"，屬下訓乃。

清華一·楚居 08 "乃渭(圍)疆浧之波(陂)而宇人女"之"女"，讀爲"焉"，句尾語氣詞。

清華一·楚居 09、10、12、13、16，清華二·繫年 008、009、016、029、035、039、048，清華七·越公 29、60 "女"，讀爲"焉"，於是。《讀書雜誌·史記第

一·秦始皇本紀》"焉作信宫渭南",王念孫按:"焉,猶於是也。"

清華二·繫年052"而女(焉)酒(將)寘(置)此子也",《左傳·文公七年》:"曰:'先君何罪?其嗣亦何罪?舍適嗣不立而外求君,將焉寘此?'""女",讀爲"焉",疑問代詞。相當於"怎麼""哪里"。《詩·衛風·伯兮》:"焉得諼草?言樹之背。"《左傳·閔公元年》:"鶴實有禄位,余焉能戰?"

清華六·孺子14"逸=女",讀爲"惶惶焉",即惶惶然。

清華六·管仲02、清華七·子犯01"女",讀爲"焉",指示代詞。裴學海《古書虛字集釋》:"焉,之也。"《左傳·僖公二十三年》:"子女玉帛,則君有之;羽毛齒革,則君地生焉。"

清華八·邦道20"邦豪女",即"邦家安",國家安定。

清華"女",讀爲"焉",語氣詞,表示停頓,用於句尾。《列子·湯問》:"寒暑易節,始一反焉。"或説是介代兼詞,可以表示施事、受事、物件、與事、伴隨、比較、處所、範圍、時間等。(張玉金)

妖

清華七·趙簡子10 妖(暖)亓(其)衣尚(裳)

～,疑从"安""大"雙聲。

清華七·趙簡子10"妖亓衣尚",讀爲"暖其衣裳"。簡文"暖其衣裳"與下"孚(飽)亓(其)飲食"相因。典籍中常見"飽""暖"並舉,如《禮記·内則》:"五十始衰,六十非肉不飽,七十非帛不煖,八十非人不煖,九十雖得人不煖矣。"《孟子·滕文公上》:"人之有道也,飽食、煖衣、逸居而無教,則近於禽獸。"《墨子·天志中》:"故惟毋明乎順天之意,奉而光施之天下,則刑政治,萬民和,國家富,財用足,百姓皆得暖衣飽食,便寧無憂。"《孟子·盡心上》:"五十非帛不煖,七十非肉不飽。不煖不飽,謂之凍餒。"

邺

清華一·楚居14 遝(徙)居邺(鄢)郢

清華一·楚居 15 王自鄝（蔡）返（復）郒（鄢）

～，从"邑"，"女"聲，與（郘黛率鐸《集成》00419）同。

清華一·楚居 14"郒郢"，即"鄢郢"。見於《戰國策·秦四》："頃襄王二十年，秦白起拔楚西陵，或拔鄢郢夷陵，燒先王之墓，王徙東北，保於陳城，楚遂削弱，爲秦所輕。"《史記·項羽本紀》："白起爲秦將，南征鄢郢，北阬馬服，攻城略地，不可勝計，而竟賜死。"學者多以爲其地在今湖北宜城。

影紐肷聲

倝

 清華二·繫年 035 秦公衒（率）自（師）与（與）惠公戰（戰）于倝（韓）

 清華二·繫年 115 倝（韓）啓章

 清華二·繫年 116 倝（韓）啓章

 清華二·繫年 119 倝（韓）虔

 清華二·繫年 133 倝（韓）緅（取）

 清華四·筮法 27 月夕倝（乾）之卒（萃）

清華四·筮法 39 凸（凡）倝（乾）

清華四·筮法 40 逆軋（乾）以長（當）巽

清華四·筮法 40 軋（乾）臾（坤）長（當）艮

清華四·筮法 40 軋（乾）、臾（坤）乃各彶（返）亓（其）所

清華四·筮法 43 軋（乾）

清華四·筮法 43 軋（乾）祟：屯（純）、五

清華五·封許 03 軋（扞）楠（輔）斌（武王）

清華六·子産 22 乃歛（禁）耑（管）單、相冒、軋（韓）樂

清華八·邦道 25 虡（吾）軋（曷）遂（失）

清華八·邦道 01 古（固）軋爲弱

～，與 𣄰（上博八·李 1）同，从"乂"，"旱"聲。 𣄰 與"旬"（《銘圖》17305，十六年喜令韓䜌戈）同。《說文·軋部》："軋，日始出，光軋軋也。从旦，乂聲。"

清華二·繫年 035"秦公衒自与惠公戰于軋"，讀爲"秦公率師與惠公戰于韓"。《春秋·僖公十五年》："十有一月壬戌，晉侯及秦伯戰于韓，獲晉侯。""韓"，地名，具體位置，歷來有陝西、山西二説。

清華二·繫年 115、116"軋啓章"，讀爲"韓啓章"，韓武子啓章。《史記·韓世家》"康子卒，子武子代"，《索隱》："名啓章。"

清華二·繫年119"𦥑虗",讀爲"韓虔",啟章子,後爲景侯,見《史記·韓世家》。《索隱》:"《紀年》及《系本》皆作'景子',名處。""處",係"虔"之訛。

清華二·繫年133"𦥑緅",讀爲"韓取",即韓烈侯取。《史記·韓世家》:"九年……景侯卒,子列侯取立。"

清華四·筮法40"𦥑臾",讀爲"乾坤",《易》的乾卦和坤卦。《易·繫辭下》:"黃帝堯舜垂衣裳而天下治,蓋取諸《乾》《坤》。"《大戴禮記·保傅》:"《春秋》之元、《詩》之《關雎》、《禮》之《冠》《昏》、《易》之《乾》《巛》,皆慎始敬終云爾。"何楷《古周易訂詁》卷一:"《周易》首《乾》《坤》。"

清華四·筮法"𦥑",讀爲"乾",《易》的乾卦。

清華五·封許03"𦥑楠珷",讀爲"扞輔武王",保衛輔佐武王。《書·文侯之命》:"汝多修,扞我于艱。"蔡沈《集傳》:"扞衛我于艱難。"《左傳·文公六年》:"親帥扞之,送致諸竟。"杜預注:"扞,衛也。"

清華六·子產22"𦥑樂",讀爲"韓樂",人名。

清華八·邦道25"𦥑",讀爲"曷",代詞。表示疑問。相當於"何""什麼"。《說文·曰部》:"曷,何也。"《書·盤庚上》:"汝曷弗告朕。"孔傳:"曷,何也。"孔穎達疏:"曷,何同音,故曷爲何也。"

清華八·邦道01"古𦥑",或讀爲"故憲"。《呂氏春秋·知度》"非晉國之故",高誘注:"故,法。""憲",法令,法度。《書·說命下》:"監于先王成憲,其永無愆。"孔穎達疏:"視先王成法,其長無過。"(滕勝霖)或讀爲"怙捍"。(賈連翔)

謭

 清華六·子儀14 𢓜(竢)客而謭(翰)之

～,從"言","𦥑"聲。

清華六·子儀14"謭",讀爲"翰",輔翼。《詩·大雅·崧高》:"維申及甫,維周之翰。"《魏書·高祖紀》:"亦望蕃翰群司,敷德宣惠。"

鶾

 清華二·繫年071 以鶾骼玉笰(爵)與臺(淳)于之田

～,从"鳥","軋"聲。

清華二·繫年 071"以鶉骼玉笒(爵)與臺(淳)于之田",此句疑應乙爲"骼(賂)以鶉(甗)、玉笒與臺(淳)于之田"。"鶉",讀爲"甗"。《左傳·成公二年》:"齊侯使賓媚人(即國佐)賂以紀甗、玉磬與地。"杜預《春秋經傳集解》後序引《紀年》:"齊國佐來獻玉磬、紀公之甗。"

影紐晏聲

晏

清華一·金縢 09 禾斯(斯)晏(偃)

清華五·三壽 19 窗(留)邦晏(偃)兵

《說文·女部》:"晏,安也。从女、日。《詩》曰:'以晏父母。'"

清華一·金縢 09"晏",讀爲"偃",倒伏。簡文"禾斯偃",《書·金縢》:"秋,大熟,未穫。天大雷電以風,禾盡偃。"《論語·顏淵》:"君子之德風,小人之德草。草上之風,必偃。"

清華五·三壽 19"晏兵",讀爲"偃兵",休兵,停戰。《莊子·徐無鬼》:"吾欲愛民而爲義偃兵,其可乎?"《國語·吳語》:"兩君偃兵接好,日中爲期。"

悹

清華一·耆夜 03 悹(宴)以二公

～,从"心","晏"聲。

清華一·耆夜 03"悹",讀爲"宴",宴請。《左傳·宣公十六年》:"王享有體薦,宴有折俎。"簡文"宴以二公",即"以宴二公"。

· 3180 ·

綏

 清華五·封許06 羅綏(纓)

 清華七·越公20 羅(罹)甲綏(纓)冐(胄)

～,從"糸","旻"聲,"纓"字異體。《説文·糸部》:"纓,冠系也。从糸,嬰聲。"

清華五·封許06"羅綏",即"羅纓",應即樊纓。

清華七·越公20"綏",即"纓"。《説文·糸部》:"纓,冠系也。"簡文"羅甲纓冐"之"纓",古書或作"嬰"。《荀子·樂論》:"帶甲嬰冑,歌於行伍,使人之心傷。"《墨子·兼愛下》:"今有平原廣野於此,被甲嬰冑將往戰,死生之權未可識也。"

影紐夗聲

郇

 清華一·楚居14 遟(徙)居郇旱

 清華一·楚居14 王自郇旱遟(徙)郘(蔡)

～,從"邑","肎"聲。包山簡"郇旱"合文作、。楚文字從"夗"聲的字或作、、、。或認爲從"勹",讀"夗"音。(李家浩)

清華一·楚居14"郇旱",讀爲"宛㠯",地名。《越絕書·越絕外傳紀策考》:"范蠡其始居楚也,生於宛㠯,或伍户之虛。"(李家浩、楊蒙生)

愈

　清華八·邦道 05 會（愈）自固以悲愈（怨）之

～，從"心"，"夗"聲。"怨"字異體。此字所從"夗"與"命"同形。《說文》"怨"字古文作⿱夗心、三體石經·無逸作⿱夗心，上博一·緇 6"夗"字作⿱夗又。

清華八·邦道 05"悲愈"，即"悲怨"，悲傷怨恨。《孔叢子·雜訓》："毀不居之室，以賜窮民；奪嬖寵之祿，以振困匱。無令人有悲怨，而後世有聞見，抑亦可乎？"

罪

　清華三·良臣 02 又（有）罪（泰）𩫖（顛）

～，從"非"，"夗"聲，"燕"字異體。或說："上部從'夗'，與'豕'字近似，其下部應該爲一豕形動物的身體或足部，所謂'非'形應是字形變化的結果。此字非'㹷'字莫屬。"（孟蓬生）

清華三·良臣 02"罪𩫖"，讀爲"泰顛"。見《書·君奭》："惟文王尚克修和我有夏；亦惟有若虢叔，有若閎夭，有若散宜生，有若泰顛，有若南宮括。"《說苑·君道》："文王以王季爲父，以太任爲母，以太姒爲妃，以武王周公爲子，以泰顛閎夭爲臣，其本美矣。"《漢書·古今人表》作"大顛"。（孟蓬生）。

逭

　清華四·別卦 05 逭（泰）

～，從"⺌"，即"夗"。楚文字從"夗"之字或作⿱夗又（上博七·君甲 9）、⿱夗田（九店 A20）、⿱夗田（璽彙 0358），從"阜"，"夗"聲，"奐"亦聲，在璽文中讀作"苑"（詳參程燕《"苑璽"考》，《考古與文物》2012 年第 2 期）。⿱夗田（上博九·陳公 19，從"阜"，"坙"聲，"陸"字異體）、▨（鄧鼎，《淅川下寺春秋楚墓》8 頁圖五）。"▨"，乃"遏"字，從"辵"，"咼"聲，"徹"字異體。"▨"所從"▨"，從"丙"聲、"吕"聲，乃"咼"之或體。楚文字中"咼"或從"咼"之字作▨（上博三·周 32）、▨（郭店·緇衣 40）、▨（清華一·耆夜 9）、▨（清華二·繫年 003）、▨（上博一·緇 20）。"▨"是左右結構，上錄從"咼"之字是上下結構。"▨"所從"▨"，乃"止"之訛省。"▨"字所從"徹""夗"均是聲符。

清華四·別卦 05"遏"，讀爲"泰"。上古音"泰"亦屬透紐月部。典籍"轍""徹"與"達"通。《老子》二十七章："善行者無轍跡。"馬王堆漢墓帛書《老子》乙本作："善行者無達跡。"《國語·晉語三》："臭達於外。"《書·盤庚》孔穎達疏及《左傳·僖公十年》孔穎達疏並引作"徹"。《説文·水部》："泰，滑也。從廾、從水，大聲。"《説文·辵部》："達，行不相遇也。從辵，羍聲。《詩》曰：'挑兮達兮。'▨，達或从大。"段玉裁於"達"字下注曰："亦形聲也。"是泰聲、大聲、達聲相通。▨，馬國翰輯本《歸藏》、今本《周易》作"泰"。（徐在國）

影紐肙聲

肙（肙）

清華二·繫年 118 楚以與晉固爲肙（怨）

清華三·芮良夫 13 罔又（有）肙（怨）誦（訟）

清華六·管仲 20 肙（怨）亦未諆（濟）

清華八·攝命 04 □□□肙（怨）

清華八·攝命 27 民屍(朋)亦則興夋(仇)肙(怨)女(汝)

清華八·處位 07 敳(豈)能肙(怨)人

~，與(上博二·容 36)同，所從的"卜"爲羡符，"肙"字異體。《説文·肉部》："肙，小蟲也。从肉，口聲。一曰：空也。"

清華二·繫年 118"肙"，讀爲"怨"，怨恨，仇恨。《韓非子·難一》："若非罪人，則勸之以徇，勸之以徇，是重不辜也，重不辜，民所以起怨者也，民怨則國危。"

清華三·芮良夫 13"肙誦"，讀爲"怨訟"。《後漢書·楊震列傳》："内外吏職，多非其人，自頃所徵，皆特拜不試，致盜竊縱恣，怨訟紛錯。"

清華六·管仲 20"肙亦未諆"，讀爲"怨亦未濟"，怨恨猶没有止。

清華八·攝命 27"夋肙"，讀爲"仇怨"，仇恨，怨恨。《史記·秦始皇本紀》："秦王之邯鄲，諸嘗與王生趙時母家有仇怨，皆阬之。"

清華八·處位 07"敳能肙人"，讀爲"豈能怨人"。《荀子·法行》："三者在身，曷怨人？怨人者窮，怨天者無識。"

悁

清華一·尹誥 02 氒(厥)辟复(作)悁(怨)于民

清華五·三壽 21 土(妒)悁(怨)母(毋)复(作)

清華五·三壽 26 神民並蠢(尤)而九(仇)悁(怨)所聚

清華七·越公 16 亡(無)良鄰邊人禹(稱)瘻悁(怨)譻(惡)

清華七·越公 23 余亓(其)與吳枓(播)弃(棄)悁(怨)譻(惡)于

瀞(海)澨(濟)江沽(湖)

 清華七·越公 27 蔑弃(棄)悁(怨)辠(罪)

 清華七·越公 62 雩(越)王句戔(踐)乃命鄩(邊)人敢(聚)悁(怨)

 清華七·越公 62 舀(挑)起悁(怨)䜩(惡)

 清華八·邦道 11 則亡(無)悁(怨)

 清華八·邦道 14 亓(其)民愈(愈)敝(弊)以䢔〈解〉悁(怨)

~，與 同。《說文·心部》：「悁，忿也。从心，肙聲。一曰：憂也。![]，籀文。」

清華一·尹誥 02"复悁"，讀爲"作怨"，指製造怨恨。《書·康誥》："封，敬哉！無作怨，勿用非謀非彝蔽時忱。"《史記·三王世家》："悉爾心，毋作怨，毋俷德，毋乃廢備。"

清華五·三壽 21"悁"，讀爲"怨"，怨恨，仇恨。

清華五·三壽 26"九悁"，讀爲"仇怨"，參上。

清華七·越公 16、23、62"悁䜩"，讀爲"怨惡"，怨恨憎惡。《墨子·尚同上》："是以内者父子兄弟作怨惡，離散不能相和合。"《淮南子·時則》："行優游，棄怨惡，解役罪，免憂患，休罰刑。"

清華七·越公 27"悁辠"，讀爲"怨罪"。《晏子春秋·外篇第八》："寡人猶且淫泆而不收，怨罪重積于百姓。""怨"，責怪。《書·康誥》："爽惟天其罰殛我，我其不怨。"

清華七·越公 62"敢悁"，讀爲"聚怨"，猶積怨。《淮南子·人間》："夫積愛成福，積怨成禍。"

清華八·邦道 11"亡悁",讀爲"無怨"。《禮記·中庸》："在上位不陵下,在下位不援上,正己而不求於人,則無怨。"

清華八·邦道 14"鄎悁",讀爲"解怨"。《管子·四時》："解怨赦罪,通四方。"

鄑

清華七·越公 51 王乃歸(親)徙(使)人慐(請)酙(問)群大臣及鄸(邊)鄑(縣)成(城)市之多兵、亡(無)兵者

～,从"邑","肓"聲。"肓",所从"肖"旁與楚文字"達"所从相同,當係訛書。應與𦥑(上博一·孔3)上部所從同。

清華七·越公 51"鄸鄑",讀爲"邊縣",靠近邊界的縣。《墨子·雜守》："常令邊縣豫種畜芫、芸、烏喙、袾葉。"

鵑

清華三·説命上 02 鵑(腕)肩女(如)惟(椎)

～,从"鳥","肙"聲。

清華三·説命上 02"鵑",讀爲"腕",臂下端與手掌相連可以活動的部分。《墨子·大取》："斷指與斷腕,利於天下相若,無擇也。"《靈樞經·骨度》："肘至腕長一尺二寸半,腕至中指本節長四寸。"簡文"腕肩如椎",可與《荀子·非相》"傅説之狀,身如植鰭"相參看。或讀爲"鳶"。(胡敕瑞)

䏧

清華六·子産 26 上下䏧(和)耳(輯)

～,从"心","鵑"聲。

清華六·子産 26"䏧",讀爲"和"。上古音"肙",影紐元部;"禾",匣紐歌部。聲紐同爲喉音,韻部歌、元對轉。典籍中也有二字間接通假的例證。"蜎"與"環","遠"與"桓","桓"與"和"古通。簡文"上下䏧耳",讀爲"上下和輯"。

又見上博四·曹沫 16"上下和叔(且)㠯(輯)"。曹沫 33 則作"不和則不㠯(輯)"。上下和睦團結。"和輯"見於《管子·五輔》："舉錯得,則民和輯;民和輯,則功名立矣。"《淮南子·本經》："世無災害,雖神無所施其德;上下和輯,雖賢無所立其功。"(徐在國)

清華六·孺子 02 古(故)君與夫=(大夫)毚(晏)女(焉)

～,與 （上博二·容 38）同,或認爲从三"肙"。或認爲从三"兔"。《說文·兔部》："毚,疾也,从三兔,闕。"或作 ,从兔下有二肉,實際上是把下面兩個"兔"字的頭部省去了。李學勤認爲是从"冤"省聲。包山簡中"犍"字或作 （包山 271）、 （包山 273）、 （包山牘 1）,从"革"从"毚"。左塚漆梮"憋(怨)"字作 。（季旭昇）或認爲"肙"與"肙"都是"兔"字的變體,而作爲"兔"字變體的"肙"與"肙"又都是从三個"兔"的"毚"的簡省分化字。（劉洪濤）

清華六·孺子 02"毚",讀爲"晏"。《禮記·月令》注："晏,安也。"

曉紐莫聲

難

清華六·孺子 04 虗(吾)君函(陷)於大難之中

清華六·孺子 17 或(又)再(稱)记(起)虗(吾)先君於大難之中

清華五·厚父 09 斯民心難測

清華六·子產 08 敓(損)難又(有)事

清華六·子產 08 多難慾（近）亡

 清華七·子犯 05 □□於難

清華七·子犯 08 民心訐（信）難成也哉

 清華七·子犯 08 訐（信）難成

 清華八·邦道 09 母（毋）褱（懷）樂以忘難

～，與 難（上博二·從甲 17）、 難（上博六·用 15）同。或作 難，左部中間"田"形省爲" "，下部加" "。《説文·鳥部》："難，鳥也，从鳥，堇聲。 難，難或从隹。 難，古文難。 難，古文難。 難，古文難。"

清華六·孺子 04"虔（吾）君函（陷）於大難之中"，參師詢簋（《集成》04342）："欲汝弗以乃辟歔（陷）于艱。"清華一·祭公 19："我亦不以我辟歔（陷）于戁（難）"。《國語·晉語二》："是以言至而無所訟之也，故陷於大難，乃逮於讒。"

清華六·孺子 17"大難"，巨大的災難、禍變。《易·明夷》："内文明而外柔順，以蒙大難，文王以之。"

清華五·厚父 09"斯民心難測"，《吕氏春秋·觀表》："人之心隱匿難見，淵深難測。故聖人於事志焉。"

清華六·子產 08"多難"，多有危難。《禮記·檀弓上》："吾君老矣，子少，國家多難。"孔穎達疏："國家多有危難。"《詩·小雅·出車》："王事多難，維其棘矣。"

清華七·子犯 08"難成"，《文子·微明》："故事或可言而不可行者，或可行而不可言者，或易爲而難成者，或難成而易敗者。"《大戴禮記·誥志》："政不率天，下不由人，則凡事易壞而難成。"

清華八·邦道 09"忘難",《文選·劉越石勸進表》:"國未忘難,寇害尋興。"李善注:"《左傳》富辰曰:人未忘禍,王又興之。"

𡃄

  清華八·攝命 02 余一人無晝夕難(勤)卹

  清華八·攝命 05 難(勤)𩒨(祗)乃事

  清華八·攝命 06 幷命難(勤)𥛆(肆)

 清華八·攝命 08 今亦厰(肩)𢘱(肱)難(勤)乃事

清華八·處位 07 亓(其)勿氏(是)是難

~,與 、同,從"土","難"聲,"難"字繁體。

清華八·攝命 02"難卹",讀爲"勤卹",也作"勤恤",憂憫,關懷。《書·召誥》:"上下勤恤。"《國語·周語上》:"勤恤民隱,而除其害也。"《宋書·裴松之傳》:"出爲永嘉太守,勤恤百姓,吏民便之。"

清華八·攝命 05、06"難",讀爲"勤"。

清華八·攝命 08"難乃事",讀爲"勤乃事"。《書·多方》:"爾邑克明,爾惟克勤乃事。"

清華八·處位 07"亓勿氏是難",讀爲"其勿是是難",即不要以此爲難。

戁

  清華一·祭公 19 我亦不以我辟歉(陷)于戁(難)

清華三·芮良夫01 莫絧（治）庶懃（難）

 清華三·芮良夫07 不煮（圖）懃（難）

 清華三·芮良夫12 □□庶懃（難）

 清華三·芮良夫21 不奉（逢）庶懃（難）

 清華三·芮良夫26 民多勤（艱）懃（難）

清華三·芮良夫16 生□□懃（難）

～，與 （上博三·彭2）、 （上博四·内附簡）、 （上博五·弟4）同。《說文·心部》："懃，敬也。从心，難聲。"

清華一·祭公19"我亦不以我辟歜于懃"，讀爲"我亦不以我辟陷于難"。師詢簋（《集成》04342）"欲汝弗以乃辟函（陷）于艱"，毛公鼎（《集成》02841）同。

清華三·芮良夫01、12、21"庶懃"，讀爲"庶難"，衆難。《國語·周語上》："厲王說榮夷公，芮良夫曰：'王室其將卑乎！夫榮夷公好專利而不知大難。'……既，榮公爲卿士，諸侯不享，王流於彘。"

清華三·芮良夫07"不煮懃"，讀爲"不圖難"。《管子·法法》："爵不尊，禄不重者，不與圖難犯危，以其道爲未可以求之也。"或讀爲"悍"。（白於藍）

清華三·芮良夫26"勤懃"，讀爲"艱難"，困苦，困難。《詩·王風·中谷有蓷》："嘅其嘆矣，遇人之艱難矣。"鄭箋："所以嘅然而嘆者，自傷遇君子之窮厄。"

清華三·芮良夫16"懃"，讀爲"難"。

灘（漢）

 清華二·繫年 012 楚文王以啓于灘（漢）膓（陽）

~，與 同，从"水"，"難"聲，"漢"之異體。《說文·水部》："漢，漾也。東爲滄浪水。从水，難省聲。![]，古文。"

清華二·繫年 012"灘膓"，讀爲"漢陽"，指漢水東北地區。《史記·楚世家》："文王二年，伐申過鄧……六年，伐蔡……楚彊，陵江漢間小國，小國皆畏之。"《左傳·僖公二十八年》："漢陽諸姬，楚實盡之。"

曉紐厂聲

㜃

 清華三·琴舞 16 不顲（墜）卣（修）㜃（彥）

~，从"女"，"产"聲，"彥"字異體。《說文·彡部》："彥，美士有文，人所言也。从彡，厂聲。"

清華三·琴舞 16"㜃"，即"彥"。《書·立政》："惟成德之彥，以乂我受民。"《爾雅·釋訓》："美士爲彥。"《詩·鄭風·羔裘》："彼其之子，邦之彥兮。"毛傳："彥，士之美稱。"簡文"不墜修彥"，即不失善美之人。

顏

 清華八·攝命 27 亦余一人永顏（安）才（在）立（位）

~，从"首"，"彥"省聲，"顏"字異體。《說文·頁部》："顏，眉目之間也。从頁，彥聲。"

清華八·攝命 27"顏"，即"顏"字，讀爲"安"。《書·文侯之命》："有績予一人，永綏在位。"《漢書·哀帝紀》："待詔夏賀良等建言改元、易號，增益漏刻，可以永安國家。"

產(顔)

清華一·祭公 18 愿=(康康)㫳(厚)產(顔)忍恥

清華六·孺子 07 娩(媚)妬之臣躳(躬)共(恭)亓(其)產(顔)色

清華七·越公 32 產(顔)色訓(順)必(比)而酒(將)勑(耕)者

～，與 （上博五·鬼 8）同，从"色"，"彦"省聲，"顔"字異體，"色"與顔色義有關，故"顔"字異體或从"色"旁。

清華一·祭公 18"㫳產忍恥"，即"厚顔忍恥"。參《荀子·解蔽》："案彊鉗而利口，厚顔而忍詬，無正而恣睢，妄辨而幾利。""厚顔"，《詩·小雅·巧言》："巧言如簧，顔之厚矣。"鄭箋："顔之厚者，出言虛僞而不知慚於人。"

清華六·孺子 07、清華七·越公 32"產色"，即"顔色"，面容、臉色。《論語·泰伯》："正顔色，斯近信矣。"《楚辭·漁父》："屈原既放，游於江潭，行吟澤畔，顔色憔悴，形容枯槁。"

產

清華三·良臣 09 又(有)子產

清華三·良臣 09 子產之帀(師)

清華三·良臣 10 子產之輔

清華六·子產 03 子產所旨(嗜)欲不可智(知)

清華六·子產 07 子產不大宅歆（域）

　　清華六·子產 16 子產專（傅）於六正

　　清華六·子產 21 子產用繇（尊）老先生之畯（俊）

　　清華六·子產 23 子產既由善用聖

～，與 同。《説文·生部》："產，生也。从生，彥省聲。"

　　清華"子產"，即公孫僑，子產其字也。鄭穆公之孫，乃春秋鄭國賢相。《史記·鄭世家》："十二年，簡公怒相子孔專國權，誅之，而以子產爲卿。十九年，簡公如晉請衛君還，而封子產以六邑。子產讓，受其三邑。二十二年，吳使延陵季子於鄭，見子產如舊交。"

陸

　　清華七·子犯 13 受（紂）若大陸（岸）牀（將）具陞（崩）

　　～，从"阜"，"產"聲，"岸"字異體。《説文·屵部》："岸。水厓而高者。从屵，干聲。"

　　清華七·子犯 13"大陸"，即"大岸"。《水經注·江水二》"又南過江陵縣南"注："北對大岸，謂之江津口，故洲亦以名焉。江大自此始也。《家語》曰：江水至江津，非方舟避風，不可涉也。"

壥

　　清華二·繫年 117 衍（率）自（師）救（救）赤壥

　　～，从"土"，"產"聲，"岸"字異體。

清華二•繫年117"赤壃",即"赤岸",地名。《楚辭•七諫•哀命》:"哀高丘之赤岸兮,遂没身而不反。"與簡文無關。

㴜

　　清華二•繫年116 回(圍)赤㴜

～,从"水","壃"聲,"岸"字異體。

清華二•繫年116"赤㴜",即"赤岸",地名。参上。

反

　　清華一•金縢13 天反風

　　清華二•繫年002 以克反商邑

　　清華二•繫年013 商邑興反

　　清華二•繫年077 司馬子反與繡(申)公爭少盂(孟)

　　清華二•繫年079 教吴人反(叛)楚

　　清華二•繫年083 是教吴人反(叛)楚邦之者(諸)侯

　　清華二•繫年103 者(諸)侯同㮰(盟)于鹹泉以反晉

　　清華二•繫年105 陳、鄵(蔡)、猷(胡)反楚

清華二·繫年 136 陳人女(焉)反而內(入)王子定於陳

 清華三·芮良夫 19 反=(板板)亓(其)亡(無)成

 清華六·子產 11 反以皋(罪)人

 清華六·子儀 17 不敎(穀)欲裕我亡反副(復)

 清華六·子儀 19 龏(翌)明而反(返)之

 清華五·湯丘 03 湯反逫(復)見少(小)臣

 清華五·三壽 11 㞷=(惶惶)先反

 清華七·晉文公 08 反奠(鄭)之厡(陣)

 清華七·越公 13 天命反庂(側)

 清華七·越公 24 徒(使)者反(返)命雩(越)王

 清華七·越公 42 亡(無)敢反不(背)訐(欺)巳(詒)

 清華八·處位 03 反炎(兒)禹(稱)悥(偽)

～，與▨（上博五·姑1）、▨（上博四·內6）、▨（上博六·天甲3）、▨（上博七·武6）同。《說文·又部》："反，覆也。从又，厂反形。▨，古文。"

清華一·金縢13"天反風"，今本《書·金縢》作"反風，禾則盡起"。

清華二·繫年002"反商邑"，意指顛覆商的政權。"商邑"，指殷，見《書·牧誓》《酒誥》及逨簋（《集成》04059）銘文。

清華二·繫年077"司馬子反"，《左傳·成公二年》："楚之討陳夏氏也，莊王欲納夏姬，申公巫臣曰：'不可。'……子反欲取之，巫臣曰：'是不祥人也！'"

清華二·繫年079、083"教吳人反（叛）楚"，《左傳·成公七年》："巫臣請使於吳，晉侯許之。吳子壽夢說之。乃通吳于晉，以兩之一卒適吳，舍偏兩之一焉。與其射御，教吳乘車，教之戰陳，教之叛楚。"

清華二·繫年105"陳、郙（蔡）、獻（胡）反楚"，《左傳·定公四年》："冬，蔡侯、吳子、唐侯伐楚。"

清華二·繫年136"反而入"，反方嚮使其進入，王子定入周與入齊是反方嚮。"反"，或讀爲"叛"，從上讀"陳人安（焉）反（叛）"。

清華三·芮良夫19"反＝"，讀爲"板板"。《詩·大雅·板》："上帝板板，下民卒癉。"毛傳："板板，反也。"孔穎達疏："《釋訓》云：'板板，僻也。'邪僻即反戾之義，故爲反也。"

清華五·湯丘03"反返"、清華六·子儀17"反副"，讀爲"反復"。《易·乾》："終日乾乾，反復道也。"

清華六·子儀19"反"，讀爲"返"，還，回歸。《莊子·逍遙遊》："大而無當，往而不返。"

清華七·晉文公08"反奠之厈"，讀爲"反鄭之陴"，顛覆鄭國之城上女垣。《國語·晉語四》："文公誅觀狀以伐鄭，反其陴。"韋昭注："反，撥也。陴，城上女垣。"《吕氏春秋·簡選》："晉文公造五兩之士五乘，銳卒千人，先以接敵，諸侯莫之能難，反鄭之埤，東衛之畝，尊天子於衡雍。"高誘注："反，覆，覆鄭城埤而取之。使衛耕者皆東畝，以遂晉兵也。"《韓非子·外儲說右上》："文公見民之可戰也，於是遂興兵伐原，克之；伐衛，東其畝，取五鹿；攻陽，勝虢；伐曹；南圍鄭，反之陴；罷宋圍；還與荆人戰城濮，大敗荆人；返爲踐土之盟，遂成衡雍之義。"（李守奎）

清華七·越公13"天命反昃"，讀爲"天命反側"。《楚辭·天問》："天命反側,何罰何佑?"朱熹《集注》:"反側,言無常也。"

清華七·越公 24"反命",復命。《周禮·春官·都宗人》:"國有大故,則令禱祠。既祭,反命于國。"

清華七·越公 42"反不訂已",疑讀爲"反背欺詒",指言語不實,顛倒欺詐等。"反",違背。《國語·周語下》:"言爽,日反其信。"

清華八·處位 03"反炙",即"反貌",指與容儀相反。《論語·泰伯》:"動容貌,斯遠暴慢矣;正顔色,斯近信矣。"簡文"反貌"與"動容貌"含義相反。

彶

　　清華四·筮法 40 軌(乾)、臾(坤)乃各彶(返)亓(其)所

~,從"彳","反"聲,"返"字異體。

清華四·筮法 40"彶",即"返",還,回歸。《莊子·逍遙遊》:"大而无當,往而不返。"

訊

　　清華七·越公 38 訊(反)訃(背)訢(欺)巳(詒)

~,從"言","反"聲。

清華七·越公 38"訊訃訢巳",簡 43 作"反不訢已",疑讀爲"反背欺詒"。"訊""訃""訢""巳",皆从言,指言語不實,顛倒欺詐等。"訊",古書作"反",違背。《國語·周語下》:"言爽,日反其信。""訃",讀爲"背",違背。《史記·項羽本紀》:"請往謂項伯,言沛公不敢背項王也。""反背",當是指背離事實真相。"訢",讀爲欺。"巳",讀爲"詒"。《説文·言部》:"詒,相欺詒也。"又作"紿",欺紿,欺騙。桓寬《鹽鐵論·褒賢》:"主父偃以口舌取大官,竊權重,欺紿宗室。"

坂

　　清華八·處位 09 坂(返)以爲政

～,與 (上博二·從甲 4)同,从"土","反"聲,"阪"字異體。《集韻》:"阪,或从土。"《説文·𨸏部》:"阪,坡者曰阪。一曰澤障,一曰山脅也。"

清華八·處位 09"坂以爲政",讀爲"返以爲政"。

曉紐顯聲歸絲聲

曉紐憲聲歸月部害聲

匣紐寒聲

寒

 清華八·邦道 12 寒㫤(暑)

～,與 (上博三·周 45)同。《説文·宀部》:"寒,凍也。从人在宀下,以茻薦覆之,下有仌。"

清華八·邦道 12"寒㫤",即"寒暑",冷和熱,寒氣和暑氣。《左傳·襄公十七年》:"吾儕小人皆有闔廬以避燥濕寒暑。"《荀子·榮辱》:"骨體膚理辨寒暑疾養。"

匣紐爰聲歸月部孚聲

匣紐雚聲

雚

 清華一·皇門 05 先王用又(有)雚(勸)

清華五·封許 02 古(故)天雚(勸)之乍〈亡〉臭(斁)

· 3198 ·

清華簡文字聲系正編·元部

清華五·封許 07 贈尔鷹（薦）彝、斷菁脎觚，龍盞（鬲）、繼（璉）、藿（鑵）

清華八·邦道 17 女（焉）藿（觀）亓（其）貪（貌）

清華八·邦道 18 上女（如）以此巨（矩）　、藿（觀）女（焉）

～，與 （上博五·季 7）同。 ，从"宀"，从兩"目"，可能是"藿"之異體。《說文·萑部》："藿，小爵也。从萑，叩聲。《詩》曰：'藿鳴于垤。'"

清華一·皇門 05"藿"，讀爲"勸"，努力。《小爾雅·廣詁》："勸，力也。"《管子·輕重乙》："若是則田野大辟，而農夫勸其事矣。"

清華五·封許 02"藿"，讀爲"勸"，獎勉，鼓勵。《說文·力部》："勸，勉也。"《廣雅·釋詁》："勸，助也。"《國語·越語上》："國人皆勸，父勉其子，兄勉其弟，婦勉其夫。"

清華五·封許 07"藿"，讀爲"鑵"，器名。《銘圖》10855 有觶，自名爲"飲鑵"。

清華八·邦道 17、18"藿"，讀爲"觀"。《詩·小雅·采菽》："君子來朝，言觀其旂。"

懽

清華五·命訓 04 能母（毋）懽（勸）虖（乎）

清華五·命訓 04 女（如）懽（勸）以忠訐（信）

清華五·命訓 12 懽（勸）之以賞

清華八·邦道 21 智(知)臤(賢)則民懽(勸)

清華七·越公 48 是以懽(勸)民

～，與🙾(上博二·從乙 1)、🙾(上博四·曹 61)同。《説文·心部》："懽，喜歡也。从心，雚聲。《爾雅》曰：'懽懽愮愮，憂無告也。'"

清華五·命訓 12"懽之以賞"，讀爲"勸之以賞"。《吕氏春秋·上德》："以德以義，不賞而民勸，不罰而邪止。"高誘注："勸善也。"《墨子·兼愛下》："苟有上説之者，勸之以賞譽，威之以刑罰，我以爲人之於就兼相愛、交相利也，譬之猶火之就上、水之就下也，不可防止於天下。"

清華八·邦道 21"智臤則民懽"，讀爲"知賢則民勸"。《墨子·尚賢下》："今惟毋以尚賢爲政其國家百姓，使國爲善者勸，爲暴者沮。"

清華七·越公 48"是以懽民"，讀爲"是以勸民"。《管子·版法解》："號令不足以使下，斧鉞不足以畏衆，禄賞不足以勸民，則人君無以自守也。"

觀

清華二·繫年 001 昔周武王監觀商王之不龏(恭)帝=(上帝)

清華二·繫年 067 齊𠲆(頃)公囟(使)亓(其)女子自房审(中)觀郘(駒)之克

清華四·别卦 08 觀

清華五·三壽 01 高宗觀於匋(洹)水之上

清華六·子儀 18 臣觀於湋鸒(濚)

清華七·子犯 10 虗(吾)尚(當)觀亓(其)風

 清華七·越公 08 以觀句踐(踐)之以此仐(八千)人者死也

～，與 觲(上博二·子 11)、觲(上博六·天乙 11)、觲(上博七·君乙 5)同，从"視"，"藿"聲。或从"目"，爲《說文》古文所本。《說文·見部》："觀，諦視也。从見，藿聲。 ，古文觀从囧。"

清華二·繫年 001"監觀"，觀察，觀覽。"監"，讀爲"鑒"。《詩·大雅·皇矣》："皇矣上帝，臨下有赫。監觀四方，求民之莫。"《淮南子·泰族》："曠然而通，昭然而明；天地之間，無所繫戾。其所以監觀，豈不大哉！"

清華二·繫年 067"齊顷(頃)公囟(使)亓(其)女子自房审(中)觀郤(郤)之克"，見《左傳·宣公十七年》："十七年春，晉侯使郤克徵會于齊。齊頃公帷婦人，使觀之。郤子登，婦人笑於房。"

清華四·別卦 08"觀"，卦名。《易·觀》："《觀》：盥而不薦。有孚顒若。《彖》曰：大觀在上，順而巽，中正以觀天下，觀。'盥而不薦，有孚顒若'，下觀而化也。觀天之神道，而四時不忒，聖人以神道設教，而天下服矣。"

清華七·子犯 10"觀亓(其)風"，《荀子·強國》："入境，觀其風俗，其百姓樸，其聲樂不流汙，其服不挑，甚畏有司而順，古之民也。"《易·觀》："風行地上，觀。先王以省方觀民設教。"

清華五·三壽 01、清華六·子儀 18、清華七·越公 08"觀"，觀察，察看。《易·繫辭下》："仰則觀象於天，俯則觀法於地。"

觏

 清華五·三壽 15 戟(申)豊(禮)觏(勸)忷(規)

 清華五·三壽 15 民觏(勸)母(毋)皮(疲)

清華五·三壽 17 四方懇（勸）孚（教）

 清華五·三壽 21 懇（觀）臺（覺）恖（聰）明

～，从"心"，"觀"聲。

清華五·三壽 15"懇"，讀爲"勸"，勸導，勸説。《書·顧命》："柔遠能邇，安勸大小庶邦。"孔傳："勸，使爲善。"孫星衍疏："勸者，《廣雅·釋詁》云：教也。"

清華五·三壽 15"懇"，讀爲"勸"，努力。《小爾雅·廣詁》："勸，力也。"

清華五·三壽 17"懇孚"，讀爲"勸教"，勸勉教化。應璩《與廣川長岑文瑜書》："修之歷旬，静無徵效，明勸教之術，非致雨之備也。"

清華五·三壽 21"懇臺"，讀爲"觀覺"，指視聽。《書·洪範》："聽曰聰，思曰睿。"

懽

 清華八·天下 06 弌（二）曰懽（勸）之

～，从"心"，"雚"聲。

清華八·天下 06"懽"，讀爲"勸"，勸勉，鼓勵。《管子·立政》："勸勉百姓，使力作毋偷。"

勸

 清華七·越公 31 日睛（靖）蓐（農）事以勸怠（勉）蓐（農）夫

《説文·力部》："勸，勉也。从力，雚聲。"

清華七·越公 31"勸"，勸勉，鼓勵。《管子·立政》："勸勉百姓，使力作毋偷。"

蘼

 清華六・太伯甲 08 乃東伐齊蘼之戎爲敵（徹）

 清華六・太伯乙 07 乃東伐齊蘼之戎爲敵（徹）

～，从"艸"，"鄻"聲。

清華六・太伯"齊蘼之戎"，疑即北戎。或處於濟水與斟灌之間，斟灌在今河南范縣東南與山東交界處。

權

 清華四・筮法 53 爲權（罐）侗（筩）

 清華六・子儀 03 女（如）權之又（有）加橈（翹）也

《説文・木部》："權，黄華木。从木，蘿聲。一曰反常。"

清華四・筮法 53"權侗"，名詞，或讀爲"罐筩"。

清華六・子儀 03"權"，衡量，比較。《孟子・梁惠王上》："權，然後知輕重；度，然後知長短。"《吕氏春秋・舉難》："且人固難全，權而用其長者，當舉也。"

匣紐宦聲歸宀聲

匣紐幻聲

弦

 清華二・繫年 046 鄭之賈人弦高牆（將）西市

～，楚文字或作 （上博五・三 1）、 （上博六・用 12）。《説文・弦部》：

"弦,弓弦也。从弓,象絲軫之形。凡弦之屬皆从弦。"

清華二·繫年 046 "鄭之賈人弦高",《左傳·僖公三十三年》:"三十三年春,秦師……及滑,鄭商人弦高將市於周,遇之。"

匣紐縣聲

縣

　清華六·管仲 11 執惪(德)女(如)縣

～,與 ▨(上博六·天甲 6)、▨(上博六·天乙 6)同,从"木",从"首",从"系",會懸人首於木之意。《說文·県部》:"縣,繫也。从系持県。"

清華六·管仲 11 "縣",匠人測量垂直的工具。見《周禮·考工記·旅人》:"縣之以眡其輻之直也。"鄭玄注:"輪輻三十,上下相直,從旁以繩縣之,中繩則鑿正輻直矣。"

匣紐袁聲

遠

清華一·尹誥 03 今隹(惟)民遠邦逗(歸)志

清華一·程寤 05 峕(時)不遠

清華一·保訓 05 厽(厥)又(有)攽(施)于上下遠埶(邇)

清華一·皇門 06 遠土不(丕)承

清華一·皇門 10 悉(獪)夫又(有)埶(邇)亡(無)遠

清華一·楚居 02 爰生䋣白(伯)、遠中(仲)

清華三·說命中 05 不敓(徂)遠

清華三·說命下 02 余朕(柔)遠能逐(邇)

清華三·芮良夫 10 不遠亓(其)惻(則)

清華五·湯丘 17 遠又(有)所歔

清華五·湯丘 18 遠民皆歔(極)

清華五·三壽 18 血(恤)遠而慐(謀)新(親)

清華六·管仲 07 遠逐(邇)卡=(上下)

清華六·子儀 06 漳水可(兮)遠䁬(望)

清華六·子儀 08 遠人可(何)麗

清華六·子儀 11 以不敖(穀)之攸(修)遠於君

清華七·子犯 12 無遠逐(邇)

清華七·晉文公07 遠羿（旗）死

清華七·越公12 唯皮（彼）鷈（雞）父之遠刱（荆）

清華七·越公12 遠夫甬（勇）戔（殘）

清華七·越公35 季=（至于）鄔（邊）還（縣）尖=（小大）遠泥（邇）

清華七·越公44 王乃逫（趣）俥（使）人戠（察）睛（省）成（城）市鄔（邊）還（縣）尖=（小大）遠泥（邇）之匈（句）、苕（落）

清華八·邦政06 弟子不敷（轉）遠人

清華八·邦政10 弟子敷（轉）遠人而爭胜（窺）於詶（謀）夫

清華八·邦道02 古（故）䄌（禍）福不遠

清華八·邦道02 曩（早）智（知）此悉（患）而遠之

清華八·邦道10 憎而遠之

清華八·邦道12 母（毋）又（有）疋（疏）霖（數）、遠逐（邇）

～,與☒(上博一·緇22)、☒(上博六·用3)、☒(郭店·緇衣43)同。或作☒,右部"衣"下部與"止"共用筆畫。《說文·辵部》:"遠,遼也。从辵,袁聲。☒,古文遠。"

清華一·尹誥03"遠邦逷志",即"遠邦歸志",遠方的邦國歸附之心。

清華一·程寤05"峕(時)不遠",滅亡之時不遠。(《讀本一》第58頁)

清華一·保訓05"遠埶",清華六·管仲07,清華七·子犯12,清華八·邦道12"遠逐",清華七·越公35、44"遠迡",均讀爲"遠邇",猶遠近。《書·盤庚上》:"乃不畏戎毒于遠邇。"孔傳:"不畏大毒於遠近。"《荀子·議兵》:"兵不血刃,遠邇來服。"

清華三·說命下02"胹遠能逐",讀爲"柔遠能邇"。語見《書·舜典》:"柔遠能邇,惇德允元。"孔傳:"柔,安。邇,近。敦,厚也。元,善之長。言當安遠乃能安近。厚行德信,使足長善。"又見大克鼎等西周金文。

清華一·皇門06"遠土不(丕)承",今本《逸周書·皇門》作"王用奄有四鄰,遠土丕承",陳逢衡注:"奄有四鄰遠土,謂有天下。""遠土",遠國異土,指邊遠地方。《墨子·尚同中》:"天子三公既已立矣,以爲天下博大,山林遠土之民,不可得而一也,是故靡分天下。"

清華一·皇門10"悉(媚)夫又(有)埶(邇)亡(無)遠",今本《逸周書·皇門》作"媚夫有邇無遠。"

清華一·楚居02"遠中",即"遠仲",人名。

清華三·說命中05"不叚(徂)遠",不及遠。

清華三·芮良夫10"不遠亓俱",讀爲"不遠其則"。《詩·豳風·伐柯》:"伐柯伐柯,其則不遠。""不遠其則"即"其則不遠"的倒裝,是爲了適應押韻的需要。

清華五·湯丘17"遠又(有)所亟",遠有所愛。

清華五·湯丘18"遠民皆亟(極)",《鹽鐵論·備胡》:"故聖人憐其如此,閔其久去父母妻子,暴露中野,居寒苦之地,故春使使者勞賜,舉失職者,所以哀遠民而慰撫老母也。"

清華五·三壽18"血遠而愳新",疑讀爲"恤遠而謀近"。"遠""近"相對。

清華六·子儀06"遠䁲",即"遠望",嚮遠處看。《楚辭·九歌·湘夫人》:"荒忽兮遠望,觀流水兮潺湲。"《後漢書·光武帝紀》:"及始起兵還舂陵,遠望舍南,火光赫然屬天,有頃不見。"

清華六·子儀08,清華八·邦政06、10"遠人",遠方的人,指外族人或外國人。《周禮·春官·大司樂》:"以安賓客,以説遠人。"《論語·季氏》:"故遠人不服,則脩文德以來之。"

清華六·子儀11"攸遠",讀爲"修遠",同義連用。《書·盤庚上》:"王播告之脩。"劉逢禄《尚書今古文集解》:"修,遠也。"

清華七·晉文公07"遠界",即"遠旗",與"近旗"相對。

清華七·越公12"遠",遠離。《孟子·梁惠王上》:"君子之於禽獸也,見其生,不忍見其死;聞其聲,不忍食其肉。是以君子遠庖廚也。"

清華七·越公12"遠夫",疑指遠征之兵士。

清華八·邦道02"古褐福不遠",讀爲"故禍福不遠"。《淮南子·詮言》:"章人者,息道者也;人章道息,則危不遠矣。"

清華八·邦道10"憎而遠之",《戰國策·楚一》:"此小人也,遠之。"

衾

 清華八·邦道05 衾(遠)才(在)下立(位)而不由者

～,從"止",從"衣",從"又",爲"遠"字早期甲骨文寫法在楚簡中的遺留。一説該字從"止"從"又","衣"聲,讀爲音近之"隱",謂隱處。或隸作"窢"。

清華八·邦道05"衾",即"遠"。或讀爲"隱",謂隱處。或隸作"窢",讀爲"及"。《廣雅·釋詁》:"及,至也。"

猿

 清華八·邦道22 則猿(遠)人至

～,與 (上博七·凡甲11)同,從"彳","袁"聲,"遠"字異體。

清華八·邦道22"猿人至",即"遠人至"。《管子·權脩》:"遠人至而不去,則有以畜之也;民衆而可一,則有以牧之也。"

睘

   清華二·繫年 019 大敗(敗)龏(衛)自(師)於睘

～,與(新蔡乙四 102)同。《說文·目部》:"睘,目驚視也。从目,袁聲。《詩》曰:'獨行睘睘。'"

清華二·繫年 019"睘",衛師敗績之地。《左傳》作"熒澤",《紀年》作"洞〈洞〉泽","荧""洞"皆匣母耕部。

還

   清華一·耆夜 01 還,乃猷(飲)至于文大(太)室

   清華二·繫年 028 既見之,還

   清華二·繫年 062 楚自(師)未還

   清華二·繫年 087 未還

   清華二·繫年 117 楚人豫(舍)回(圍)而還

   清華二·繫年 129 晉人還

   清華二·繫年 136 犬逵(逸)而還

清華二·繫年 138 述(遂)還

 清華五·三壽 14 适還蚉(妖)蠡(祥)

 清華七·子犯 07 思(使)還

 清華七·越公 25 帀(師)乃還

 清華七·越公 44 王乃遬(趣)徢(使)人戠(察)睛(省)成(城)市

鄗(邊)還(縣)尖=(小大)遠汜(邇)之㕤(句)、萗(落)

清華七·越公 52 與(舉)雩(越)邦㠯=(至于)鄗(邊)還(縣)成(城)市乃皆好兵甲

清華八·處位 02 還內(入)它(施)政

清華八·邦道 09 母(毋)咸(感)於窒(令)色以還心

～，與 (上博六·用 11)、 (上博六·天乙 7)、 (郭店·成之聞之 38) 同。《說文·辵部》：“還，復也。从辵，瞏聲。”

清華一·耆夜 01 "還，乃歠(飲)至于文大(太)室"，《左傳·桓公二年》："凡公行，告于宗廟；反行，飲至，舍爵、策勳焉，禮也。""還"，即返行。

清華二·繫年 028、062、087、117、129、136、138，清華七·子犯 07，清華七·越公 25，清華八·處位 02 "還"，返回。《左傳·隱公四年》："諸侯之師敗鄭徒兵，取其禾而還。"

清華五·三壽 14 "還"，環圍。《禮記·檀弓下》："右還其封。"鄭玄注：

"還,圍也。"或讀爲"禜"。

清華七·越公 44、52"鄔還",讀爲"邊縣"。參上。

清華八·邦道 09"還心",指縈繞於心。《左傳·襄公十年》"還鄭而南",杜預注:"還,繞也。"

徎

 清華七·越公 18 [吳]人徎(還)雩(越)百里

 清華七·越公 35 挈=(至于)鄔(邊)徎(縣)尖=(小大)遠迩(邇)

~,從"彳","睘"聲,"還"字異體。

清華七·越公 18"徎",即"還",

清華七·越公 35"鄔徎",讀爲"邊縣"。參上。

懁

 清華八·邦道 04 以居不懁(還)

《說文·心部》:"懁,急也。從心,睘聲,讀若絹。"

清華八·邦道 04"懁",讀爲"還"。《儀禮·鄉飲酒禮》:"主人答拜,還,賓拜辱。"鄭玄注:"還,猶退。"

環

 清華四·筮法 58 爲環

《說文·玉部》:"環,璧也。肉好若一謂之環。從玉,睘聲。"

清華四·筮法 58"環",璧的一種,圓圈形的玉器。《左傳·昭公十六年》:"宣子有環,其一在鄭商。"

3211

攴

　清華二·繫年 012 車攴（轘）高之巨（渠）爾（彌）

～，從"攴"，"睘"聲。

清華二·繫年 012"車攴"，讀爲"車轘"，謂車裂，一種用車撕裂人體的酷刑。《周禮·秋官·條狼氏》："凡誓，執鞭以趨於前，且命之，誓僕右曰殺，誓馭曰車轘。"鄭玄注："車轘，謂車裂也。"《左傳·桓公十八年》："秋，齊侯師于首止，子亹會之，高渠彌相。七月戊戌，齊人殺子亹而轘高渠彌。"

鄏

　清華七·越公 39 凡鄥（邊）鄏（縣）之民及又（有）管（官）帀（師）之人

～，從"邑"，"睘"聲，"縣"字異體。

清華七·越公 39"鄥鄏"，讀爲"邊縣"。參上。

見紐干聲

干

　清華五·三壽 08 虐（吾）䛑（聞）夫譣（險）非（必）矛汲（及）干

～，楚文字或作 、。《説文·干部》："干，犯也。從反入，從一。"

清華五·三壽 08"矛汲（及）干"，猶干戈之喻戰事。《荀子·成相》："干戈不用三苗服。"

攼

清華三·芮良夫 23 人頌（訟）攼（扞）䛓（違）

清華五·封許 03 攼（干）敦殷受（紂）

清華六·管仲 21 又（有）攼不解（懈）

清華六·子儀 07 是不攼而猶僮

清華七·越公 20 臺（敦）齊兵刃以攼（捍）御（禦）募（寡）人

～，與𢼄（上博二·子 12）同，从"攴"，"干"聲。《集韻》："攼，求也，得也。"《玉篇》："攼，進也。"

清華三·芮良夫 23"攼"，即"扞"。《左傳·成公十二年》："此公侯之所以扞城其民也。"杜預注："扞，蔽也。"《資治通鑒·漢紀九》"抵冒殊扞"，胡三省注："扞，拒也。"

清華五·封許 03"攼"，讀爲"干"，干犯，沖犯，干擾。《國語·晉語五》："河曲之役，趙孟使人以其乘車干行。"韋昭注："干，犯也；行，軍列。"或讀爲"翦"。

清華六·管仲 21"又（有）攼不解（懈）"之"攼"，疑讀爲"遠"。《詩·小雅·鴛鴦》："君子萬年，宜其遐福。"鄭箋："遐，遠也。遠，猶久也。"或讀爲"虔"。（王挺斌）

清華六·子儀 07"是不攼而猶僮"，晉人攻擊了未有任何防備之秦軍，這是秦人慟傷、慍怒的原因所在。（楊蒙生）"攼"，讀爲"扞"，保護，保衛。《書·文侯之命》："汝多修，扞我于艱。"蔡沈《集傳》："扞衛我于艱難。"《左傳·文公六年》："親帥扞之，送致諸竟。"杜預注："扞，衛也。"

清華七·越公 20"攼御"，讀爲"捍禦"，防衛，抵禦。《後漢書·逸民列傳》："行至勞山，人果相率以兵弩捍禦。"

迁

清華五·命訓 05 九迁（奸）具（俱）寅（塞）

清華五·命訓 08 民禄迁₌善₌（干善，干善）韋（違）則不行

清華八·邦道 01 乃剚（斷）迁（奸）閈（杜）匩（慝）

《説文·辵部》："迁，進也。从辵，干聲。讀若干。"

清華五·命訓 05"九迁（奸）具（俱）寅（塞）"，今本《逸周書·命訓》作"六間具塞"。"九迁"，或疑當從今本作"六間"。《説文·土部》："塞，隔也。"孔晁云："六中之道通，則六間塞矣。"唐大沛云："此總上文，言六極之道既貫通而無不至，則六者之間隙無不塞矣。"

清華五·命訓 08"民禄迁₌善₌（干善，干善）韋（違）則不行"，今本《逸周書·命訓》作"干善則不行"。唐大沛云："極福則民惟知有禄，將懷竊禄之心。干，求也。民既心繫於禄，必將違道以干譽，是干善也。干善者飾其善，非真能行善也。"

清華八·邦道 01"迁"，讀爲"奸"，奸邪，罪惡。《書·堯典》："克諧以孝，烝烝乂，不格姦。"《左傳·僖公二十四年》："弃德崇姦，禍之大者也。"簡文"斷奸"與"杜慝"同義，杜絶邪惡。

赶

清華七·越公 01 赶陞（登）於會旨（稽）之山

清華七·越公 04 赶才（在）會旨（稽）

《説文·走部》："赶，舉尾走也。从走，干聲。"

清華七·越公 01、04"赶"，奔竄。又疑讀爲"迁"。《説文·辵部》："迁，進

也。"或讀爲"遷",《說文·辵部》:"遷,登也。"

閑

　　清華七·子犯 04 不閑(閑)良註(規)

《說文·門部》:"閑,門也。从門,干聲。"

清華七·子犯 04"閑",讀爲"閑",遮蔽或扞禦。《說文·門部》:"閑,闌也。"段玉裁注:"引申爲防閑。""闌"即訓作遮。"不閑良規",不遮蔽有益之規諫。(李春桃)

屵

　　清華一·楚居 06 畬(熊)墊(摯)遲(徙)居旁屵

　　清華一·楚居 06 至畬(熊)繹(延)自旁屵遲(徙)居喬多

～,从"山","干"聲。

清華一·楚居"旁屵",地名。

厈

　　清華三·良臣 10 鄙厈

～,从"厂","干"聲。"厂"字異體。《說文·厂部》:"厂,山石之厓巖,人可居。象形。凡厂之屬皆从厂。厈,籀文从干。"

清華三·良臣 10"鄙厈",人名。或讀爲"罕"。(羅小華)

旱

　　清華四·筮法 15 數(數)而出,乃旱(旱)

清華四·筮法 62 曰宇(旱)

~，从"宀"，"干"聲。

清華四·筮法 15、62"宇"，讀爲"旱"，久未降雨或降雨太少。與"雨"相對。或以爲"齊"字省體的仚形訛變，讀爲"霽"。

邗

 清華七·子犯 07 公乃䚻(問)於邗(蹇)昷(叔)

 清華七·子犯 08 邗(蹇)昷(叔)倉(答)曰

 清華七·子犯 09 公乃䚻(問)於邗(蹇)昷(叔)

 清華七·子犯 10 邗(蹇)昷(叔)倉(答)曰

 清華七·子犯 13 公子䌓(重)耳䚻(問)於邗(蹇)昷(叔)

 清華七·子犯 14 邗(蹇)昷(叔)倉(答)曰

《説文·邑部》："邗，國也，今屬臨淮。从邑，干聲。一曰：邗本屬吳。"

清華七·子犯"邗昷"，讀爲"蹇叔"，宋人，受百里奚推薦，秦穆公迎爲上大夫。《左傳·僖公三十二年》："穆公訪諸蹇叔，蹇叔曰：'勞師以襲遠，非所聞也。師勞力竭，遠主備之，無乃不可乎！師之所爲，鄭必知之。勤而無所，必有悖心。且行千里，其誰不知？'"

旱

 清華八·邦道 24 水旱不旹（時）

～，上博簡或作 、。《說文·日部》："旱，不雨也。从日，干聲。"

清華八·邦道 24"水旱"，水潦與干旱。《莊子·秋水》："春秋不變，水旱不知。"《周禮·春官·保章氏》："以五雲之物辨吉凶，水旱降豐荒之祲象。"賈公彥疏："水旱降爲荒凶也。"

䨪

 清華三·說命中 04 若天䨪（旱）

 清華八·邦道 06 水䨪（旱）雨雺（露）之不氐（度）

 清華八·邦道 06 水䨪（旱）雨雺（露）既氐（度）

～，从"雨"，"旱"聲。"旱"字異體。

清華三·說命中 04"若天䨪（旱）"，天久不雨。《國語·楚語上》："若金，用女作礪。若津水，用女作舟。若天旱，用女作霖雨。啟乃心，沃朕心。"《荀子·天論》："日月食而救之，天旱而雩，卜筮然後決大事，非以爲得求也，以文之也。"

清華八·邦道 06"水䨪"，即"水旱"，參上。

徦

 清華三·祝辭 05 牂（將）獎（射）徦（干）音（函）

～，从"彳"，"旱"聲。

清華三·祝辭 05"弜得音",讀爲"射干函",與《周禮·夏官·司弓矢》"射甲革、椹質"意近。"干",盾牌。《書·牧誓》:"稱爾戈,比爾干,立爾矛,予其誓。"孔傳:"干,楯也。"

清華三·說命中 06 隹(惟)戋(干)戈复(作)疾

清華三·說命中 07 隹(惟)戋(干)戈生(眚)氒(厥)身

～,與 同,从"戈","干"聲,"戰"字異體。《說文·戈部》:"戰,盾也。从戈,旱聲。"

清華三·說命中 06"隹戋戈复疾",讀爲"惟干戈作疾"。《禮記·緇衣》引《說命》作:"惟甲冑起兵。"簡文"干戈"疑當爲"甲冑"。

清華三·說命中 07"隹戋戈生氒身",讀爲"惟干戈眚厥身"。《禮記·緇衣》引《說命》作:"惟口起羞,惟甲冑起兵,惟衣裳在笥,惟干戈省厥躬。""干戈",兵器的通稱。《詩·周頌·時邁》:"載戢干戈,載櫜弓矢。"桓寬《鹽鐵論·世務》:"兵設而不試,干戈閉藏而不用。"

清華五·三壽 24 易(揚)則舌(悍)達(佚)亡(無)棠(常)

～,从"白","干"聲。

清華五·三壽 24"舌",讀爲"悍"。《荀子·修身》:"加惕悍而不順。"楊倞注:"韓侍郎云:'惕與蕩同字,作心邊易,謂放蕩兇悍也。'""佚",放蕩。《一切經音義》卷五引《蒼頡篇》:"佚,蕩也。"

見紐建聲

建

　清華二·繫年 018 乃先建衞（衞）弔（叔）坪（封）于庚（康）丘

　清華二·繫年 120 以建昜（陽）、邱陵之田

　清華五·厚父 02 建頢（夏）邦

　清華一·祭公 13 方聿（建）宗子

　清華三·芮良夫 12 甬（用）聿（建）亓（其）邦

　清華三·芮良夫 21 此隹（惟）天所聿（建）

　清華七·晉文公 08 聿（建）衞（衞）

　清華七·越公 26 既聿（建）宗窑（廟）

～，與 ![](（上博三·周 14）、![](（上博二·容 22）、![](（上博六·天甲 1）、![](（上博六·天乙 1）同。《說文·廴部》："建，立朝律也。从聿、从廴。"

清華二·繫年 018"乃先建衞（衞）弔（叔）坪（封）于庚（康）丘"之"建"，封邦建國。《左傳·僖公二十四年》："昔周公弔二叔之不咸，故封建親戚，以蕃屏周。"孔穎達疏："故封立親戚爲諸侯之君，以爲蕃籬，屏蔽周室。"《左傳·昭公

九年》:"文、武、成、康之建母弟,以蕃屏周。"

清華二·繫年 120"建昜",讀爲"開陽"。"幵""建"並爲見母元部字。《水經注·穀水》:"穀水又東,逕開陽門南。《晉宮閣名》曰:故建陽門也。"清華一·皇門 1"唯其開告于余嘉德之説"之"開",作"覞",从"幵"聲。小徐本《説文·門部》:"開,張也。從門,幵聲。"簡文開陽當在山東臨沂北,詳《水經注·沂水》。

清華五·厚父 02"建顥(夏)邦",《書·武成》:"惟先王建邦啓土。"

清華三·芮良夫 12"甬畫亓邦",讀爲"用建其邦"。《周禮·地官·大司徒》:"凡建邦國,以土圭土其地而制其域。"

清華一·祭公 13、清華三·芮良夫 21、清華七·越公 26"建",建立,設置。《書·洪範》:"皇建其有極。"蔡沈《集傳》:"建,立也。"

清華七·晉文公 08"畫壄",即"建衛",復建衛國。《左傳·僖公二十八年》:"子玉使宛春告於晉師曰:'請復衛侯而封曹,臣亦釋宋之圍。'"

見紐見聲

見

清華一·尹至 03 見章于天

清華一·程寤 01 大(太)姒夢見商廷隹(惟)楝(棘)

清華一·金縢 08 亡(無)以复(復)見於先王

清華一·楚居 01 見盤庚之子

清華二·繫年 027 君必命見之

清華二·繫年028 文王命見之

 清華二·繫年028 王固命見之

 清華二·繫年028 既見之,還

 清華二·繫年090 柬(厲)公亦見禍(禍)以死

 清華二·繫年099 需(靈)王見禍(禍)

 清華二·繫年109 以與吳王昌(壽)夢相見于鄶(虢)

 清華二·繫年110 以與夫秦(差)王相見于黃池

 清華三·赤鵠04 亡(無)不見也

 清華三·赤鵠04 亡(無)不見也

 清華四·筮法01 凸(凡)見

 清華四·筮法02 男見

 清華四·筮法03 凸(凡)見

清華四·筮法 04 女見

清華四·筮法 05 凸(凡)見大人

清華四·筮法 06 卲(昭)穆,見

清華四·筮法 07 見述(術)日

清華四·筮法 10 四正之圳(卦)見

清華四·筮法 10 見述(術)日

清華四·筮法 11 見丁嚳(數)

清華四·筮法 16 相見才(在)上

清華四·筮法 16 金木相見

清華四·筮法 16 旾(春)見八

清華四·筮法 18 水火相見才(在)下

清華四·筮法 18 顕(夏)見五

清華四·筮法 20 妻夫相見

 清華四·筮法 20 秌(秋)見九

 清華四·筮法 22 各(冬)見四

 清華四·筮法 22 相見才(在)上

 清華四·筮法 25 凸(凡)簽(筮)志事而見尝(當)日奴(如)尝(當)唇(辰)

 清華四·筮法 32 而見同殳(次)於四立(位)之中

 清華四·筮法 62 曰見

 清華五·湯丘 04 湯反返(復)見少(小)臣

 清華五·湯丘 08 虐(吾)此是爲見之

 清華五·湯丘 08 女(如)我弗見

 清華五·三壽 11 大荅(路)甬(用)見兵

清華五·三壽 26 甬（用）兌以見詢

清華六·孺子 04 不見亓（其）邦

清華六·孺子 04 亦不見亓（其）室

清華六·管仲 01 見善者謹（墨）女（焉）

清華六·管仲 02 見不善者戒女（焉）

清華六·太伯甲 07 魯、衛（衛）、鄭（蓼）、郘（蔡）坓（來）見

清華六·太伯乙 07 魯、衛、鄭（蓼）、邵〈郘〉（蔡）坓（來）見

清華六·子儀 12 救兄弟以見東方之者（諸）侯

清華六·子儀 13 厭（期）年而見之

清華六·子儀 15 乃又（有）見工

清華六·子儀 18 見敌𩪘逌（徛）淒（濟）

清華六·子儀 18 臣見二人戠（仇）競

清華六·子儀 19 臣見遺者弗逯（復）

　清華六·子產 05 弇（掩）見（現）又（有）秝（秩）

　清華七·子犯 11 與人面見湯

　清華七·子犯 12 見受（紂）若大陸（岸）牆（將）具陞（崩）

　清華七·晉文公 01 母（毋）䛐（辨）於妞（好）妝嬬盬皆見

　清華七·越公 15 新（親）見事（使）者曰

　清華七·越公 19 孤用忎（願）見雩（越）公

　清華七·越公 32 亓（其）見莀（農）夫老溺（弱）堇（勤）壢（厤）者

　清華七·越公 32 亓（其）見莀（農）夫甛（稽）顛（頂）足見

　清華七·越公 32 亓（其）見莀（農）夫甛（稽）顛（頂）足見

　清華七·越公 33 亓（其）見又（有）戠（察）

　清華七·越公 40 王必辟（親）見〈視〉而聖（聽）之

清華七·越公45 王見亓（其）執事人則訇（怡）忩（豫）悥（意）也

 清華七·越公46 王見亓（其）執事人

 清華八·處位04 不見而没卬（抑）不由

 清華八·心中02 心欲見之

～，與 （上博一·孔16）、 （上博三·周35）同。古文字中以" "爲見，以" "爲視，以人的跪與立行爲別。"見""視"是同義關係。《說文·見部》："見，視也。从儿，从目。"

清華一·尹至03"見章于天"之"見"，"現"的古字，顯示、顯露意。《漢書·元帝紀》："天見大異。"

清華一·程寤01"大姒夢見商廷佳棶"，讀爲"太姒夢見商廷惟棘"。《論語·述而》："子曰：'甚矣吾衰也！久矣吾不復夢見周公！'"

清華一·金縢08"亡以返見於先王"，讀爲"無以復見於先王"。今本《書·金縢》作"我無以告我先王"。

清華二·繫年099"霝王見褐"，讀爲"靈王見禍"。《國語·吳語》："昔者越國見禍，得罪於天王。"

清華二·繫年109、110，清華四·筮法"相見"，彼此會面。《禮記·曲禮下》："諸侯未及期相見曰遇。"

清華六·孺子04"不見"，看不到。《易·艮》："行其庭，不見其人。"

清華六·太伯甲07、太伯乙07"見"，謁見，拜見。《左傳·莊公十年》："十年春，齊師伐我。公將戰。曹劌請見。"

清華六·子儀12"救兄弟以見東方之者（諸）侯"，會盟東方諸侯。

清華六·子儀19"臣見遺者弗返（復）"，《戰國策·秦四》："臣見王之權輕天下，而地不可得也。"

清華六·子產05"弇見"，讀爲"掩現"，"掩""現"相對。

清華七·子犯11"面見",親自見到。《書·立政》:"謀面,用丕訓德。"孔傳:"謀所面見之事,無疑,則能用大順德。"

清華七·越公15"新見事者曰",讀爲"親見使者曰"。《吕氏春秋·博志》:"蓋聞孔丘、墨翟,晝日諷誦習業,夜親見文王、周公旦而問焉。"

覞

 清華一·祭公18 女(汝)母(毋)覞孥

 清華三·琴舞13 竺(篤)亓(其)覞(諫)卲(勔)

《說文·糸部》:"繭,蠶衣也。从糸、从虫,芇省。覞,古文繭从糸、見。"

清華一·祭公18"女(汝)母(毋)覞孥"之"覞",或讀爲"瞑"。(吴祺)

清華三·琴舞13"竺(篤)亓(其)覞(諫)卲(勔)"之"覞",讀爲"諫"。或讀爲"勉"。(吴祺)

見紐肩聲

𦟛(肩)

 清華八·攝命08 今亦𣀉(肩)𢈺(肱)懃(勤)乃事

 清華三·說命上03 䲊(腕)肩女(如)惟(椎)

 清華三·琴舞03 𢀩(弼)寺(持)亓(其)又(有)肩

,與(上博五·君7)同,从"攴","肩"聲;,从"又";均"肩"字異體。《說文·肉部》:"肩,髆也。从肉,象形。肩,俗'肩'从'户'。"

清華八·攝命08"𣀉𢈺",讀爲"肩肱",猶云"股肱",訓爲輔佐。《書·多方》有"克勤乃事"。或説"肩",克。"肱",讀爲"兢",訓爲戒慎恐懼。

清華三·説命上03"鶻肩女惟",讀爲"腕肩如椎"。参《荀子·非相》:"傅説之狀,身如植鰭。"

清華三·琴舞03"又肩",讀爲"有肩",有所承擔、擔負。《左傳·襄公二年》:"鄭成公疾,子駟請息肩於晉。"

見紐开聲

开

清華二·繫年071 敗(敗)齊自(師)于厬(靡)开(笄)

清華六·子儀06 开(汧)可(兮)非₌(霏霏)

~,與(上博二·容14)同。《説文·开部》:"开,平也。象二干對構,上平也。凡开之屬皆从开。"

清華二·繫年071"厬开",讀爲"靡笄",山名,楊伯峻《春秋左傳注》以爲即今山東濟南市千佛山。《左傳·成公二年》:"郤克將中軍,士燮佐上軍,欒書將下軍,韓厥爲司馬……臧宣叔逆晉師,且道之,季文子帥師會之……六月壬申,師至于靡笄之下。"杜預注:"靡笄,山名。"

清華六·子儀06"开",讀爲"汧",即今陕西千河,源出甘肅六盤山南麓,東南流經隴縣、千陽縣,至寶雞入於渭河。《竹書紀年·周平王》:"十年,秦遷于汧、渭。"

筓

清華五·封許06 朱筓元(軏)

《説文·竹部》:"筓,簪也。从竹。开聲。"

清華五·封許06"元",讀爲"軏"。《説文·車部》:"軏,車轅耑持衡者。"《論語·爲政》:"大車無輗,小車無軏。""筓",《釋名》:"係也。""朱筓"當爲軏部

汧

 清華二·繫年 122 内(入)至汧水

《說文·水部》：“汧，水。出扶風汧縣西北，入渭。从水，开聲。”

清華二·繫年 122“汧水”，沂水的支流。開陽在今臨沂北，疑即汧水之陽。或讀爲"峴"。（小狐）

覵

 清華一·皇門 01 隹(惟)莫覵(開)余嘉惪(德)之兑(説)

清華三·芮良夫 20 覵(研)憖(甄)嘉惟

～，从"視"，"开"聲，"睊"之異體。

清華一·皇門 01“隹(惟)莫覵(開)余嘉惪(德)之兑(説)”，此句今本《逸周書·皇門》作“維其開告于予嘉德之說”，陳逢衡注：“開告，啓迪也。嘉德，美善之德。說，謂言説。”“覵”，讀爲“開”，訓通。《逸周書·程典》“慎德德開”，孔晁注：“開，通。言德合也。”陳逢衡《逸周書補注》：“德開者，大啓之義。”

清華三·芮良夫 20“覵”，讀爲“研”。《易·繫辭下》“能研諸侯之慮”，孔穎達疏：“研，精也。”《文選·張衡〈東京賦〉》“研覈是非”，薛綜注：“研，審也。”

睊

 清華六·子儀 17 尚耑(端)項賠(瞻)遊目以睊我秦邦

《説文·目部》：“睊，蔽人視也。从目，开聲，讀若攜手。一曰直視也。𥄎，睊目或在下。”

清華六·子儀 17“睊”，直視。

屏

清華六·子儀 16 公及三方者（諸）邦（任）君不賸（瞻）皮（彼）泹（沮）漳之川屏（開）而不盧（闔）殹（也）

～，從"户"，"开"聲，"開"之異體。《書·禹貢》："導岍及岐。"《釋文》："岍，山名，一名吴岳。馬本作開。"

清華六·子儀 16"屏"，即"開"，與"闔"相對。"開"，開啓，打開。《詩·周頌·良耜》："以開百室，百室盈止，婦子寧止。""開闔"，開啓與閉合。《老子》："天門開闔，能爲雌？"《淮南子·本經》："開闔張歙，不失其叙。"

見紐閒聲歸月部月聲

見紐柬聲

柬

清華一·楚居 15 柬（簡）大王自疆郢遷（徙）居藍郢

清華二·繫年 100 柬（簡）公即立（位）

清華二·繫年 109 晉柬（簡）公立五年

清華二·繫年 110 晉柬（簡）公會者（諸）侯

清華二·繫年 114 楚柬（簡）大王立七年

清華三·芮良夫05 君子而受柬萬民之窞（咎）

清華三·良臣03 又（有）柬（散）宜生

清華五·封許05 柬（簡）胯（乂）三（四）方不氒（果）

清華五·帝門16 正（政）柬（簡）以成

清華五·三壽28 棘（束）柬（簡）和蓦（慕）

清華六·管仲11 大事柬（簡）以成（誠）

清華七·趙簡子01 盌（趙）柬（簡）子既受夐酒（將）軍

清華七·趙簡子05 盌（趙）柬（簡）子飼（問）於成蚏（剌）

清華七·趙簡子06 盌（趙）柬（簡）子

～，與 ✤（上博二·容19）、✤（上博六·用2）、✤（上博八·子1）同。《説文·柬部》：“柬，分別簡之也。从束、从八。八，分別也。”

清華一·楚居15、清華二·繫年114"柬大王"，讀爲"簡大王"，又見望山簡，即楚簡王，楚惠王之子熊中。《史記·楚世家》："五十七年，惠王卒，子簡王中立"，"二十四年，簡王卒。"《逸周書·謚法》："壹德不解曰簡，平易不疵簡。"

清華二·繫年100、109、110"柬公""晉柬公"，讀爲"簡公""晉簡公"，即晉定公，名午。《史記·晉世家》："十四年，頃公卒，子定公午立。"《春秋·昭公三十年》:"夏六月庚辰,晉侯去疾卒。"昭公三十一年爲晉定公午元年。

清華三·芮良夫 05"柬",《爾雅·釋詁》:"柬,擇也。"邢昺疏:"簡、柬音義同。"

清華三·良臣 03"柬宜生",讀爲"散宜生"。《書·君奭》:"惟文王尚克修和我有夏;亦惟有若虢叔,有若閎夭,有若散宜生,有若泰顛,有若南宮括。"

清華五·封許 05"柬",讀爲"簡"。《爾雅·釋詁》:"簡,大也。"簡文"簡乂四方",大治四方。

清華五·帝門 16"正柬",讀爲"政簡"。上博二·容 19:"因邇以知遠,去苛而行柬(簡)","苛"與"簡"相對。"簡",簡易,簡約。《易·繫辭上》:"乾以易知,坤以簡能。"孔穎達疏:"簡謂簡省凝靜。"《尸子》:"與之語禮,樂而不逆;與之語政,至簡而易行;與之語道,廣大而不窮。"《路史》卷二十一:"語禮,樂詳而不孛;語政,治簡而易行;論道,廣大而亡窮;語天下事,貫眤條達,咸葉於帝,而咸可厎績。"

清華五·三壽 28"柬",《荀子·修身》:"柬理也。"楊倞注:"柬與簡同,言柬擇其事理所宜,而不務驕逸。"

清華六·管仲 11"大事柬以成",讀爲"大事簡以誠",與"小事逸以愓"相對。

清華七·趙簡子 01、05、06"盆柬子",讀爲"趙簡子",名鞅,諡簡,春秋末晉國正卿,嬴姓,趙氏,史稱"趙簡主"。《史記·趙世家》:"趙景叔卒,生趙鞅,是爲簡子。趙簡子在位,晉頃公之九年,簡子將合諸侯戍于周。"《逸周書·諡法》:"壹德不解曰簡,平易不疵曰簡。""柬""簡"古通,《史記·楚世家》"惠王"之子"簡王",望山 1·10 作"柬大王"。

諫

清華五·三壽 20 内(納)諫受訾

清華六·太伯甲 04 爲臣而不諫

清華六·太伯甲 12 方諫虐(吾)君於外

清華六·太伯乙10 方諫虗（吾）君於外

清華七·趙簡子01 軋（范）獻子進諫曰

～，與（上博七·武7）同。《說文·言部》："諫，証也。从言，柬聲。"

清華五·三壽20"内諫"，讀爲"納諫"，接受規勸，多指君主接受臣下進諫。《國語·晉語八》："納諫不忘其師，言身不失其友。"

清華六·太伯甲04、12，太伯乙10"諫"，諫諍，規勸。《論語·里仁》："事父母幾諫，見志不從，又敬不違，勞而不怨。"《説苑·臣術》："有能盡言於君，用則留，不用則去，謂之諫；有能盡言於君，用則可生，不用則死，謂之諍。"

清華七·趙簡子01"進諫"，嚮君主或尊長直言規勸。《荀子·成相》："（伍子胥）進諫不聽，到而獨鹿棄之江。"《南史·江淹傳》："淹每從容進諫，景素不納。"

見紐官聲歸宀聲

見紐串聲

闌（關）

清華二·繫年126 王衒（率）宋公以城贖（榆）闌（關）

清華二·繫年127 奠（鄭）人戠（侵）犢（榆）闌（關）

清華二·繫年128 旕（陽）城洹（桓）恧（定）君衒（率）犢（榆）闌（關）之自（師）

清華三·芮良夫20 民之闌（關）閔（閉）

清華三·芮良夫 20 女（如）闡（關）枳屋（扃）鎣（縢）

清華三·芮良夫 22 女（如）闡（關）枳不閟（閉）

清華五·三壽 17 闡（宣）義（儀）和藥（樂）

清華八·邦道 20 泊（薄）闡（關）市

～，與（上博一·孔 11）、（上博六·用 3）同，从"門"，"串"聲，"關"字異體。"串"字或作 （上博八·成 15）乃"毌"字初文。《說文·門部》："關，以木橫持門戶也。从門，絲聲。"

清華二·繫年 126、127、128"臏闡""犢闡""犢闡"，讀爲"榆關"。"犢"，定母屋部；"榆"，喻母侯部，古音近可通，地在今河南中牟南。《史記·楚世家》"（悼王）十一年，三晉伐楚，敗我大梁、榆關"，《索隱》："此榆關當在大梁之西也。"一説地在今河南汝州東南。

清華三·芮良夫 20"闡閟"，讀爲"關閉"，指門閂。《說文通訓定聲》"關"："豎木爲閉，橫木爲關。"《管子·八觀》："宮垣關閉不可以不脩。"

清華三·芮良夫 20、22"闡"，即"關"，門之閂木。

清華五·三壽 17"闡"，即"關"，讀爲"宣"。《詩·大雅·文王》："宣昭義問。"朱熹《集傳》："宣，布也。"

清華八·邦道 20"闡市"，即"關市"，位於交通要道的市集。《周禮·天官·大宰》："七曰關市之賦。"賈公彥疏："王畿四面皆有關門，及王之市廛二處。"《吕氏春秋·仲夏紀》："關市無索。"高誘注："關，要塞也。市，人聚也。無索，不徵税。"

弲

清華三·説命上 02 紳（引）弲（關）辟矢

～,從"弓","串"聲。

清華三·說命上 02"弲",讀爲"關"。《左傳·昭公二十一年》:"豹則關矣。"杜預注:"關,引弓。"或讀爲"弮"。(白於藍)

思

清華六·子產 17 綯(急)絟(弁)繎(懈)思(緩)

～,從"心","毌"聲。

清華六·子產 17"思",讀爲"緩",與"弁"(《禮記·玉藻》注:"弁,急也。")對稱。簡文"急弁懈緩",指官員怠於緩急的政事。

見紐歌聲

关

清華二·繫年 115 㚿(趙)关(浣)

清華二·繫年 116 㚿(趙)关(浣)

清華六·子儀 02 乃关(券)册秦邦之臤(賢)余(餘)

～,"关"見《說文·廾部》,與"浣"音近通假。楚文字從"关"之字或作 、、、。

清華二·繫年 115、116"㚿关",讀爲"趙浣"。《史記·趙世家》:"(襄子)其後娶空同氏,生五子。襄子爲伯魯之不立也,不肯立子,且必欲傳位與伯魯子代成君。成君先死,乃取代成君子浣立爲太子。襄子立三十三年卒,浣立,是爲獻侯。"又:"獻侯少即位,治中牟。襄子弟桓子逐獻侯,自立於代,一年卒。國人曰桓子立非襄子意,乃共殺其子而復迎立獻侯。"

清華六·子儀 02"乃关册秦邦之𠭖（賢）余（餘）"之"关"，讀爲"券"，《説文·刀部》："券，契也。从刀，关聲。券別之書，以刀判契其旁，故曰契券。""券""册"近義連用，指封賞而言。一説"关"，讀爲"簡"，表示簡選，"册"表示登記。

㤎（惓）

清華八·處位 03 㤎（惓）𢍰（厭）政事

清華八·邦道 02 曩（早）智（知）此㤎（患）而遠之

清華八·邦道 09 則㤎（患）不至

～，與 、同，從"心"，"卷"省聲，"惓"字異體。

清華八·處位 03"㤎𢍰"，讀爲"惓厭"，即厭惓。荀悅《漢記·武帝紀四》："諸方士後皆無驗，上益厭倦，然猶羈縻不絕，冀望其真。"《左傳·昭公十三年》："施舍不倦，求善不厭。"

清華八·邦道 09"㤎"，讀爲"患"，憂慮，擔心。《論語·季氏》："丘也聞有國有家者，不患寡而患不均。"

䇨

清華六·子產 22 乃斂（禁）䇨（管）單

清華六·子產 23 此胃（謂）由善瞽（散）䇨（愆）

～，從"止"，"关"聲。

清華六·子產 22"䇨單"，讀爲"管單"，人名。

清華六·子產 23"䇨"，讀爲"愆"。《書·大禹謨》："帝德罔愆，臨下以簡，御衆以寬；罰弗及嗣，賞延於世。"孔傳："愆，過也。"

龣

 清華八·虞夏 01 乍（作）樂《翏（竽）龣（管）》九成

～，从"龠"，"类"聲，"翏管"之"管"的專字。

清華八·虞夏 01"翏龣"，讀爲"竽管"，夏之樂名。"九成"，九終。"《翏管》九成"，結構與"《簫韶》九成"（《書·益稷》）相同。《吕氏春秋·古樂》："禹立，勤勞天下，日夜不懈，通大川，決壅塞，鑿龍門，降通漻水以導河，疏三江五湖，注之東海，以利黔首。於是命皋陶作爲《夏籥》九成，以昭其功。"《淮南子·齊俗》："夏后氏之禮，其社用松，祀户，葬牆置翣，其樂《夏籥》九成、六佾、六列、六英，其服尚青。"

桊

 清華七·子犯 12 爲桊（桎）榁（梏）三百

《説文·木部》："桊，牛鼻中環也。从木，䇷聲。"

清華七·子犯 12"桊"，讀爲"桎"。《説文·木部》："足械也。""榁"，即"梏"，《説文·木部》："手械也。""桎梏"，《易·蒙》孔穎達疏："在足曰桎，在手曰梏。"紂用桎梏，也見於上博二·容 44－45："不從命者從而桎䥈（梏）之，於是唐（乎）复（作）爲金桎三千。"《史記·齊太公世家》："鮑叔牙迎受管仲，及堂阜而脱桎梏。"或認爲"桊"，可能是指圈束，《廣雅》："桊，枸也。"王念孫《疏證》："枸，猶拘也……桊，猶圈束也。《説文》：'桊，牛鼻中環也。'《衆經音義》卷四云：'今江北曰牛拘，江南曰桊。'《吕氏春秋·重己》篇：'使五尺豎子引其棬，而牛恣所以之。''棬'與'桊'同。""桊"本指牛鼻中環，類似圈束，有拘繫作用。（王挺斌）或讀爲"拳"。（馬楠）或認爲"栚"之訛字，讀爲"桎"。（孟躍龍）或讀爲"錧"，認爲存在用作刑具腳械之名的可能。（范常喜）

筦

 清華二·繫年 045 奠（鄭）人敀（屬）北門之筦（管）於秦之戍人

清華二·繫年046 我既旻(得)奠(鄭)之門筊(管)巳(已)

清華六·管仲01 齊趄(桓)公䚈(問)於筊(管)中(仲)曰

清華六·管仲01 筊(管)中(仲)含(答)曰

清華六·管仲02 趄(桓)公或(又)䚈(問)於筊(管)中(仲)曰

清華六·管仲03 筊(管)中(仲)含(答)曰

清華六·管仲03 趄(桓)公或(又)䚈(問)於筊(管)中(仲)曰

清華六·管仲03 筊(管)中(仲)含(答)

清華六·管仲05 趄(桓)公或(又)䚈(問)於筊(管)中(仲)曰

清華六·管仲06 筊(管)中(仲)含(答)

清華六·管仲07 趄(桓)公或(又)䚈(問)於筊(管)中(仲)曰

清華六·管仲07 筊(管)中(仲)含(答)

清華六·管仲08 趄(桓)公或(又)䚈(問)於筊(管)中(仲)曰

清華六·管仲 10 笑(管)中(仲)倉(答)

清華六·管仲 11 趄(桓)公或(又)畚(問)於笑(管)中(仲)曰

清華六·管仲 12 笑(管)中(仲)倉(答)

清華六·管仲 14 趄(桓)公或(又)畚(問)於笑(管)中(仲)曰

清華六·管仲 14 笑(管)中(仲)倉(答)

清華六·管仲 16 趄(桓)1 公或(又)畚(問)於笑(管)中(仲)曰

清華六·管仲 17 笑(管)中(仲)倉(答)曰

清華六·管仲 20 趄(桓)公或(又)畚(問)於笑(管)中(仲)曰

清華六·管仲 21 笑(管)中(仲)倉(答)

清華六·管仲 24 趄(桓)公或(又)畚(問)於笑(管)中(仲)曰

清華六·管仲 24 笑(管)中(仲)倉(答)

清華六·管仲 27 趄(桓)公或(又)畚(問)於笑(管)中(仲)

清華六·管仲 28 筓(管)中(仲)含(答)曰

　　清華六·管仲 30 筓(管)中(仲)曰

　　～，與筌(上博五·季 4)同，从"竹"，"卷"省聲，"箞"之異體。《玉篇》："箞，丘卞切。曲竹。"《類編》："箞，驅圓切。揉竹。"

　　清華二·繫年 045、046"筓"，讀爲"管"，鑰匙。《左傳·僖公三十二年》："鄭人使我掌其北門之管。"杜預注："管，籥也。"《管子·立政》："審閭閈，慎筦鍵，筦藏于里尉。"

　　清華六·管仲"筓中"，讀爲"管仲"，管嚴之子，名夷吾，字仲，諡敬仲，齊稱仲父。《史記·管晏列傳》："管仲夷吾者，潁上人也。少時常與鮑叔牙游，鮑叔知其賢。管仲貧困，常欺鮑叔，鮑叔終善遇之，不以爲言。已而鮑叔事齊公子小白，管仲事公子糾。及小白立，爲桓公，公子糾死，管仲囚焉。鮑叔遂進管仲。管仲既用，任政於齊，齊桓公以霸，九合諸侯，一匡天下，管仲之謀也。"

豢

　　清華七·晉文公 03 豢犬豕

　　～，與豢(新蔡甲三 264)、豢(新蔡乙三 37)同。《說文·豕部》："豢，以穀圈養豕也。从豕，䇬聲。"

　　清華七·晉文公 03"豢犬豕"，《韻會》："羊曰芻，犬曰豢，皆以所食得名。""芻"謂草食，"豢"謂以穀圈養。《孟子·告子上》："猶芻豢之悦我口。"

鯲

　　清華六·子儀 18 見敃鯲迲(徛)淒(濟)需鯲

清華六·子儀 18 需鴅

～，從"於"，"关"省聲。或認爲是"烏"的專字。

清華六·子儀 18"鴅"，或讀爲"鸛"，水鳥名。形似鶴，嘴長而直，翼大尾短，腳長而赤，捕魚蝦等爲食。《詩·豳風·東山》："鸛鳴于垤，婦歎于室。"毛傳："鸛好水，長鳴而喜也。"《說文·鳥部》："鸛，鸛專，畐蹂。如雖，短尾。射之，銜矢射人。"

鋆

清華三·芮良夫 20 女（如）閘（關）柲屋（肩）鋆（滕）

～，從"金"，"卷"省聲。

清華三·芮良夫 20"鋆"，讀爲"管"，即鑰匙。《管子·立政》："審閭閈，慎筦鍵，筦藏於里尉。"《左傳·僖公三十二年》："鄭人使我掌其北門之管。"杜預注："管，籥也。"或讀爲"滕"。《莊子·胠篋》："攝緘滕，固扃鐍。"成玄英疏："扃，關鈕也。"

見紐昷聲

榅

清華六·子儀 14 梭（欒）枳（枝）堂（當）榅（榲）

～，從"木"，"昷"（"奠"之聲符）聲，"榲"字異體。"昷"旁也見於包山 174 。《玉篇·木部》："榲，木皮可食，實如甘蕉。"

清華六·子儀 14"榅"，即"榲"，木名。賈思勰《齊民要術·榲木》："《吳錄·地理志》曰：'廬陵南縣，有榲樹。其實如甘蕉，而核味亦如之。'"

隁（鄢）

清華二•繫年 090 敗（敗）楚自（師）於隁（鄢）

～，从"自"，"嫣"省聲。《説文•大部》："嫣……一曰：讀若偃。""嫣"下"大"形訛爲"矢"形。

清華二•繫年 090"隁"，即"鄢"，鄢陵，地名。《春秋•成公十六年》："六月……晉侯使欒黶來乞師。甲午晦，晉侯及楚子、鄭伯戰于鄢陵。楚子、鄭師敗績。楚殺其大夫公子側。"《左傳•成公十六年》："六月，晉、楚遇於鄢陵。"

瑑

清華四•筮法 57 爲瑑（玦）

～，从"玉"，"嫣"省聲。或説从"叏"，即《説文•金部》"鋭"字籀文所从。

清華四•筮法 57"瑑"，讀爲"玦"。王家臺秦簡《歸藏》"夬"作"嫣"。

欮

清華三•赤鵠 09 晉（巫）鴍（烏）乃欮少（小）臣之朐（喉）渭（胃）

～，从"欠"，"嫣"省聲。或認爲从"哭"，即"噱"。

清華三•赤鵠 09"欮"，疑讀爲"遏"，抑制，阻止。《詩•大雅•民勞》："式遏寇虐，憯不畏明。"鄭箋："式，用；遏，止也。"晉葛洪《抱朴子•漢過》："忠謇離退，姦凶得志，邪流溢而不可遏也，僞塗闢而不可杜也。""欮"，或讀爲"宅"。《爾雅•釋言》："宅，居也。"

溪紐犬聲

犬

清華二·繫年136 犬達(逸)而還

清華六·子儀11 辟(譬)之女(如)兩犬緤(延)河歔(啜)而㺒(獻)

清華七·晉文公03 豢犬豕

《說文·犬部》："犬，狗之有縣蹏者也。象形。孔子曰：'視犬之字如畫狗也。'"
清華二·繫年136、清華六·子儀11"犬"，狗。《詩·小雅·巧言》："躍躍毚兔，遇犬獲之。"

溪紐侃聲

侃

清華二·繫年120 戉(越)公與齊侯貣(貸)、魯侯侃(衍)明(盟)于魯稷門之外

清華三·琴舞13 勿請福之侃(愆)

清華七·越公55 雉(唯)立(位)之宋(次)尻、備(服)㚄(飾)、群勿(物)品采之侃(愆)于者(故)棠(常)

～，與 (上博一·緇16)同。《說文·川部》："侃，剛直也。从仉。仉，古

文信。从川,取其不舍晝夜。《論語》曰:'子路侃侃如也。'"

清華二·繫年 120"魯侯侃",《史記·魯世家》:"元公二十一年卒,子顯立,是爲穆公。"《索隱》引《系本》"顯"作"不衍"。"侃""顯""衍"音近。

清華三·琴舞 13,清華七·越公 55"侃",讀爲"愆",過失。《詩·大雅·假樂》:"不愆不忘,率由舊章。"鄭箋:"成王之令德,不過誤,不遺失。"

迡

 清華八·攝命 17 亡(罔)非楚(胥)以劈(墮)迡(愆)

～,从"辵","侃"聲。

清華八·攝命 17"迡",讀爲"愆"。《説文·心部》:"愆,過也。"

溪紐辛聲

孨

 清華一·祭公 20 孨(孼)怀(負)之

～,甲骨文作 (《合集》20824),从"子","辛"聲,"孽"字之省。

清華一·祭公 20"孨",讀爲"孼"。《楚辭·天問》:"卒然離孼。"王逸注:"孼,憂也。""孨怀",或讀爲"嬖傅",以正法輔佐、教導天子。(《讀本一》第 271 頁)

踦

清華八·處位 08 吏(使)人未智(知)旻(得)啟(度)之踦(踐)

～,从"自""土","辛"聲。

清華八·處位 08"踦",疑爲"踐"字異體。《禮記·曲禮上》:"脩身踐言。"鄭玄注:"踐,履也,言履而行之。"

䛑

　　清華三·良臣 10 土（杜）䛑（逝）

～，从"曰"，"辛"聲，"聿"聲。

清華三·良臣 10"土䛑"，讀爲"杜逝"，人名。

𣤶

　　清華六·子産 21 坯（杜）𣤶（逝）

～，楚文字或作 、、、同。从"欠"，"䛑"聲。

清華六·子産 21"坯𣤶"，讀爲"杜逝"，人名。

𣸯

　　清華六·子儀 18 臣觀於湋𣸯（漄）

～，从"水"，"𣤶"聲。

清華六·子儀 18"𣸯"，讀爲"漄"，水邊，澨岸。《左傳·成公十五年》：「則決雎澨。」杜預注：「澨，水涯。」

瀧

　　清華八·邦道 22 埅（修）浴（谷）瀧（澨）

～，从"水"，"䛑"聲。楚文字或作 、。

清華八·邦道 22"瀧"，讀爲"澨"。《楚辭·九歌·湘夫人》："朝馳余馬兮江皋,夕濟兮西澨。"王逸注:"澨,水涯也。"

遳

　清華三·說命上 05 一豕乃䚺(旋)保以遳(逝)

～,從"辵","䓕"聲。

清華三·說命上"遳",讀爲"逝",往,去。《詩·邶風·谷風》:"毋逝我梁,毋發我笱。"朱熹《集傳》:"逝,之也。"

遹

　清華七·晉文公 02 遹(滯)責母(毋)又(有)塞

～,從"辵","䔿"聲,"遣"字異體。郭店·語四 21 作　,上博一·性 27 作　。

清華七·晉文公 02"遹",讀爲"滯",積聚、積壓義。《周禮·地官·廛人》:"凡珍異之有滯者,斂而入于膳府。"鄭玄注引鄭司農曰:"謂滯貨不售者,官爲居之。"《國語·晉語四》稱晉文公"棄責薄斂",韋昭注:"除宿責也。""宿責"與"滯責"均指積壓、留止而未加處理的舊債。簡文"滯責毋有塞",積壓已久的舊債,就不要再償還了。(馮勝君、郭倪)或從上讀,讀爲"折",訓爲斷,《書·吕刑》:"非佞折獄,惟良折獄。"

䇐

　清華五·湯丘 16 不又(有)所䇐

　清華五·啻門 17 型(刑)䇐以亡(無)棠(常)

～,從"立","䓕"聲,"䓕"所從"曺""辛"均聲。

清華五·湯丘 16"䇐",讀爲"噬"。《說文·口部》:"噬,啗也,喙也。從口,筮聲。"《易·噬嗑》:"噬腊肉,遇毒。"簡文"不有所噬",指不全部吃。

清華五·湯門 17"型蠲",讀爲"刑制"。"刑制"和"刑情"對言。簡文意爲刑在使用時不害人就是美刑,刑法制度變化不一定就是惡刑。(程燕)

虔

　　清華二·繫年 119 釹(韓)虔

　　清華二·繫年 124 衛侯虔

　　清華五·厚父 08 廼虔秉叚(厥)惪(德)

~,或作,所從"文"旁兩側各有兩斜筆,類似寫法見姑虔昏同之子句鑃(《集成》00424)。《說文·虍部》:"虔,虎行皃。从虍,文聲,讀若矜。"

清華二·繫年 119"釹虔",讀爲"韓虔",啓章子,後爲景侯。《史記·韓世家》:"十六年,武子卒,子景侯立。景侯虔元年,伐鄭,取雍丘。二年,鄭敗我負黍。"《索隱》:"《紀年》及《系本》皆作景子,名處。""處"乃"虔"之訛。

清華二·繫年 124"衛侯虔",《史記·衛康叔世家》:"昭公六年,公子亹弑之代立,是爲懷公。懷公十一年,公子穨弑懷公而代立,是爲慎公。慎公父,公子適;適父,敬公也。"《索隱》云:"《系本》'適'作'虔'。"

清華五·厚父 08"虔",恭敬,誠心。《左傳·莊公二十四年》:"女贄,不過榛栗棗脩,以告虔也。"杜預注:"虔,敬也。"《文選·張衡〈西京賦〉》:"豈伊不虔思於天衢。"薛綜注:"虔,敬也。"

叚

　　清華五·封許 05 虔(叚)血(恤)王豪(家)

~,從"又","虔"聲。

清華五·封許 05"叚血",讀爲"虔恤",敬慎。叔尸鐘、鎛(《集成》00272—00278、00282、00285):"虔恤不易,左右余一人。"西周追簋(《集成》04219—

04224）"追虔夙夕恤厥死事"，瘨鐘（《集成》00251—00256）："今瘨夙夕虔敬恤厥死事。"

溪紐看聲歸臷聲

疑紐膚聲

虘

清華六·子產 01 昔之聖君取虘（獻）於身

清華六·子產 15 身以虘（獻）之

清華六·子產 26 是胃（謂）虘（獻）固

清華六·子產 27 虘（獻）勛和惠（喜）

～，與 ![](《集成》11325B 九年將軍戈）、![](《璽彙》2749）同，從"虍"，從"貝"乃"鬲"之訛，即"膚"。"膚"中的鬲本爲甗之象形，後訛變爲"貝"形。楚文字"獻"或作![](包山 147）、![](新蔡甲三 342-2）、![](新蔡甲一 21），亦訛爲"貝"。睡虎地秦簡《日甲·歲》："九月楚膚馬，日七夕九。"《日甲·毀棄》："膚馬、中夕、屈夕作事東方，皆吉。""膚"皆讀爲獻。《説文·鬲部》"膚，鬲屬。從鬲，虍聲。"（趙平安）

清華六·子產 01"取虘（獻）於身"，從自己身上拿來奉獻。

清華六·子產 15"身以虘（獻）之"，即以身獻之。《吕氏春秋·季冬紀》："凡在天下九州之民者，無不咸獻其力。"

清華六·子產 26"虘固"，讀爲"獻固"，固定的奉獻。

清華六·子產 27"虘勛"，讀爲"獻損"，獻本身就意味着損，故"獻損"連用。"勛"也可讀爲"捐"。《漢書·貨殖傳》："唯母鹽氏出捐千金貸。"表示捐

獻、捐助。簡文"獻損和憙",如果能平和快樂地奉獻。(趙平安)

獻

 清華一・皇門 03 獻言才(在)王所

 清華一・楚居 13 至獻惠王自娩(㝠)鄖遅(徙)袭(襲)爲鄖

 清華二・繫年 031 晉獻公之婢(嬖)妾曰驪姬

 清華二・繫年 032 獻公萃(卒)

 清華二・繫年 044 獻楚俘馘

 清華二・繫年 072 獻之競(景)公

 清華二・繫年 085 獻者(諸)競(景)公

 清華二・繫年 106 獻惠王立十又一年

 清華二・繫年 124 晉公獻齊俘馘於周王

 清華三・芮良夫 13 㥯(恆)靜(爭)獻亓(其)力

 清華三・芮良夫 23 罔肎(肯)獻言

清華五·三壽 14 余(餘)㝬(享)獻祏(攻)

 清華七·趙簡子 01 釩(范)獻子進諫

 清華七·趙簡子 07 昔虐(吾)先君獻公是凥(居)

 清華七·越公 41 乃亡(無)敢增歷亓(其)政以爲獻於王

~，與 、同，或作![]，所從的"鬲"上部訛爲"目"，下部訛爲"羊"。《說文·犬部》："獻，宗廟犬名羹獻。犬肥者以獻之。从犬，鬳聲。"

清華一·皇門 03"獻言才(在)王所"，今本《逸周書·皇門》作"罔不允通，咸獻言在于王所。""獻言"，進言，進獻意見。

清華一·楚居 13、清華二·繫年 106"獻惠王"，亦見於新蔡卜筮簡，即昭王之子惠王章。《史記·楚世家》："乃與子西、子綦謀，伏師閉塗，迎越女之子章立之，是爲惠王。然後罷兵歸，葬昭王。"楚王酓章鐘、鎛(《集成》00083、00084、00085)、楚王劍(《集成》11659)作"酓章"。

清華二·繫年 031"晉獻公之婢(嬖)妾曰驪姬"，清華二·繫年 032、清華七·趙簡子 07"獻公"，《國語·晉語一》："獻公伐驪戎，克之，滅驪子，獲驪姬以歸，立以爲夫人，生奚齊。"

清華二·繫年 044"獻楚俘馘"，《史記·晉世家》："甲午，晉師還至衡雍，作王宫于踐土……五月丁未，獻楚俘於周。"

清華二·繫年 072"獻之競(景)公"、清華二·繫年 085"獻者(諸)競(景)公"，《左傳·成公七年》："鄭共仲、侯羽軍楚師，囚鄖公鍾儀，獻諸晉。"

清華二·繫年 124"晉公獻齊俘馘於周王"，《吕氏春秋·下賢》："(魏文侯)故南勝荆於連堤，東勝齊於長城，虜齊侯，獻諸天子，天子賞文侯以上卿。"

清華三·芮良夫 13"忍静獻亓力"，讀爲"恆爭獻其力"。《吕氏春秋·季冬紀》："凡在天下九州之民者，無不咸獻其力。"

清華三·芮良夫 23 "獻言",參上。

清華五·三壽 14 "獻",祭名。《周禮·春官·大宗伯》:"以肆獻祼享先王。"鄭玄注:"獻,獻醴,謂薦血腥也。"

清華七·趙簡子 01 "钯(范)獻子",晉國正卿,一名鞅,又稱士鞅,卒謚獻子。

清華七·越公 41 "獻於王",《左傳·莊公三十一年》:"凡諸侯有四夷之功,則獻於王,王以警于夷。"

疑紐言聲

言

清華一·尹誥 03 卑(俾)我眾勿韋(違)朕言

清華一·尹誥 04 舍(予)之吉言

清華一·程寤 06 徒庶言迹

清華一·保訓 06 言不易實兌(變)名

清華一·金縢 06 勿敢言

清華一·金縢 07 官(管)弔(叔)返(及)亓(其)群兄(兄)俤(弟)

乃流言于邦曰

清華一·金縢 11 公命我勿敢言

清華一·皇門 03 獻言才(在)王所

· 3251 ·

清華一·皇門 08 我王訪良言於是人

清華一·祭公 15 不（丕）則盨（寅）言孳（哉）

清華一·祭公 21 王拜䭫=（稽首）毀（舉）言

清華三·說命中 02 聖（聽）戒朕言

清華三·說命下 02 余罔又（有）䍁（數）言

清華三·琴舞 06 才（在）言隹（惟）克

清華三·芮良夫 10 殹（繄）先人又（有）言

清華三·芮良夫 23 罔冐（肯）獻言

清華三·芮良夫 25 我之不言

清華三·芮良夫 25 我亓（其）言矣

清華三·芮良夫 25 民亦又（有）言曰

清華三·芮良夫 26 言罙（深）于𠹁（淵）

清華三·祝辭03 引䖒(且)言之

清華三·祝辭04 引䖒(且)言之

清華三·祝辭05 引䖒(且)言之

清華三·赤鵠06 視而不能言

清華三·赤鵠07 㬉(巫)鷖(烏)乃言曰

清華三·赤鵠14 顓(夏)句(后)乃從少(小)臣之言

清華四·筮法52 爲水，爲言，爲非(飛)鳥

清華五·厚父08 肆(肆)女(如)其若龜筮(筮)之言亦勿可迲

(專)改

清華五·湯丘06 子之員(云)先=(先人)又(有)言

清華五·湯丘10 君天王之言也

清華五·湯丘10 此言弗或(又)可旻(得)而䎽(聞)也

· 3253 ·

清華五·螽門01 古之先帝亦有良言青（情）至於今虎（乎）

清華五·螽門02 女（如）亡（無）又（有）良言清（情）至於今

清華五·螽門03 幾言成人

清華五·螽門03 幾言成邦

清華五·螽門03 幾言成墬（地）

清華五·螽門03 幾言成天

清華五·螽門21 唯古先＝（之先）帝之良言

清華五·三壽07 高宗乃言曰

清華六·鄭子07 老婦亦不敢以赳（兄）弟昏（婚）因（姻）之言以䍐（亂）夫＝（大夫）之正（政）

清華六·鄭子09 归（抑）杲（早）耆（前）句（後）之以言

清華六·鄭子13 君共（拱）而不言

清華六·孺子 14 靠（拱）而不言

清華六·管仲 05 心煮（圖）亡（無）獸（守）則言不道

清華六·管仲 05 言則行之首

清華六·管仲 19 亓（其）言亡（無）宜（義）

清華六·太伯甲 04 毋言而不叟（當）

清華六·太伯甲 04 故（古）之人有言曰

清華六·子儀 08 佋（宿）君又諹（尋）言（焉）

清華六·子儀 12 先＝（先人）又（有）言曰

清華六·子儀 17 歸女（汝）亓（其）可（何）言

清華六·子儀 18 臣亓（其）歸而言之

清華六·子儀 19 臣亓（其）歸而言之

清華六·子儀 19 臣亓（其）歸而言之

清華六·子儀 20 臣亓(其)遏(歸)而言之

清華六·子產 06 出言返(覆)

清華六·子產 22 虛言亡(無)實(實)

清華六·子儀 09 可(何)以賓(實)言(焉)

清華七·子犯 02 誠女(如)宔(主)君之言

清華七·子犯 04 誠女(如)宔(主)之言

清華七·子犯 10 猷(猶)畧(叔)是䎽(聞)遺老之言

清華七·越公 41 昔日與㠯(己)言員(云)

清華七·越公 41 今不若亓(其)言

清華七·越公 42 言語

清華八·攝命 06 則由護(勸)女(汝)訓言之譔

清華八·攝命 08 女(汝)隹(唯)言之司

清華八·攝命 08 隹（唯）言乃事

清華八·攝命 13 自一話一言

清華八·攝命 13 言隹（唯）明

清華八·攝命 19 乃罘余言

清華八·攝命 26 不則戠（職）智（知）之䎽（聞）之言

清華八·攝命 28 人有言多

清華八·攝命 30 亡（無）多朕言曰茲

清華八·邦道 19 則弗敢言

清華八·心中 02 口古（故）言之

～，與 ▆（上博二·從乙 5）、▆（上博四·昭 8）、▆（上博四·柬 20）、▆（上博一·緇 19）同。《說文·言部》："言，直言曰言，論難曰語。从口辛聲。"

清華一·尹誥 03"卑我眾勿韋朕言"，讀爲"俾我眾勿違朕言"。《書·湯誓》："格爾眾庶，悉聽朕言，非台小子，敢行稱亂！"

清華一·尹誥 04"吉言"，好話，善言。《書·盤庚上》："汝不和吉言于百姓，惟汝自生毒。"

清華一·保訓 06"言不易實兌（變）名"，是說不變亂名實。

清華一・金縢 06、11“勿敢言”、清華八・邦道 19“弗敢言”，不敢說。《書・金縢》：“公命我勿敢言。”

清華一・金縢 07“官(管)弔(叔)返(及)亓(其)群踺(兄)俤(弟)乃流言于邦曰”，《書・金縢》：“武王既喪，管叔及其群弟乃流言於國。”“流言”，散布没有根據的話。

清華一・皇門 03、清華三・芮良夫 23“獻言”，進言，進獻意見。《逸周書・皇門》：“咸獻言在於王所。”

清華一・皇門 08，清華五・啻門 01、02、21“良言”，善意而有益的話。《漢書・路温舒傳》：“誹謗之罪不誅，而後良言進。”

清華一・祭公 15“不則靈言孳”，讀爲“丕則寅言哉”。今本《逸周書・祭公》作“我不則寅哉寅哉”。

清華一・祭公 21“王拜韻＝畀言”，讀爲“王拜稽首舉言”。今本《逸周書・祭公》作“王拜手稽首黨言”。

清華三・説命中 02“聖戒朕言”，讀爲“聽戒朕言”。《書・盤庚中》：“明聽朕言，無荒失朕命。”

清華三・説命下 02“余罔又睪言”，讀爲“余罔有斁言”。《書・吕刑》：“敬忌罔有擇言在身。”《經義述聞》云“擇”讀爲“斁”，訓敗。

清華三・琴舞 06“才言隹克”，讀爲“在言惟克”。《詩・大雅・抑》“慎爾出話，敬爾威儀”，與此“不易威儀，在言惟克”意近。

清華三・芮良夫 10、清華五・湯丘 06、清華六・子儀 12“先人又(有)言”，《吕氏春秋・權勳》：“先人有言曰：‘脣竭而齒寒。’”

清華三・芮良夫 25“不言”，不説。《書・説命上》：“王言惟作命，不言，臣下罔攸稟令。”

清華三・芮良夫 25“民亦又(有)言曰”，《左傳・宣公十一年》：“抑人亦有言曰：‘牽牛以蹊人之田，而奪之牛。’”

清華三・祝辭 03、04、05“引虘(且)言之”，拉弓並説出上文祝辭。

清華三・赤鵠 06“視而不能言”，《管子・内業》：“道也者，口之所不能言也，目之所不能視也，耳之所不能聽也，所以脩心而正形也。”

清華三・赤鵠 07“晉(巫)鶩(烏)乃言曰”，《書・太甲上》：“伊尹乃言曰。”

清華三・赤鵠 14“頣(夏)句(后)乃從少(小)臣之言”，《書・洪範》：“立時人作卜筮，三人占，則從二人之言。”

清華四・筮法 52“爲言”，代表言。

清華五·三壽 07"高宗乃言曰"，《呂氏春秋·重言》："高宗乃言曰：'以余一人正四方，余唯恐言之不類也，茲故不言。'"

清華六·孺子 13、14"鞏而不言"，讀爲"拱而不言"。《淮南子·泰族》："齊明盛服，淵默而不言，神之所依者，尸也。"

清華六·管仲 05"言則行之首"，《易·繫辭上》："言出乎身，加乎民；行發乎邇，見乎遠。言行，君子之樞機。"

清華六·太伯甲 04"故（古）之人有言曰"，《禮記·檀弓上》："古之人有言曰：'狐死正丘首。'仁也。"

清華六·子儀 08、09"言"，讀爲"焉"，句尾語氣詞。《左傳·昭公二十九年》："官宿其業。"孔穎達疏引服虔曰："宿，思也。"《方言》卷一："自關而西，秦、晉、梁益之間，凡物長謂之尋。"

清華六·子產 06"出言"，說話，發言。《詩·小雅·都人士》："其容不改，出言有章。"劉向《說苑·談叢》："口者關也，舌者機也，出言不當，四馬不能追也。"

清華六·子產 22"虛言"，空話，假話。《老子》："古之所謂曲則全者，豈虛言哉。"《史記·游俠列傳》："由此觀之，'竊鉤者誅，竊國者侯，侯之門仁義存'，非虛言也。"

清華七·子犯 02"誠女宝君之言"，讀爲"誠如主君之言"。《左傳·昭公二十六年》："如君之言，其陳氏乎！"

清華七·子犯 04"誠女宝之言"，讀爲"誠如主之言"。《呂氏春秋·重言》："人主之言，不可不慎。""言"，言辭，言論。《書·盤庚上》："遲任有言曰。"

清華七·子犯 10"猷（猶）胃（叔）是聶（聞）遺老之言"，《後漢書·申屠剛傳》："是以忠言至諫，希得爲用。誠願反覆愚老之言。"

清華七·越公 42"言語"，說話，說。《易·頤》："《象》曰：山下有雷，頤。君子以慎言語，節飲食。"

清華八·攝命 13"自一話一言"，"一言"，即一句話，一番話。《書·立政》："時則勿有間之，自一話一言。我則末惟成德之彥，以乂我受民。"《左傳·僖公二十八年》："楚一言而定三國；我一言而亡之。"

清華八·心中 02"口古（故）言之"，《荀子·大略》："口能言之，身能行之，國寶也，口不能言，身能行之，國器也。"

善

 清華一·皇門 10 乃弇盍（蓋）善夫

 清華二·繫年 036 翟（狄）甚善之

 清華二·繫年 036 齊人善之

 清華二·繫年 036 宋人善之

 清華二·繫年 037 銜（衛）人弗善

 清華二·繫年 037 鄭人弗善

 清華三·芮良夫 17 道（導）諱（讀）善敓（敗）

 清華五·命訓 08 民彔（禄）迁（干）善

 清華五·湯丘 01 善爲飤（食）

清華五·湯丘 06 善才（哉）

 清華五·湯丘 09 善才（哉）

清華五·湯丘 10 善才（哉）子之員（云）也

清華六·孺子 08 幸果善之

清華六·孺子 10 女（如）弗果善

清華六·管仲 01 見善者譚（墨）女（焉）

清華六·管仲 02 見不善者戒女（焉）

清華六·管仲 30 善才（哉）

清華六·太伯甲 11 不善戋（哉）

清華六·太伯乙 10 不善戋（哉）

清華六·子產 16 與善爲徒

清華六·子產 16 以谷（慭）事不善

清華六·子產 17 善則爲人

清華六·子產 17 勛勉救善

清華六·子產 19 窂（卑）不足先善君之懀（驗）

清華六·子產 18 句（苟）我固善

清華六·子產 20 善君必豚（循）昔耑（前）善王之虜（法）

清華六·子產 20 昔耑（前）善王

清華六·子產 23 此胃（謂）由善瞥（散）𢖩（愆）

清華六·子產 23 子產既由善用聖

清華七·子犯 04 不誦（蔽）又（有）善

清華七·趙簡子 03 子訋（始）造於善

清華七·趙簡子 03 則善人至

清華七·趙簡子 03 不善人退

清華七·趙簡子 03 子訋（始）造於不善

清華七·趙簡子 03 則不善人至

清華七·趙簡子03 善人退

清華七·越公14 凡吳之善士牆(將)中畛(半)死巳(矣)

清華七·越公47 善人則由

清華八·處位07 人而曰善

清華八·邦道07 皮(彼)善人之欲達

清華八·邦道07 亦若上之欲善人

清華八·邦道07 古(故)求善人

清華八·邦道08 皮(彼)善與不善

清華八·邦道08 皮(彼)善與不善

清華八·邦道17 古(故)興(起)善人

清華八·心中05 才(在)善之麿(廬)

～,與(上博一·孔8)、(上博二·子6)同。《說文·誩部》:"譱,吉也。从誩从羊。此與義美同意。善，篆文善从言。"

清華一·皇門 10"乃弇盇（蓋）善夫"，掩蓋善良的人。今本《逸周書·皇門》作"乃食蓋善夫"。

清華二·繫年 036、037"善"，交好，親善。《吕氏春秋·貴公》："夷吾善鮑叔牙。"

清華三·芮良夫 17"善敗（敗）"，指成功和失敗。《左傳·僖公二十年》："量力而動，其過鮮矣；善敗由己，而由人乎哉？"

清華五·命訓 08"迂善"，讀爲"干善"。《逸周書·命訓》："民禄則干善。"唐大沛云："極福則民惟知有禄，將懷竊禄之心。干，求也。民既心繫於禄，必將違道以干譽，是干善也。干善者飾其善，非真能行善也。"

清華五·湯丘 01"善"，擅長，善于。《書·秦誓》："惟截截善諞言，俾君子易辭。"

清華五·湯丘 06、09、10，清華六·管仲 30"善才"，讀爲"善哉"，贊歎之辭。《左傳·昭公十六年》："宣子曰：'善哉，子之言是。'"《論語·顔淵》："齊景公問政於孔子，孔子對曰：'君君、臣臣、父父、子子。'公曰：'善哉。'"邢昺疏："景公聞孔子之言而信服之，故歎曰'善哉'。"

清華六·孺子 08"幸果善之"，諸臣執政三年而終善。

清華六·管仲 01、02"善者"，善良的人。《荀子·勸學》："其善者少，不善者多，桀、紂盜跖也。"

清華六·太伯甲 11、太伯乙 10"不善弋"，讀爲"不善哉"，與"善哉"意思相反。

清華六·子産 16"不善"，不良也。《書·伊訓》："作不善，降之百殃。"《莊子·至樂》："將子有不善之行，愧遺父母妻子之醜而爲此乎？"

清華六·子産 16"與善爲徒"，《吕氏春秋·報更》："與天下之賢者爲徒，此文王之所以王也。"

清華六·子産 19、20"善君""善王"，好的君主。

清華七·子犯 04"不誦又善"，讀爲"不蔽有善"。《書·湯誥》："爾有善，朕弗敢蔽。"《漢書·李尋傳》："佞巧依勢，微言毀譽，進類蔽善。"顔師古注："進其黨類，而擁蔽善人。"

清華七·趙簡子 03"子䎿（始）造於善"，《左傳·襄公四年》："訪問於善爲咨，咨親爲詢，咨禮爲度，咨事爲諏，咨難爲謀。"

清華七·趙簡子 03，清華七·越公 47，清華八·邦道 07、17"善人"，指品行高潔之士。《論語·述而》:"善人,吾不得而見之矣;得見有恆者,斯可矣。"邢昺疏:"善人,即君子也。"《國語·周語下》:"唯善人能受盡言,齊其有乎?"

清華七·越公14"善士",有德之士。《孟子·萬章下》:"一鄉之善士,斯友一鄉之善士;一國之善士,斯友一國之善士;天下之善士,斯友天下之善士;以友天下之善士爲未足,又尚論古之人。"或説"善士"應和"勇士"意思相類,指勇於作戰的精鋭士兵。(滕勝霖)

清華八·處位07"人而曰善",《孫子·軍形》:"戰勝而天下曰善,非善之善者也。"

清華八·邦道08"皮(彼)善與不善",《墨子·尚同中》:"古者國君諸侯之聞見善與不善也,皆馳驅以告天子。"《禮記·中庸》:"禍福將至,善,必先知之;不善,必先知之。故至誠如神。"

敾

 清華七·子犯07 乃各賜之鐱(劍)繡(帶)衣常(裳)而敾之

～,從"攴","善"聲。八年陽城令戈(《銘圖》17346)作 。

清華七·子犯07"敾",讀爲"善"。《戰國策·秦二》:"齊楚之交善。"高誘注:"善,猶親也。"《吕氏春秋·貴公》:"夷吾善鮑叔牙。"高誘注:"善,猶和也。"《方言》卷一:"黨、曉、哲,知也。"錢繹箋疏:"相親愛謂之知,亦謂之善。"《左傳·哀公十六年》:"又辟華氏之亂於鄭,鄭人甚善之。"《國語·周語上》:"晉侯其能禮矣,王其善之。"可與簡文比看。(陳偉)簡文"善之",是"善待之"的意思。(劉洪濤)

菩

清華八·攝命28 安(仇)菩(怨)女(汝)

～,從"艸","言"聲。

清華八·攝命28"安菩",讀爲"仇怨",仇恨,怨恨。《史記·秦始皇本紀》:"秦王之邯鄲,諸嘗與王生趙時母家有仇怨,皆阬之。"《史記·留侯世家》:"今陛下爲天子,而所封皆蕭、曹故人所親愛,而所誅者皆生平所仇怨。"

疑紐邍聲

备

 清華七·越公 10 虞(且)皮(彼)既大北於坪(平)备(邍)

～，與🔲(上博三·周 9)同，"邍"字省體。《說文·辵部》："邍，高平之野，人所登。从辵、备、录。闕。"

清華七·越公 10"坪备"，讀爲"平邍"，古書多作"平原"。《左傳·桓公元年》："凡平原出水爲大水。"當是與會稽山地相對之地貌。

匐

 清華五·三壽 01 高宗觀於匐(洹)水之上

韵

 清華三·說命中 01 王韵(原)比𠂤(厥)夢

～，从"备"，加注"勹"聲或"匀"聲，"邍"字異體。西周金文或作🔲(魯邍鐘，《集成》00018)、🔲(應侯簋，《銘圖》05311)。

清華五·三壽 01"匐水"，讀爲"洹水"，位今河南安陽市北。《左傳·成公十七年》："聲伯夢涉洹。"杜預注："洹水出汲郡林慮縣東北，至魏郡長樂縣入清水。"《史記·項羽本紀》："項羽乃與期洹水南殷虛上。"《集解》引應劭曰："洹水在湯陰界。殷墟，故殷都也。"

清華三·說命中 01"韵"，讀爲"原"。《爾雅·釋言》："原，再也。"或訓爲"察"，見《管子·戒》注。或訓爲推原，考究。(廖名春、張崇禮)

疑紐元聲

元

清華一·程寤 01 隹王元祀貞（正）月既生朏（霸）

清華一·金縢 03 尔（爾）元孫發（發）也

清華一·金縢 03 佳（惟）尔（爾）元孫發（發）也

清華一·皇門 03 廼方（旁）救（求）巽（選）罤（擇）元武聖夫

清華三·琴舞 01 元内（納）啓（啓）曰

清華三·琴舞 02 元内（納）啓（啓）曰

清華三·琴舞 05 惪（德）元隹（惟）可（何）

清華三·芮良夫 14 古□□□□□□□□元君

清華五·封許 06 朱竿元（軝）

清華五·三壽 19 元折（哲）並進

清華六·管仲 21 夫周武王甚元以智而武以良

清華六·子儀 12 咎（舅）者不（丕）元

清華七·晉文公 07 元年克莫（原）

清華二·繫年 056 宋右帀（師）芋（華）孫兀（元）欲裻（勞）楚帀（師）

清華二·繫年 060 以芋（華）孫兀（元）爲敦（質）

清華二·繫年 088 王或（又）事（使）宋右帀（師）芋（華）孫兀（元）行晉楚之成

清華二·繫年 091 晉臧（莊）坪（平）公即立（位）兀（元）年

清華二·繫年 119 楚聖（聲）赶（桓）王即立（位）兀（元）年

～，與 🔲（上博四·柬 23）、🔲（上博八·子 1）同。《說文·元部》："元，始也。从一从兀。"

清華一·程寤 01 "元祀"，元年。《書·伊訓》："惟元祀，十有二月，乙丑。"陸德明《釋文》："祀，年也。夏曰歲，商曰祀，周曰年。"《逸周書·柔武》："維王元祀，一月既生魄。"

清華一·金縢 03 "元孫"，長孫。《書·金縢》："惟爾元孫某，遘厲虐疾。"孔傳："元孫，武王。"孔穎達疏："武王是大王之曾孫也。尊統於上，繼之於祖，謂元孫，是長孫。"

清華一·皇門03"廼方救巽睪元武聖夫",讀爲"廼旁求選擇元武聖夫"。今本《逸周書·皇門》作"乃方求論擇元聖武夫",莊述祖注:"元,善;聖,通也。元聖可以爲公卿,武夫可以爲將帥者。"陳逢衡注:"方求,徧求也。論擇,慎選也。《書》曰:'聿求元聖。'《詩》曰:'赳赳武夫。'元聖可以資論道,武夫以備腹心。"簡文所謂"元武聖夫"即指"元聖武夫"。"元武",見曾伯霖簠(《集成》04631、04632)"元武孔斮"。

清華三·琴舞01、02"元内攺",讀爲"元納啓"。"元納",首獻之曲。"啓",是樂曲開始的部分。"元内啓",義爲首章之啓。

清華三·琴舞05"悳元",讀爲"德元"。《書·召誥》:"其惟王位在德元。"孔傳:"其惟王居位在德之首。"

清華五·封許06"元",讀爲"軏"。《説文·車部》:"軏,車轅耑持衡者。"《論語·爲政》:"大車無輗,小車無軏。"

清華五·三壽19、清華六·子儀12"元",大。《禮記·文王世子》:"一有元良。"鄭玄注:"元,大也。良,善也。"《書·洛誥》:"宗以功,作元祀。"孫星衍《今古文注疏》引《詩傳》云:"元者,大也。"《左傳·昭公十二年》:"南蒯枚筮之,遇坤之比曰'黄裳,元吉',以爲大吉也。"

清華六·管仲21"元以智",善而智。《左傳·文公十八年》:"天下之民,謂之八元。"杜預注:"元,善也。"

清華二·繫年091、119,清華七·晉文公07"元年",帝王即位的第一年。《公羊傳·隱公元年》:"元年者何?君之始年也。"

清華二·繫年056、060、088"芋孫兀",讀爲"華孫元",即華元,出於宋戴公之後華氏。其父華御事,《左傳·文公十六年》疏引《世本》稱華孫御事。華元爲右師,見《左傳·文公十六年》:"於是華元爲右師,公孫友爲左師,華耦爲司馬,鱗矔爲司徒,蕩意諸爲司城,公子朝爲司寇。"

忎

清華一·皇門13 既告女(汝)忎(元)悳(德)之行

清華三·芮良夫26 屯可與忎(忨)

清華三·良臣 10 王子白(伯)忢(願)

清華六·管仲 19 老者忢(願)死

清華六·管仲 19 勥(壯)者忢(願)行

清華六·子產 21 王子白(伯)忢(願)

清華七·越公 19 孤用忢(願)見雩(越)公

清華七·越公 24 孤之忢(願)也

清華七·越公 50 王日忢(翫)之

～，與 ❓(上博三·彭 4)、❓(上博一·孔 14)同，从"心"，"元"聲。《說文·心部》："忨，貪也。从心，元聲。"《春秋傳》："忨歲而潋日。"

清華一·皇門 13"忢悳"，讀爲"元德"，善德。《左傳·文公十八年》注："元，善也。"此句今本《逸周書·皇門》作"資告予元"，係"既告汝元德之行"之訛脫。

清華三·芮良夫 26"忨"，《說文·心部》："忨，貪也。"

清華三·良臣 10、清華六·子產 21"王子白忢"，讀爲"王子伯願"。鄭有王子氏，如《左傳·宣公六年》"王子伯廖"，襄公八年、十一年"王子伯駢"。"王子伯願"文獻未見。

清華六·管仲 19，清華七·越公 19、24"忢"，讀爲"願"，願望，心願。《詩·鄭風·野有蔓草》："邂逅相遇，適我願兮。"

清華七·越公 50"忢"，讀爲"翫"，習，鑽研。嵇康《琴賦序》："余少好音聲,長而甎之。"

端紐丹聲

丹

清華五·厚父 12 女(如)丹之才(在)朱

清華六·子儀 14 君欲汽(迄)丹(旦)才(在)公

《說文·丹部》:"丹,巴越之赤石也。象采丹井,一象丹形。凡丹之屬皆从丹。☉,古文丹。彡,亦古文丹。"

清華五·厚父 12"女丹之才朱",讀爲"如丹之在朱"。《楚辭·九歌·河伯》:"魚鱗屋兮龍堂,紫貝闕兮朱宮。"王逸注:"朱丹其宮。""丹",丹砂,朱砂。《書·禹貢》:"礪砥砮丹。"孔穎達疏:"丹者,丹砂。"

清華六·子儀 14、清華六·子儀 14"汽丹",讀爲"迄旦",到天亮。《詩·召南·采蘩》:"被之僮僮,夙夜在公。"《詩·魯頌·有駜》:"有駜有駜,駜彼乘黃。夙夜在公,在公明明。"鄭箋:"夙,早也。言時臣憂念君事,早起夜寐,在於公之所。"簡文"迄旦在公"與《詩》"夙夜在公"義同。

端紐旦聲

旦

清華一·耆夜 02 周公弔(叔)旦爲宔

清華三·說命上 04 旦(亶)肰(然)

清華三·良臣 04 又(有)周公旦

清華六·子儀01 亓(其)旦不櫺(平)

　清華七·越公66□□翌旦

～,與(上博五·三1)、(上博八·成2)同,从"日","丁"聲。《說文·旦部》:"旦,明也。从日見一上。一,地也。凡旦之屬皆从旦。"

清華三·說命上04"旦",讀爲"亶"。《爾雅·釋詁》"亶,信也",又"誠也"。《詩·小雅·常棣》:"亶其然乎。"

清華一·耆夜02"周公弔(叔)旦"、清華三·良臣04"周公旦",姬姓、名旦,周文王之子,武王之弟,亦稱叔旦。《史記·周本紀》:"武王即位,太公望爲師,周公旦爲輔,召公、畢公之徒左右王,師脩文王緒業。"

清華六·子儀01"亓旦不櫺",讀爲"其旦不平"。上博五·三1"櫺(柄)旦",讀爲"平旦",古代十二時之一。相當於後來的寅時,也指清晨。《孟子·告子上》:"其日夜之所息,平旦之氣,其好惡與人相近也者幾希。"劉向《新序·雜事四》:"君昧爽而櫛冠,平旦而聽朝。"

清華七·越公66"旦",天亮。《書·太甲上》:"先王昧爽丕顯,坐以待旦。"

但

　清華一·金縢04 不若但(旦)也

～,與(上博六·用20)同。《說文·人部》:"但,裼也。从人,旦聲。"

清華一·金縢04"但",讀爲"旦",指周公旦。參上。

坦

　清華一·金縢02 周公乃爲三坦(壇)同墠(墠)

　清華一·金縢02 爲一坦(壇)於南方

《説文·土部》:"坦,安也。从土,旦聲。"

清華一·金縢02"坦",讀爲"壇",高臺。古代祭祀天地、帝王、遠祖或舉行朝會、盟誓及拜將的場所,多用土石等建成。《書·金縢》:"公乃自以爲功,爲三壇同墠。爲壇於南方北面,周公立焉。"孔傳:"壇,築土。"《左傳·襄公二十八年》:"子産相鄭伯以如楚,舍不爲壇。"

壇

 清華一·金縢02 周公乃爲三坦(壇)同鹽(墠)

～,从"土","亶"聲,釋爲"壇"。《説文·土部》:"壇,祭場也。从土,亶聲。"

清華一·金縢02"壇",讀爲"墠",供祭祀用的經清掃的場地。《禮記·祭法》:"是故王立七廟,一壇一墠。"鄭玄注:"封土曰壇,除地曰墠。"《逸周書·王會》:"成周之會,墠上張赤帝陰羽。"

舺

 清華一·楚居05 至酓(熊)乂(艾)、酓(熊)舺、酓(熊)燹(樊)及酓(熊)賜、酓(熊)迡(渠)

～,从"舟","旦"聲。

清華一·楚居05"酓舺",讀爲"熊黵"。《史記·楚世家》:"熊艾生熊黵。"《索隱》:"一作䵣,音土感反,黵音但,與亶同字,亦作亶。""熊亶"見《漢書·古今人表》。

端紐單聲

單

 清華六·子産22 乃斂(禁)趚(管)單

清華二·繫年064 邽（趙）罼（旃）不欲成

～，象形，像狩獵的工具。或贅加"口"，與"罼"同形。《説文·叩部》："單，大也。从叩、甲，叩亦聲。闕。"

清華六·子産22"蚩單"，讀爲"管單"，人名。

清華二·繫年064"邽罼"，讀爲"趙旃"，趙穿之子。《左傳·宣公十二年》："叔黨命去之。趙旃求卿未得，且怒於失楚之致師者。"杜預注："旃，趙穿子。"

嘼（憚）

　　清華八·邦政07 宫室嘼（坦）大以高

～，與（上博四·曹34）同。《説文·心部》："憚，忌難也。从心，單聲。一曰難也。"

清華八·邦政07"宫室嘼大以高"，讀爲"宫室坦大以高"。"坦"，寬也。《莊子·秋水》："明乎坦塗。"或讀爲"繟"，"繟""坦"可通。《文選·張衡〈西京賦〉》"雖斯宇之既坦"，薛綜注："坦，大也。"或讀爲"單"。《説文·叩部》："單，大也。"《文選·楊子雲〈甘泉賦〉》"登降峛崺，單埢垣兮"，李善注曰："單，大貌。"簡文"坦大"爲同義復詞，猶云廣大、寬大。（蔡偉）

戬（戰）

　　清華二·繫年035 秦公衒（率）自（師）与（與）惠公戬（戰）于靱（韓）

　　清華二·繫年055 秦公以戬（戰）于驪嵒（陰）之古（故）

　　清華二·繫年055 衒（率）自（師）爲河曲之戬（戰）

清華二・繫年 084 與吴人戰(戰)于析

清華二・繫年 117 與晉𠂤(師)戰(戰)於長城

清華二・繫年 128 與之戰(戰)於珪(桂)陵

清華二・繫年 130 䭫(將)與之戰(戰)

清華二・繫年 134 與晉𠂤(師)戰(戰)於武昜(陽)之城下

清華二・繫年 138 晉楚以戰(戰)

清華四・筮法 62 曰戰

清華六・太伯甲 06 戰(戰)於魚羅(麗)

清華六・太伯乙 05 戰(戰)於魚羅(麗)

清華六・子産 27 不用民於兵麐(甲)戰豉(鬭)

清華七・晉文公 06 爲𧤗(角)龍之羿(旗)䢃(師)以戰(戰)

清華七・越公 64 䭫(將)舟戰(戰)於江

清華七·越公 68 疋戩（戰）疋北

~，與▆（上博四·曹 38）、▆（上博四·曹 49）同，从"戈"，"單（單）"聲，"戰"字繁構。下从"口"爲古文字構形習見之贅飾。

清華二·繫年 035"秦公銜（率）自（師）与（與）惠公戩（戰）于韍（韓）"，《春秋·僖公十五年》："十有一月壬戌，晉侯及秦伯戰于韓，獲晉侯。"

清華二·繫年 055"銜自爲河曲之戩"，讀爲"率師爲河曲之戰"。《左傳·成公十三年》："我是以有令狐之役。康猶不悛，入我河曲，伐我涑川，俘我王官，翦我羈馬，我是以有河曲之戰。"

清華二·繫年 117"與晉自戩於長城"，讀爲"與晉師戰於長城"。《呂氏春秋·下賢》："文侯可謂好禮士矣。好禮士，故南勝荆於連堤，東勝齊於長城，虜齊侯，獻諸天子，天子賞文侯以上卿。"

清華二·繫年 128"與之戩於珪陵"，讀爲"與之戰於桂陵"。《戰國策·齊一》："乃起兵南攻襄陵，七月邯鄲拔。齊因承魏之弊，大破之桂陵。"

清華六·子產 27"戩戜"，即"戰鬭"，敵對雙方所進行的武裝衝突。《國語·晉語四》："偃也聞之：'戰鬭，直爲壯，曲爲老。'未報楚惠而抗宋，我曲楚直。"《後漢書·楊震傳》："三邊震擾，戰鬭之役至今未息，兵甲軍糧不能復給。"

清華七·越公 64"牁舟戩於江"，讀爲"將舟戰於江"。《國語·吳語》："明日將舟戰於江。""舟戰"，用船在水上作戰。《墨子·魯問》："楚人與越人舟戰於江。"

清華七·越公 68"疋戩疋北"，讀爲"且戰且北"。"且……且……"的句式古書多見，意爲"一邊……一邊……"，如《漢書·李陵傳》："陵且戰且引，南行數日，抵山谷中。"

清華"戩"，即"戰"，作戰，戰爭。《書·甘誓》："大戰于甘，乃召六卿。"《商君書·畫策》："故以戰去戰，雖戰可也。"

幙

　清華二·繫年 117 多厽（棄）幙（旗）莫（幕）

清華二·繫年136 楚人聿（盡）云（棄）亓（其）幬（旜）、幕、車、兵

～，从"巾"，"嘼（單）"聲。

清華二·繫年117、136"幬"，讀爲"旜"。"旜幕"，旗幟與帳幕，赤色、無飾、曲柄的旗。《儀禮·聘禮》："使者載旜，帥以受命于朝。"鄭玄注："旜，旌旗屬也。載之者所以表識其事也。"

端紐毄聲

敹

 清華八·邦政06 弟子不敹（轉）遠人

 清華八·邦政10 弟子敹（轉）遠人而爭䞨（窺）於詾（謀）夫

～，从"攴"，"叀"聲。

清華八·邦政06、10"敹"，讀爲"轉"。《管子·法法》："引而使之，民不敢轉其力。"尹知章注："轉，猶避也。""遠人"，關係疏遠的人。《左傳·定公元年》："周鞏簡公棄其子弟而好用遠人。"

逋

 清華一·保訓03 昔耑（前）人逋（傳）保（寶）

 清華一·保訓09 逋（傳）貽（貽）孫＝（子孫）

 清華五·厚父08 肆（肆）女（如）其若龜筮之言亦勿可逋

（專）改

～,與❍(上博五·季14)、❍(上博六·用10)同,从"辵","叀"聲,"傳"字異體。《説文·人部》:"傳,遽也。从人,專聲。"

清華一·保訓03"連保",讀爲"傳寶",傳授寶訓。《論語·子張》:"君子之道,孰先傳焉?"

清華一·保訓09"連飴孫=",讀爲"傳貽子孫",傳給子孫。《淮南子·精神》:"故舉天下而傳之於舜。"

清華五·厚父08"連",讀爲"專"。《廣雅·釋言》:"專,擅也。"

剸/剬

　清華三·芮良夫11 和剸(專)同心

　清華三·芮良夫20 約結繘(繩)剸(斷)

　清華三·芮良夫20 繘(繩)剸(斷)既政而五(互)捏(相)柔訛(比)

　清華三·芮良夫22 而繘(繩)剸(斷)遱(失)楔

　清華六·子儀04 君及不敦(穀)剸(專)心穆(戮)力以左右者(諸)侯

　清華七·趙簡子05 盆(趙)柬(簡)子餌(問)於成剸(剬)

　清華七·趙簡子05 成剸(剬)會(答)曰

清華七·趙簡子07 成劗（剸）含（答）曰

　　清華八·邦道01 乃剌（斷）迁（奸）閈（杜）匸（慝）

　　清華八·心中05 劗（斷）命才（在）天

～，與 、同，即"劗"字，《説文》以爲"䭣"之或體。《説文·首部》："䭣，截也。从首、从斷。![]，或从刀，專聲。"

清華三·芮良夫11"劗"，即"劗"，讀爲"專"。《廣雅·釋言》："專，齊也。"《荀子·王制》："而兵劗天下勁矣。"王先謙《集解》："劗，讀與專同。"

清華三·芮良夫20"繩劗"、22"繩剌"，讀爲"繩斷"，按照法度判決。"斷"，判決。《國語·晉語九》"及斷獄之日"，韋昭注："斷，決也。"王充《論衡·自紀》："斷決知辜，不必皋陶；調和葵韭，不俟狄牙。"《韓非子·外儲説右上》"繩之外也"，王先慎《集解》云："繩，謂繩墨。"猶法度。或讀爲"繩準"。（沈培）

清華六·子儀04"劗心"，讀爲"專心"，齊心。《史記·蘇秦列傳》："大王誠能聽臣，六國從親，專心并力壹意，則必無彊秦之患。"

清華七·趙簡子05、07"成劗"，即"成剸"，讀爲"成鱄"，人名。"成"，是氏，名鱄。《左傳·昭公二十八年》作"成鱄"，杜預注："鱄，晉大夫。"《説苑》作"成摶"。《説苑·善説》："趙簡子問於成摶曰：'吾聞夫羊殖者賢大夫也，是行奚然？'"向宗魯《説苑校證》案："《通鑒外紀》作成傳。"

清華八·邦道01"剌迁閈匸"，讀爲"斷奸杜慝"。"斷"，斷絕。《禮記·儒行》："過言不再，流言不極，不斷其威，不習其謀。"孔穎達疏："斷，絕也。""斷奸"與"杜慝"，同義。

清華八·心中05"劗命"，即"斷命"，絕命。《書·盤庚上》："今不承于古，罔知天之斷命。"又《高宗肜日》："非天夭民，民中絕命。"

轉

　清華六·太伯甲 05 籏（攝）皋（胄）轉（擐）虢（甲）

　清華六·太伯乙 05 籏（攝）皋（胄）轉（擐）虢（甲）

～，从"喜"，"專"聲。

清華六·太伯"轉虢"，讀爲"擐甲"，穿上甲胄，貫甲。《説文·手部》："擐，貫也。"《左傳·成公二年》："擐甲執兵，固即死也；病未及死，吾子勉之。"《國語·吳語》："夜中乃令服兵擐甲。"或釋爲"鞼"，讀爲"韋"。（白於藍引）

寪

　清華六·太伯甲 06 克郥寪＝

　清華六·太伯乙 05 克郥寪＝

～，从"食"或"皀"，从"宀"，"剌"或"劁"聲。

清華六·太伯"寪＝"，讀爲"斷斷"，專誠守一。《書·秦誓》："如有一介臣，斷斷猗無他伎。"孔穎達疏引王肅曰："斷斷，守善之貌。無他技能，徒守善而已。"蔡沈《集傳》："斷斷，誠一之貌。"《後漢書·謝弼傳》："今之四公，唯司空劉寵斷斷守善，餘皆素餐致寇之人，必有折足覆餗之凶。"

端紐耑聲

耑

　清華五·命訓 12 行之以耑＝（權，權）不灋（法）

清華五·命訓 13 勿（物）叀（厥）耑（權）之櫥（屬）也

清華五·命訓 15 以耑（權）從㿬（法）則不行

清華五·命訓 15 㿬（法）以智（知）耑（權）

清華六·子產 16 耑（端）彶（使）於亖（四）叟（鄰）

清華八·心中 04 則亡（無）以智（知）耑（短）長

～，與 (上博二·容47)、(上博四·曹30)、(上博六·競7) 同。《說文·耑部》："耑，物初生之題也。上象生形，下象其根也。凡耑之屬皆從耑。"

清華五·命訓12"行之以耑＝（權，權）不㿬（法）"，今本《逸周書·命訓》作"行之以權，權不法"。"耑"，讀爲"權"，稱量。《孟子·梁惠王上》："權，然後知輕重；度，然後知長短。"《管子·心術上》："故事督乎法，法出乎權，權出乎道。"《逸周書·寶典》："以法從權，安上無慝。"《逸周書·大開武》："淫權破故，故不法官，民乃無法。"

清華五·命訓13"勿（物）叀（厥）耑（權）之櫥（屬）也"，今本《逸周書·命訓》作"凡此，物攘之屬也"。潘振云："總括其大概曰凡。屬，類也。言此十一事皆行權之類也。"

清華五·命訓15"以耑（權）從㿬（法）則不行＝（行，行）不必㿬（法，法）以智（知）耑（權）"，今本《逸周書·命訓》作"以權從法則行，行不必以知權"。

清華六·子產16"耑"，讀爲"端"。《說文·立部》："端，直也。"

清華八·心中04"耑長"，讀爲"短長"，短與長。《管子·明法解》："尺寸尋丈者，所以得短長之情也，故以尺寸量短長，則萬舉而萬不失矣。"郭店·老甲16"長耑（短）之相型（形）也"，馬王堆帛書《老子》甲、乙本及王弼本皆作"短"。《說文·矢部》："短，有所長短，以矢爲正。"

惴

清華六·子産 05 惴（端）分（冕）

清華五·三壽 18 衣備（服）惴（端）而好訐（信）

《說文·心部》："惴，憂懼也。从心，耑聲。《詩》曰：'惴惴其慄。'"

清華六·子産 05"惴分"，讀爲"端冕"，玄衣和大冠。古代帝王、貴族的禮服。《禮記·樂記》："吾端冕而聽古樂，則唯恐臥；聽鄭衛之音，則不知倦。"鄭玄注："端，玄衣也。"孔穎達疏："云'端，玄衣也'者，謂玄冕也。凡冕服，皆其制正幅，袂二尺二寸，袪尺二寸，故稱端也。"《國語·楚語下》："聖王正端冕，以其不違心，帥其群臣精物以臨監享祀，無有苛慝於神者，謂之一純。"韋昭注："端，玄端之服。冕，大冠也。"

清華五·三壽 18"惴"，讀爲"端"，正。《大戴禮記·保傅》："端冕。"盧辯注："端，正也。冕，服之正。"

諯

清華六·子儀 17 尚諯（端）項賠（瞻）遊目以眚我秦邦

清華七·子犯 08 凡民秉尼（度）諯（端）正譖（僭）試（忒）

～，从"言"，"耑"聲。

清華六·子儀 17"諯"，讀爲"端"，正，不偏斜；直，不彎曲。《禮記·玉藻》："君子之容舒遲，見所尊者齊遬，足容重，手容恭，目容端，口容止。"孔穎達疏："目容端者，目宜端正，不邪睇而視之。"《墨子·非儒下》："席不端，弗坐；割不正，弗食。"

清華七·子犯 08"諯"，讀爲"端"。《說文·立部》："端，直也"。

敨

　　清華八·處位 05 卬(抑)遆(後)之爲敨(端)

～，從"攴"，"耑"聲。

清華八·處位 05"敨"，讀爲"端"，端正。"前"與"後"，"妄"與"端"是兩種人的對比，前者妄行不法，後者端直公正。

端

　　清華四·筮法 46 女子大面端虞(嚇)死

《説文·立部》："端，直也。從立，耑聲。"

清華四·筮法 46"端"，頭也。《禮記·檀弓上》："柏椁以端，長六尺。"孔穎達疏："端，猶頭也。積柏材作椁，並茸材頭，故云'以端'。"或説"端虞"，讀爲"憚嚇"，震驚。《莊子·外物》："白波若山，海水震蕩，聲侔鬼神，憚赫千里。"陳鼓應注引胡文英《莊子獨見》："憚赫，震驚。"(《讀本四》第 126 頁)

褍

　　清華七·晉文公 01 褍(端)朢(冕)

～，從"衣"，"耑"聲。

清華七·晉文公 01"褍朢"，讀爲"端冕"，玄衣和大冠。古代帝王、貴族的禮服。或讀爲"端坐"。

湍

　　清華三·祝辭 01 司湍彭=(滂滂)

《説文·水部》："湍，疾瀨也。從水，耑聲。"

清華三·祝辭 01"湍"，水勢急而旋。《孟子·告子上》："性猶湍水也。"趙

3283

岐注:"湍水,圜也。"孫奭疏:"水流沙上,縈迴之勢湍湍然也。"《淮南子·地形》注:"湍,急流悍水也。""司湍",當係一種水神。

透紐延聲

延

 清華六·孺子 11 乳₌(孺子)或延(誕)告

~,與 (上博六·天乙 8)同,从"止","丿"聲,"延"字初文。《說文·延部》:"延,長行也。从延,丿聲。"新蔡甲三 261 作,贅加"彳"旁。

清華六·孺子 11"延",讀爲"誕",助詞。用於句首或句中,無實義。《書·大誥》:"肆朕誕以爾東征。"王引之《經傳釋詞》卷六:"誕,句中助詞也。"《詩·大雅·生民》:"誕寘之隘巷,牛羊腓字之。誕寘之平林,會伐平林。誕寘之寒冰,鳥覆翼之。"王引之《經傳釋詞》卷六:"誕,發語詞也。"

脡

 清華三·説命下 03 嬶(粥)羕(永)脡(延)

~,與(上博五·弟 1)、(上博五·弟 2)形近。《説文·肉部》:"脡,生肉醬也。从肉,延聲。"

清華三·説命下 03"羕脡",讀爲"永延",指王祚長久。

縴

 清華一·楚居 06 至酓(熊)縴(延)自旁屽遷(徙)居喬多

~,从"糸","脡"聲。所从聲符"脝"見於楚簡及銅器銘文,"延""月"雙音符。

清華一·楚居 06"酓縴",讀爲"熊延"。《史記·楚世家》:"摯紅卒,其弟弒而代立,曰熊延。"

欶

 清華六·子儀 11 辟（譬）之女（如）兩犬欶（延）河致（啜）而戛（狀）

～，从"水""欠""木"，"延"聲。楚文字中的"延"或作 （新蔡甲三 261）、（新蔡甲三 201）。

清華六·子儀 11 "欶"，讀爲"延"。《戰國策·齊三》："倍楚之割而延齊。"高誘注："延，及也。"簡文"延河"意謂到河邊。（程燕）或隸作"欶"，讀爲"夾"。

透紐羴聲

羴

 清華二·繫年 124 魯侯羴（顯）

～，與 （上博一·性 14）、（郭店·性自命出 24）同。《說文·羴部》："羴，羊臭也。从三羊。凡羴之屬皆从羴。，羴或从亶。"

清華二·繫年 124 "魯侯羴"，讀爲"魯侯顯"，即魯穆公顯，清華二·繫年 120 作"伱"，人名異寫楚簡多見。"魯侯伱"，《史記·魯世家》："元公二十一年卒，子顯立，是爲穆公。"《索隱》引《系本》"顯"作"不衍"。"伱""顯""衍"音近。

定紐壽聲歸言聲

定紐廛聲

廛

 清華五·湯丘 07 今小臣能廛（展）章（彰）百義

清華六·管仲 05 尚廛(展)之

清華七·子犯 05 必身廛(擔)之

～,楚文字或作▢(上博四·采 3)、▢(上博五·季 3)、▢(上博六·用 17)、▢(上博八·王 4)、▢(上博一·緇 18),或認爲从"炅"聲。古文字的"炅"是"熱"的異體,"熱"屬日母月部,上古音娘、日歸泥。(楊澤生、禤健聰)▢,與秦印▢(《戰編》842)所从之▢相近。～,"廛"字異體。《說文·广部》:"廛,一畝半,一家之居。从广、里、八、土。"

清華五·湯丘 07"廛",讀爲"展"。上博四·采 3"廛剌"讀爲"輾轉",可證。《國語·晉語二》韋昭注:"展,申也。"簡文"今少(小)臣能展彰百義",指現在小臣能申彰各種善行。或認爲"展"訓爲宣布,宣揚。《左傳·莊公二十七年》:"天子非展義不巡守,諸侯非民事不舉,卿非君命不越竟。"杜預注:"天子巡守所以宣布德義。"楊伯峻注:"展義猶言宣揚德義。""廛章百義"即"展彰百善",意爲宣揚各種好事。"展"與"彰"是同義連用。(張飛)

清華六·管仲 05"廛",讀爲"展",省視,察看。《周禮·春官·肆師》:"大祭祀,展犧牲。"鄭玄注:"展,省閱也。"《穀梁傳·成公七年》:"郊牛日展觓角而知傷。"楊士勳疏:"展,省察也。"

清華七·子犯 05"廛",或讀爲"擔"。《釋名》:"擔,任也。"簡文"必身廛(擔)之",必定自己承擔。

定紐次聲歸宵部盜聲

定紐台聲

兑

 清華一·皇門 02 隹(惟)莫顨(開)余嘉惪(德)之兑(說)

清華四·筮法 37 兌少（小）凶

　清華四·筮法 37 兌大凶

　清華四·筮法 38 兌大吉

　清華四·筮法 38 兌少（小）吉

　清華四·筮法 45 系（奚）古（故）胃（謂）之兌

　清華四·筮法 46 兌祟

　清華四·筮法 46 兌

　清華四·筮法 48 是古（故）胃（謂）之兌

　清華四·筮法 57 兌

　清華七·越公 15 孤敢兌（脫）辠（罪）於夫=（大夫）

　清華八·攝命 29 余亦隹（唯）嘼毀兌（説）女（汝）

～，與 (上博一·緇 7)、 (郭店·忠信 4)、 (郭店·忠信 4)同，所從

"口"的橫筆或嚮左右延伸。《説文・儿部》:"兑,説也。从儿,合聲。"

清華一・皇門 02"隹(惟)莫覍(開)余嘉惪(德)之兑(説)",今本《逸周書・皇門》作"維其開告于予嘉德之説",陳逢衡注:"開告,啓迪也。嘉德,美善之德。説,謂言説。"

清華四・筮法"兑",《易》卦名。八卦之一,又六十四卦之一。象徵沼澤。《易・兑》:"《兑》,亨、利、貞。"孔穎達疏:"以《兑》是象澤之卦,故以兑爲名。"

清華七・越公 15"兑辠",讀爲"脱罪",開脱罪責。《戰國策・齊四》:"(孟嘗君)謝曰:'文倦於事,憒於憂,而性懧愚,沉於國家之事,開罪於先生。'""脱罪",當是開罪之引申。

清華八・攝命 29"余亦隹(唯)諾燮兑女(汝)"之"兑",讀爲"説"。

敚

清華一・金縢 06 自以弋(代)王之敚(説)於金紟(縢)之匱

清華一・金縢 10 王旻(得)周公之所自以爲礻工(功)以弋(代)武王之敚(説)

清華二・繫年 042 伐墬(衛)以敚(脱)齊之戍及宋之回(圍)

清華二・繫年 076 敚之少孟(孟)

清華二・繫年 086 乃敚芸(鄋)公

清華三・説命上 01 隹(惟)殹(殷)王賜敚(説)於天

清華三・説命上 01 以貨旬(徇)求敚(説)於邑人

· 3288 ·

清華三・說命上 02 旻(得)敓(說)於尃(傅)厰(巖)

清華三・說命上 02 敓(說)方坓(築)城

清華三・說命上 02 氒(厥)敓(說)之牀(狀)

清華三・說命上 03 王廼繇(訊)敓(說)曰

清華三・說命上 03 敓(說)廼曰

清華三・說命上 04 天廼命敓(說)伐達(失)审(仲)

清華三・說命上 05 敓(說)於辜(圍)伐達(失)审(仲)

清華三・說命上 06 亓(其)隹(惟)敓(說)邑

清華三・說命上 06 敓(說)逨(來)

清華三・說命上 07 王甬(用)命敓(說)爲公

清華三・說命上 07 (背)尃(傅)敓(說)之命

清華三・說命中 01 敓(說)逨(來)自尃(傅)厰(巖)

清華三·說命中 01 敚(說)曰

 清華三·說命中 02 來各(格)女(汝)敚(說)

 清華三·說命中 05 女(汝)隹(惟)孳(茲)敚(說)砥(底)之於乃心

 清華三·說命中 07(背)專(傅)敚(說)之命

 清華三·說命下 02 余隹(惟)命女(汝)敚(說)𤖾(融)朕命

 清華三·說命下 03 王曰:敚(說)

清華三·說命下 04 王曰:敚(說)

 清華三·說命下 06 王曰:敚(說)

清華三·說命下 07 王曰:敚(說)

清華三·說命下 08 王曰:敚(說)

清華三·說命下 10 王曰:敚(說)

 清華三·說命下 10(背)專(傅)敚(說)之命

清華三·琴舞06 莁(戀)専(敷)亓(其)又(有)敓(悦)

清華三·琴舞09 流(攸)自求敓(悦)

清華四·別卦01 敓(遯)

清華八·邦道27 古(故)方(防)敓(奪)君目

清華八·天下05 弋(一)曰逞(歸)之叴(謀)人以敓(悦)忎=(之心)

～，與 ᛋ (上博一·緇19)、ᛋ (上博四·曹63)同。《說文·攴部》：" 敓，彊取也。《周書》曰：'敓攘矯虔。'从攴，兌聲。"

清華一·金縢06"自以弋王之敓於金縢之匱"，讀爲"自以代王之說於金縢之匱"。

清華一·金縢10"王旻(得)周公之所自以爲祉(功)以弋(代)武王之敓(說)"，今本《書·金縢》作"乃得周公所自以爲功代武王之說"。

清華二·繫年042"敓"，讀爲"脫"，離開，擺脫。《老子》："魚不可脫於淵，國之利器不可以示人。"《史記·老子韓非列傳》："然韓非知說之難，爲《說難》書甚具，終死於秦，不能自脫。"

清華二·繫年076"敓"，《說文·攴部》："敓，彊取也。"一般通用"奪"字。

清華二·繫年086"敓"，讀爲"脫"。（郭理遠）或讀爲"說"。

清華三·說命上07、說命中07、說命下10(背)"尃(傅)敓(說)之命"，《說命》是《尚書》的一部分。《書·說命序》："高宗夢得說，使百工營求諸野，得諸傅巖，作《說命》三篇。"

清華三·說命"敓"，讀爲"說"，傅說。《墨子·尚賢中》："傅說，被褐帶索，庸築乎傅岩。武丁得之，舉以爲三公，與接天下之政，治天下之民。"《孟子·告子下》："傅說舉於版築之間。"

清華三·琴舞06"敓"，讀爲"悦"，訓樂。簡文"戀敷其有悦"，樂以播布天德。

清華三·琴舞09"攸",讀爲"悦"。《爾雅·釋詁》:"悦,樂也。"簡文"攸自求悦",言人各自求德而樂之。

清華四·別卦01"攸",讀爲"遯",卦名。《易·遯》:"遯:亨,小利貞。"孔穎達疏:"'遯'亨者,遯者,隱退逃避之名。陰長之卦,小人方用,君子日消。君子當此之時,若不隱遯避世,即受其害。須遯而後得通,故曰'遯亨'。""攸",王家臺秦簡、馬國翰輯本《歸藏》作"遂",今本《周易》作"遯"。唐玄應《一切經音義》卷八:"遁,又作遯、逐二字。"馬王堆漢墓帛書《周易》作"掾",阜陽漢簡《周易》作"椽"。"兌",定母月部;"椽",定母元部;"掾",喻母元部;"遁",定母文部,皆音近可通。

清華八·邦道27"攸",讀爲"奪"。《禮記·仲尼燕居》:"給奪慈仁。"鄭玄注:"奪,猶亂也。"

清華八·天下05"攸忎₌",讀爲"奪之心"。《管子·立政九敗解》:"如是則無并兼攘奪之心,無覆軍敗將之事。"

繁

 清華二·繫年048 女(焉)繁(脱)繡(申)公義(儀)

~,从"糸","攸"聲。

清華二·繫年048"繁",讀爲"脱",離開。《史記·老子韓非列傳》:"然韓非知説之難,爲《説難》書甚具,終死於秦,不能自脱。"簡文"脱申公儀",意爲使申公儀離開。

税

 清華八·邦道26 侯〈醫〉(殹)虗(吾)秅(蕪)税

《説文·禾部》:"税,租也。从禾,兑聲。"

清華八·邦道26"秅税",讀爲"租税",國家徵收田賦和各種税款的總稱。《韓非子·詭使》:"習悉租税,專民力,所以備難充倉府也。"《史記·孝武本紀》:"復博、奉高、蛇丘、歷城,毋出今年租税。"

鴺

 清華三·良臣 02 武丁又(有)敄(傅)鴺(説)

～，从"鳥"，"兑"聲。
清華三·良臣 02 "敄鴺"，讀爲"傅説"，爲商代高宗時的賢相。

泥紐肰聲

肰

 清華一·祭公 17 肰(然)莫血(恤)亓(其)外

 清華一·祭公 20 肰(然)母(毋)夕(數)□

 清華三·説命上 04 旦(亶)肰(然)

 清華六·孺子 17 不是肰(然)

 清華六·太伯甲 02 或爰(援)肰(然)

 清華七·子犯 10 卑(譬)若從鼪(雉)肰(然)

 清華七·晉文公 02 四坓(封)之内皆肰(然)

 清華七·晉文公 03 四甾(封)之内皆肰(然)

清華七·晉文公 04 四旹（封）之内皆肰（然）

 清華七·晉文公 05 四旹（封）之内皆肰（然）

 清華七·趙簡子 08 肰（然）則旻（得）桶（輔）相周室

 清華七·趙簡子 09 肰（然）則旻（得）桶（輔）相周室

 清華七·趙簡子 10 肰（然）則達（失）敀（霸）者（諸）侯

 清華七·越公 16 兹（使）虗（吾）式邑之父兄子弟朝夕棧（殘）肰（然）爲犲（豺）狼

 清華七·越公 23 今夫＝（大夫）嚴（儼）肰（然）監（銜）君王之音

 清華八·邦道 23 皮（彼）幾（豈）亓（其）肰（然）才（哉）

～，與 、同。《説文·肉部》："肰，犬肉也。从犬、肉。讀若然。![]，古文肰。![]，亦古文肰。"

清華一·祭公 17、20"肰"，讀爲"然"，連詞，猶但是、然而，表轉折。《孟子·萬章下》："晉平公於亥唐也……雖蔬食菜羹，未嘗不飽，蓋不敢不飽也，然終於此而已矣。"

清華三·説命上 04"旦肰"，讀爲"亶然"。《詩·小雅·常棣》："亶其然乎。"《爾雅·釋詁》："亶，信也"，又"誠也"。

清華六·孺子 17"不是肰"，讀爲"不是然"，不如此，不是這樣。《論語·

八佾》:"王孫賈問曰:'與其媚於奧,寧媚於竈,何謂也?'子曰:'不然。獲罪於天,無所禱也。'"邢昺疏:"然,如此也。言我則不如世俗之言也。"

清華六·太伯甲02,清華七·子犯10"肰",讀爲"然",助詞,用於句末,猶焉、也。表肯定。《論語·先進》:"若由也不得其死然。"

清華七·晉文公02、03、04、05"肰",讀爲"然",代詞,如此,這樣。《孟子·梁惠王上》:"河東凶亦然。"《史記·晉世家》:"太子所以然者,不過以妾及奚齊之故。"

清華七·趙簡子08、09、10"肰則",讀爲"然則",連詞。猶言"如此,那麼"或"那麼"。《詩·周南·關雎序》:"是謂四始,詩之至也。然則《關雎》《麟趾》之化,王者之風,故繫之周公。"

清華七·越公16"肰",讀爲"然",連詞,表轉折關係。王引之《經傳釋詞》卷七:"然,猶而也。"或說"然"屬上讀,"粲肰",讀爲"粲然"或"潊然"。

清華七·越公23"嚴肰",讀爲"嚴然",即儼然,莊重。《荀子·正論》:"今子宋子嚴然而好說。"楊倞注:"嚴,讀爲儼。"

清華八·邦道23"皮幾亓肰才",讀爲"彼豈其然哉"。《三國志·魏書·劉司馬梁張溫賈傳》:"初,濟陰王思與習俱爲西曹令史。思因直日白事,失太祖指。太祖大怒,教召主者,將加重辟。時思近出,習代往對,已被收執矣,思乃馳還,自陳己罪,罪應受死。"裴松之注:"習之死義者,豈其然哉!"

然

清華三·赤鵠04 乃卲(昭)然

清華三·赤鵠04 亦卲(昭)然

清華四·筮法29 疾亦然

清華六·孺子16 二三夫=(大夫)不尚(當)母(毋)然

· 3295 ·

清華六·管仲 27 然則或饮（弛）或張

 清華六·太伯乙 02 或爰（援）然

 清華六·子產 18 民屯蒸然

 清華八·邦政 11 公曰：然

～，與（上博七·凡甲 27）同。《説文·火部》："然，燒也。从火，肰聲。，或从艸、難。"

清華三·赤鵠 04"卲然"，讀爲"昭然"，明白貌。《禮記·仲尼燕居》："三子者，既得聞此言也，於夫子，昭然若發矇矣。"

清華四·筮法 29"然"，代詞，如此，這樣。《孟子·梁惠王上》："河東凶亦然。"

清華六·孺子 16"二三夫=不尚母然"，讀爲"二三大夫不當毋然"。《漢書·酷吏傳》："一坐軟弱不勝任免，終身廢棄無有赦時，其羞辱甚於貪汙坐臧。慎毋然！"

清華六·管仲 27"然則"，參上。

清華六·子產 18"蒸然"，或讀爲"廢然"。（趙平安）

清華八·邦政 11"然"，常作表示肯定的答語。《史記·季布欒布列傳》："諸將皆阿呂后意，曰：'然。'"

頯

 清華六·太伯甲 05 以頯於攽（庸）瓜（耦）

～，从"頁"，"肰"聲。

清華六·太伯甲 05"頯"，疑讀爲"勸"。"肰"，日紐元部字；"勸"，溪紐元部字。"勸"，獎勉，鼓勵。《國語·越語上》："國人皆勸，父勉其子，兄勉其弟，

婦勉其夫。"(徐在國)

斅

 清華六·太伯乙05 以斅於攸(庸)瓜(耦)

～，从"攵"，"肰"聲。

清華六·太伯乙05 "斅"，疑讀爲"勸"。參上。

來紐連聲

連

 清華二·繫年076 連尹襄老與之爭

清華二·繫年076 連尹戠(止)於河瀰

清華二·繫年081 少帀(師)亡(無)斯(極)讒(譖)連尹顂(奢)而殺之

～，與 (上博四·柬15)同。《說文·辵部》："連，員連也。从辵，从車。"

清華二·繫年076、081"連尹"，楚官名。《國語·晉語七》："邲之役，呂錡佐智莊子於下軍，獲楚公子穀臣與連尹襄老。"韋昭注："連尹，楚官名。"《史記·樊酈滕灌列傳》："(灌嬰)擊破柘公王武，軍於燕西，所將卒斬樓煩將五人，連尹一人。"

〔連〕

 清華四·別卦08 〔連〕(散)

～，左邊漫漶不清，"連"聲。

清華四·別卦 08"☐連",讀爲"散"。王家臺秦簡《歸藏》作"散"。

來紐𤔔聲

𤔔

　清華一·皇門 11 正(政)用迷𤔔(亂)

　清華二·繫年 093 晉𤔔(亂)

　清華二·繫年 100 晉(許)人𤔔(亂)

　清華五·厚父 05 隹(惟)曰其勯(助)上帝𤔔(亂)下民

　清華六·子產 18 不我能𤔔(亂)

　清華七·趙簡子 09 以絅(治)河淒(濟)之䦿(間)之𤔔(亂)

　清華七·越公 62 弁(變)𤔔(亂)厶(私)成

　清華七·越公 67 大𤔔(亂)吳帀(師)

　清華八·天下 07 邦豪(家)亓(其)𤔔(亂)

~,與▨(上博四·柬 6)、▨(上博六·用 11)、▨(上博六·天甲 11)同,象雙手整理亂絲之形,"亂"之本字。

清華一·皇門 11"迷𤔲",讀爲"迷亂",迷惑錯亂。《莊子·秋水》:"以其至小求窮其至大之域,是故迷亂而不能自得也。"《荀子·臣道》:"偷合苟容,迷亂狂生。"楊倞注:"迷亂其君使生狂也。"

清華二·繫年 093、100"𤔲",讀爲"亂",無秩序,混亂。《逸周書·武稱》:"岠嶮伐夷,并小奪亂。"朱右曾《校釋》:"百事失紀曰亂。"

清華五·厚父 05"隹曰其勴上帝𤔲下民",讀爲"惟曰其助上帝亂下民"。《詩·大雅·板》:"天之方難,無然憲憲。"孔穎達疏:"王之爲惡,侵亂下民,則有諂佞之臣助爲惡政。此又責以王之尊比於上天,故謂王爲天。"

清華六·子產 18"𤔲",讀爲"亂",敗壞,擾亂。《論語·衛靈公》:"巧言亂德,小不忍則亂大謀。"

清華七·趙簡子 09"以䌛河淒之閒之𤔲",讀爲"以治河濟之間之亂"。《左傳·哀公六年》:"六年春,晉伐鮮虞,治范氏之亂也。"

清華七·越公 62"弁𤔲",讀爲"變亂",變更,使紊亂。《書·無逸》:"此厥不聽,人乃訓之,乃變亂先王之正刑,至于小大。"

清華七·越公 67"大𤔲",讀爲"大亂",秩序嚴重破壞,大騷亂。《周禮·秋官·司約》:"若大亂,則六官辟藏,其不信者殺。"鄭玄注:"大亂,謂僭約若吳楚之君、晉文公請隧以葬者。"《孟子·滕文公下》:"及紂之身,天下又大亂。"《左傳·哀公十七年》:"越子以三軍潛涉,當吳中軍而鼓之,吳師大亂,遂敗之。"

清華八·天下 07"邦豙亓𤔲",讀爲"邦家其亂"。《呂氏春秋·貴因》:"武王使人候殷,反報岐周曰:'殷其亂矣!'"

𤔲(亂)

清華二·繫年 061 䒶(莊)王述(遂)加莫(鄭)𤔲(亂)

清華三·琴舞 04 𤔲(亂)曰

清華三·琴舞 06 𤔲(亂)曰

清華三·琴舞 08 鄽(亂)曰

清華三·琴舞 09 鄽(亂)曰

清華三·琴舞 11 鄽(亂)曰

清華三·琴舞 12 鄽(亂)曰

清華三·琴舞 14 鄽(亂)曰

清華三·琴舞 16 鄽(亂)曰

清華三·芮良夫 23 甬(用)交鄽(亂)進退

清華三·赤鵠 13 是思(使)句(后)䧆(昏)鄽(亂)甘心

清華五·三壽 11 而星月鄽(亂)行

清華五·三壽 12 古民人迷鄽(亂)

清華六·孺子 04 邦豪(家)鄽(亂)巳(已)

清華六·孺子 07 以鄽(亂)夫=(大夫)之正(政)

清華六·孺子 08 以䛊（亂）夫=（大夫）之正（政）

　清華八·邦道 01 以至於邦豪（家）慁（昏）䛊（亂）

　清華八·邦道 07 侯〈医〉䛊（亂）正（政）是御之

　清華五·厚門 09 燹（氣）逆䛊（亂）以方是亓（其）爲疾央（殃）

　清華五·厚門 16 正（政）仳（禍）䛊（亂）以亡（無）裳（常）

　清華六·管仲 26 髳（冒）䛊（亂）毁裳（常）

　清華五·命訓 08 刳（殆）於䛊（亂）矣

　清華三·琴舞 03 䛊（亂）曰

～，從"甾"，"䛊"聲，所從"䛊"或將下部"又"省去，"又"或訛爲"止"。上博簡或作（上博一·孔22）、（上博五·鬼3）。《説文·乙部》："亂，治也。從乙，乙，治之也；從䛊。"

清華二·繫年 061"䛊"，即"亂"，無秩序，混亂。《逸周書·武稱》："岠嶮伐夷，并小奪亂。"朱右曾《校釋》："百事失紀曰亂。"

清華三·琴舞 04、06、08、09、11、12、14、16"䛊"，即"亂"，音樂之卒，與"啓"相對。《論語·泰伯》："《關雎》之亂，洋洋乎盈耳哉。"朱熹《集傳》："亂，樂之卒章也。""亂曰"也習見於《楚辭》。黃生《義府·亂》："樂之卒章爲亂，即繁音促節之意。"

清華三·芮良夫 23"交䛊"，即"交亂"，共亂。《韓詩外傳》卷四："欺惑衆

· 3301 ·

愚,交亂樸鄙。"《後漢書·廉範傳》:"薛漢與楚王同謀,交亂天下。"

清華三·赤鵠13"䆟䛑",讀爲"昏亂",昏庸無道,糊塗妄爲。《左傳·宣公三年》:"商紂暴虐,鼎遷于周。德之休明,雖小,重也。其姦回昏亂,雖大,輕也。"《淮南子·主術》:"傾襄王好色,不使風議,而民多昏亂,其積至昭奇之難。"

清華八·邦道01"邦豪悶䛑",讀爲"邦家昏亂",指政治黑暗,社會混亂。《老子》:"國家昏亂,有忠臣。"

清華五·菅門09"逆䛑",即"逆亂",乖戾失常。《史記·龜策列傳》:"(桀紂)賦斂無度,殺戮無方……逆亂四時,先百鬼嘗。"孔平仲《孔氏談苑·駮馬》:"馬子烝其母則生駮馬,此逆亂之氣所爲也。"

清華五·菅門16"伾䛑",讀爲"禍亂",禍害變亂。《左傳·襄公十一年》:"救災患,恤禍亂,同好惡。"《史記·龜策列傳》:"天下禍亂,陰陽相錯。"

清華六·管仲26"髮䛑",讀爲"冒亂",混雜,混亂。劉向《説苑·指武》:"分爲五選,異其旗章,勿使冒亂。"《後漢書·郎顗傳》:"《易》内傳曰:'久陰不雨,亂氣也,《蒙》之《比》也。蒙者,君臣上下相冒亂也。'"簡文"冒亂毀常",約與《後漢書·郎顗傳》相近。(趙平安)或釋爲"慧",讀爲"祟"。《太玄·干》范注:"祟,猶禍也。"

清華五·命訓08"刣(殆)於䛑(亂)矣",今本《逸周書·命訓》作"則殆於亂"。

清華五·三壽11"而星月䛑(亂)行",《漢書·五行志》:"時則有射妖,時則有龍蛇之孽,時則有馬禍,時則有下人伐上之痾,時則有日月亂行,星辰逆行。"

清華五·三壽12"迷䛑",即"迷亂",迷惑錯亂。《莊子·秋水》:"以其至小,求窮其至大之域,是故迷亂而不能自得也。"

清華六·孺子04"邦豪䛑也",即"邦家亂也"。《老子》:"國家昏亂。"《墨子·非樂上》:"今惟毋在乎王公大人説樂而聽之,即必不能蚤朝晏退,聽獄治政,是故國家亂而社稷危矣!"

清華六·孺子07、08"䛑",即"亂",擾亂。《國語·晉語三》:"失刑亂政,不威。"韋昭注:"有罪不殺爲失刑,失刑則政亂,政亂則威不行。"

清華八·邦道07"䛑正",讀爲"亂政",治理政事。《書·盤庚中》:"兹予有亂政同位,具乃貝玉。"孔傳:"亂,治也。此我有治政之臣,同位於父祖,不念盡忠,但念貝玉而已,言其貪。"

· 3302 ·

衞

 清華二·繫年 049 秦女(焉)囙(始)與晉敦(執)衞(亂)

～，从"行"，"爵"聲。

清華二·繫年 049"衞"，讀爲"亂"。"執亂"與"爲好"相對，義當近於"執讎"。《國語·越語上》："寡人不知其力之不足也，而又與大國執讎。"韋昭注："執，猶結也。"《魯語上》："亂在前矣。"韋昭注："亂，惡也。""執亂"，猶云結惡。

來紐絲聲

遜

 清華一·祭公 06 孳(茲)由(迪)遜(襲)孝(學)于文武之曼憙(德)

 清華八·處位 07 或忍(恩)覿(寵)不遜(襲)

～，與遜(上博六·用 10)同，从"辵"，"茲"聲。晉侯𬃷盨(《近二》453)"湛樂於邊迎"之"迎"作 ，讀爲"隰"。戎簋(《集成》04322)："率有司師氏奔追遜戎於械林。"敔簋(《集成》00323)："王令敔追遜於上洛、㥯谷，至於伊。"中山王兆域圖(《集成》10478)："快遜子孫。"並當讀爲"襲"，後一例訓及。《廣雅·釋詁》："襲，及也。"(裘錫圭、黃德寬)

清華一·祭公 06"孳由遜孝于文武之曼憙"，讀爲"茲迪襲學于文武之曼德"。今本《逸周書·祭公》作"茲申予小子追學於文、武之蔑"。"遜"，讀爲"襲"。《漢書·揚雄傳》顏師古注："襲，繼也。"

清華八·處位 07"遜"，讀爲"襲"。《左傳·昭公二十八年》"故襲天祿，子孫賴之"，杜預注："襲，受也。"

埕

 清華三·良臣 06 又（有）埕（隰）朋

～，從"土"，"㼈"聲，"隰"字異體。趙國貨幣文字有"㼈城"，即"隰城"。

清華三·良臣 06"埕朋"，讀爲"隰朋"。《左傳·昭公十三年》："齊桓，衛姬之子也，有寵於僖。有鮑叔牙、賓須無、隰朋以爲輔佐，有莒、衛以爲外主，有國、高以爲內主。"

䜌

 清華二·繫年 043 命（令）尹子玉述（遂）銜（率）奠（鄭）、墉（衛）、陳、郹（蔡）及群䜌（蠻）㠯（夷）之自（師）以交文公

 清華二·繫年 094 晉人既殺䜌（欒）䞈（盈）于曲夭（沃）

 清華五·封許 06 䜌（鑾）鈴（鈴）索（素）旂

 清華七·越公 56 㠯（夷）訏䜌（蠻）吳

～，與 、、 同。《說文·言部》："䜌，亂也。一曰治也。一曰不絕也。从言、絲。![]，古文䜌。"

清華二·繫年 043"䜌㠯"，讀爲"蠻夷"，古代對四方邊遠地區少數民族的泛稱。亦專指南方少數民族。《書·舜典》："柔遠能邇，惇德允元，而難任人，蠻夷率服。"《史記·孝武本紀》："天下名山八，而三在蠻夷，五在中國。"

清華二·繫年 094"䜌䞈"，讀爲"欒盈"，又稱欒懷子。《史記·晉世家》等作欒逞。《左傳·襄公二十三年》："晉人克欒盈於曲沃，盡殺欒氏之族黨。欒

魴出奔宋。書曰:'晉人殺欒盈。'"《國語·晉語八》:"居三年,欒盈晝入,爲賊於絳。范宣子以公入於襄公之宮,欒盈不克,出奔曲沃,遂刺欒盈,滅欒氏。"

清華五·封許 06"䜌",讀爲"鑾"。《說文·金部》:"鑾,人君乘車,四馬鑣,八鑾鈴,象鸞鳥聲,和則敬也。从金,从鸞省。"

清華七·越公 56"䜌",讀爲"蠻",古代對長江中游及其以南地區少數民族的泛稱。《禮記·王制》:"南方曰蠻,雕題交趾,有不火食者矣。"《漢書·賈捐之傳》:"《詩》云:'蠢爾蠻荊,大邦爲讎。'言聖人起則後服,中國衰則先畔,動爲國家難,自古而患之久矣,何况乃復其南方萬里之蠻乎!"

䢼

清華二·繫年 093 䢼(欒)䞓(盈)出奔齊

清華二·繫年 093 齊臧(莊)公光衒(率)自(師)以逐䢼(欒)䞓(盈)

~,从"邑","䜌"聲。

清華二·繫年"䢼䞓",讀爲"欒盈"。《國語·晉語八》:"公許諾,盡逐群賊而使祁午及陽畢適曲沃逐欒盈,欒盈出奔楚。"

㬎

清華一·耆夜 08 不(丕)㬎(顯)速(來)各(格)

清華三·說命下 05 女(汝)亦佳(惟)克㬎(顯)天

清華三·琴舞 02 天佳(惟)㬎(顯)帀

清華三·琴舞 03 貼(示)告舍(余)㬎(顯)悳(德)之行

· 3305 ·

清華三·琴舞 04 允不(丕)異(承)不(丕)㬎(顯)

 清華三·琴舞 07 㬎(顯)於上下

 清華三·琴舞 08 㸚(遹)亓(其)㬎(顯)思

 清華三·琴舞 11 敬(警)㬎(顯)才(在)下

 清華三·琴舞 12 不(丕)㬎(顯)亓(其)又(有)立(位)

 清華五·厚父 10 亡(無)㬎(顯)於民

～，與 同。《説文·日部》："㬎，衆微杪也。从日中視絲。古文以爲顯字。或曰：衆口皃。讀若唫唫。或以爲繭；繭者，絮中往往有小繭也。"

清華一·耆夜 08，清華三·琴舞 12"不㬎"，讀爲"丕顯"，猶英明。《書·康誥》："惟乃丕顯考文王，克明德慎罰。"

清華三·説命下 05"女亦佳克㬎天"，讀爲"汝亦惟克顯天"。《書·康誥》："矧曰其尚顯聞于天。"《多士》："誕罔顯于天。"

清華三·琴舞 02"天佳㬎帀"，讀爲"天惟顯帀"。《詩·周頌·敬之》："敬之敬之，天維顯思。"鄭箋："顯，光。"

清華三·琴舞 03"㬎惪"，讀爲"顯德"，謂顯明的美德。《書·文侯之命》："簡恤爾都，用成爾顯德。"毛公鼎(《集成》02841)"告余先王若德"，句意與簡文"示告余顯德之行"相類。

清華三·琴舞 04"不異不㬎"，讀爲"丕承丕顯"。《詩·周頌·清廟》作"不顯不承"。"丕承"，很好地繼承。《書·君奭》："惟文王德丕承無疆之恤。"《孟子·滕文公下》引《書》："丕顯哉文王謨，丕承哉武王烈。"

清華三・琴舞 07“㬎於上下”，讀爲“顯於上下”。《書・泰誓下》：“惟我文考若日月之照臨，光于四方，顯于西土。”

清華三・琴舞 08“㬎思”，讀爲“顯思”。“顯”，光明。“思”，語氣詞，用於句末。《詩・周頌・敬之》：“天惟顯思。”

清華三・琴舞 11“敬㬎”，讀爲“警顯”，警告顯示。

清華五・厚父 10“亡㬎於民”，讀爲“無顯於民”。《書・康誥》：“威威，顯民。”《尚書易解》：“顯民，光顯其民，謂尊寵之也。”

顯

 清華一・祭公 07 公爯（稱）不（丕）顯𢛳（德）

 清華八・攝命 25 民［㣈（朋）］□興從顯女（汝）

 清華八・攝命 25 穆＝（穆穆）不（丕）顯

～，與（上博三・周 10）同。《説文・頁部》：“顯，頭明飾也。从頁，㬎聲。”

清華一・祭公 07、清華八・攝命 25“不顯”，讀爲“丕顯”。参上。

𦖋

 清華二・繫年 054 敗之於㺒〈𦖋〉𨛫（陰）

 清華二・繫年 055 秦公以戩（戰）於𦖋𨛫（陰）之古（故）

～，从“耳”，“㬎”聲，疑“聯”之異體。所从“耳”似與“牙”形近而誤。

清華二・繫年 054、055“𦖋𨛫”，或讀爲“堇陰”，地名。

繎

 清華一·楚居01 季繎(連)初降於䣜山

 清華一·楚居02 季繎(連)䎽(聞)亓(其)又(有)甹(聘)

 清華五·封許07 繎(璉)

～，與 ▓(郭店·尊德1)、▓(郭店·性自67)同，从"車"，"䌛"聲，"蠻"字異體。

清華一·楚居01、02"季繎"，讀爲"季連"。《史記·楚世家》："吳回生陸終。陸終生子六人，坼剖而產焉。其長一曰昆吾；二曰參胡；三曰彭祖；四曰會人；五曰曹姓；六曰季連，芈姓，楚其後也。昆吾氏，夏之時嘗爲侯伯，桀之時湯滅之。彭祖氏，殷之時嘗爲侯伯，殷之末世滅彭祖氏。季連生附沮，附沮生穴熊。其後中微，或在中國，或在蠻夷，弗能紀其世。周文王之時，季連之苗裔曰鬻熊。鬻熊子事文王，蚤卒。"根據安大簡，"季連""穴熊""鬻熊"是一個人。

清華五·封許07"繎"，讀爲"璉"。《論語·公冶長》有"瑚璉"，《集解》引包曰"瑚璉，黍稷之器。夏曰瑚，殷曰璉"，即簠。

解
䌛

 清華五·䎽門08 八月乃正九月䌛(顯)章

～，从"解"，"䌛(聯)"聲。

清華五·䎽門08"䌛章"，讀爲"顯章"，又作"顯彰"。《史記·太史公自序》："九合諸侯，霸功顯彰。""顯章"意思當與成功相近。

精紐贊聲歸扶聲

清紐罨聲

罨

清華二·繫年 020 罨（遷）于曹

清華二·繫年 022 衛人自楚丘罨（遷）于帝丘

《説文·舁部》："𦥔，升高也。从舁，囟聲。𦥔，𦥔或从卩。𦥔，古文𦥔。"

清華二·繫年"罨"，讀爲"遷"。《左傳·成公十五年》："許遷于葉。"《穀梁傳·僖公元年》："遷者，猶得其國家以往者也。"

䙴（遷）

清華二·繫年 014 西䙴（遷）商盍（蓋）之民于邾虐

清華二·繫年 015 坪（平）王東䙴（遷）

清華二·繫年 017 周成王、周公既䙴（遷）殷民于洛邑

清華二·繫年 018 㠱（衛）人自庚（康）丘䙴（遷）于沂（淇）㠱（衛）

清華二·繫年 091 述（遂）以䙴（遷）䜌（許）於䣜（葉）而不果

～,從"止","罨"聲,"遷"字異體。《說文·辵部》:"遷,登也。从辵,罨聲。,古文遷从手、西。"

清華二·繫年014"西罨(遷)商盍(蓋)之民于邾虔",《史記·周本紀》:"召公爲保,周公爲師,東伐淮夷,殘奄,遷其君薄姑。"

清華二·繫年015"坪王東罨",讀爲"平王東遷"。《左傳·僖公二十二年》:"初,平王之東遷也,辛有適伊川,見被髮而祭於野者。"

清華二·繫年017"周成王、周公既罨(遷)殷民于洛邑",《書·多士序》:"成周既成,遷殷頑民。"《史記·周本紀》略同。

清華二·繫年018"罨",即"遷",遷居,移換所居地。《書·盤庚序》:"盤庚五遷,將治亳殷。"孔傳:"自湯至盤庚凡五遷都。"

清華二·繫年091"述以罨䚄於鄭而不果",讀爲"遂以遷許於葉而不果"。《春秋·成公十五年》:"許遷于葉。"《左傳·成公十五年》:"許靈公畏偪于鄭,請遷于楚。辛丑,楚公子申遷許于葉。"

㧒(遷)

 清華一·程寤07 果㧒(遷)不忍

～,从"手","西",與"遷"字古文同。或釋爲"拜"。

清華一·程寤07"果㧒不忍",讀爲"果遷不忍",果斷改變不忍讓百姓戰鬭死亡以滅商之心。(《讀本一》第60頁)"遷",變更,變化。《禮記·大傳》:"有百世不遷之宗,有五世則遷之宗。"鄭玄注:"遷猶變易也。"

從紐戔聲

戔

清華二·繫年110 戉(越)公句戔(踐)克吳

清華七·越公26 雩(越)王句戔(踐)酒(將)忎(惎)返(復)吳

清華簡文字聲系正編·元部

 清華七·越公 29 雩(越)王句戏(踐)女(焉)纫(始)复(作)絽(紀)五政之聿(律)

 清華七·越公 58 犿(荒)鬼(畏)句戏(踐)

 清華七·越公 62 雩(越)王句戏(踐)乃命鄬(邊)人敢(聚)悁(怨)

 清華七·越公 67 雩(越)王句戏(踐)乃以亓(其)厶(私)𠦪(卒)𠦪=(六千)敵(竊)涉

 清華七·越公 71 句戏(踐)弗許

 清華七·越公 72 句戏(踐)不許吳成

 清華七·越公 73 句戏(踐)不敢弗受

 清華八·邦道 11 則眾不戔(賤)

 清華八·邦道 12 貴戔(賤)之立(位)者(諸)同雀(爵)者

～,與 、、同,從二戈,會意。《説文·戈部》:"戔,賊也。從二戈。《周書》曰:'戔戔巧言。'"

清華七·越公"句戏",讀爲"句踐"。《史記·越王句踐世家》:"越王句踐,其先禹之苗裔,而夏后帝少康之庶子也。封於會稽,以奉守禹之祀。文身斷髮,披草萊而邑焉。後二十餘世,至於允常。允常之時,與吳王闔廬戰而相怨伐。允常卒,子句踐立,是爲越王。"

清華八·邦道 11"戔",讀爲"賤",地位低下。與"貴"相對。《論語·里仁》:"貧與賤,是人之所惡也。"邢昺疏:"無位曰賤。"

清華八·邦道 12"貴戔",讀爲"貴賤",富貴與貧賤,指地位的尊卑。《易·繫辭上》:"卑高以陳,貴賤位矣。"韓康伯注:"天尊地卑之義既列,則涉乎萬物貴賤之位明矣。"

戔

　　清華七·越公 12 遠夫甬(勇)戔(殘)

～,从三"戈",會意。

清華七·越公 12"戔",讀爲"殘",殘害。《戰國策·秦五》:"昔知伯瑶殘范、中行,圍逼晉陽,卒爲三家笑。"又疑讀爲"踐",赴也。司馬遷《報任少卿書》:"且李陵提步卒不滿五千,深踐戎馬之地。"

俴(賤)

　　清華三·芮良夫 08 民之俴(賤)矣

　　清華三·芮良夫 17 自记(起)俴(殘)盧(虐)

　　清華八·邦道 02 是以不羿(辨)貴俴(賤)

　　清華八·邦道 02 貴俴(賤)之立(位)

　　清華八·邦道 03 俴(賤)之則俴(賤)

清華八·邦道03 俴（賤）之則俴（賤）

　　清華八·邦道03 可（何）愳（羞）於俴（賤）

　　清華八·邦道03 唯（雖）貧以俴（賤）

《説文·人部》："俴，淺也。从人，㦮聲。"

清華三·芮良夫08"民之俴矣"，讀爲"民之賤矣"。《文子·自然》："聖人不恥身之賤，惡道之不行也。"

清華三·芮良夫17"俴盧"，讀爲"殘虐"，"殘""虐"同義連用。《周禮·夏官·大司馬》："放弑其君，則殘之。"鄭玄注："殘，殺也。"《爾雅·釋言》："獵，虐也。"邵晉涵《正義》："古者以弑爲虐。"

清華八·邦道02"貴俴"，讀爲"貴賤"，富貴與貧賤，指地位的尊卑。參上"㦮"字。

清華八·邦道03"俴之則俴"，讀爲"賤之則賤"。

清華八·邦道03"俴"，讀爲"賤"，地位低下。《論語·里仁》："貧與賤，是人之所惡也。"邢昺疏："無位曰賤。"

清華八·邦道03"唯貧以俴"，讀爲"雖貧以賤"，貧苦微賤。《管子·牧民》："民惡貧賤，我富貴之。"

徸

　清華六·子産06 行豊（禮）徸（踐）政又（有）事

　清華七·越公13 虘（吾）𠂤（始）徸（踐）雩（越）陞（地）以㝬=（至于）今

～，與 (郭店·老子甲25)同，从"彳"，"㦮"聲，"踐"字異體。《説文·足部》："踐，履也。从足，㦮聲。"

清華六·子產 06"俴政",即"踐政",當政。嵇康《管蔡論》:"逮至武卒,嗣誦幼沖,周公踐政,率朝諸侯。"

清華七·越公 13"飤俴雩埅",讀爲"始踐越地"。《左傳·哀公元年》:"吳王夫差敗越于夫椒,報檇李也。遂入越。"《史記·吳太伯世家》:"王夫差……二年,吳王悉精兵以伐越,敗之夫椒。"《說文·足部》:"踐,履也。"《論語·先進》:"不踐跡。"何晏《集解》:"孔曰:踐,循也。"

遂

 清華三·說命上 05 廸遂(翦)

~,與(上博六·慎 6)同,从"辵","戔"聲,"踐"字異體。

清華三·說命上 05"遂",讀爲"翦",滅除,殺戮。《書·蔡仲之命》:"成王既踐奄,將遷其君於蒲姑。"孔傳:"已滅奄,而徙其君及人臣之惡者於蒲姑。"《尚書大傳》卷四:"'遂踐奄',踐之云者,謂殺其身,執其家,潴其宮。"《禮記·玉藻》:"君子遠庖廚,凡有血氣之類,弗身踐也。"鄭玄注:"踐當爲翦聲之誤也,翦猶殺也。"

賤

 清華三·良臣 07 雩(越)王句賤(踐)又(有)大同

~,从"員","戔"聲,"賤"字異體。

清華三·良臣 07"雩王句賤",讀爲"越王句踐"。參上。

賤

清華七·越公 42 乃母(毋)又(有)貴賤

~,與(上博一·緇 10)同。《說文·貝部》:"賤,賈少也。从貝,戔聲。"

清華七·越公 42"貴賤",富貴與貧賤,指地位的尊卑。參上。

獑

 清華七·越公 05 亦茲(使)句獑(踐)屬(繼)葆於雩(越)邦

 清華七·越公 07 勿茲(使)句獑(踐)屬(繼)葆於雩(越)邦巳(矣)

 清華七·越公 08 以觀句獑(踐)之以此仐(八千)人者死也

～,從"犬","戔"聲。

清華七·越公"句獑",讀爲"句踐"。參上。

粲

 清華七·越公 16 茲(使)虗(吾)弌邑之父兄子弟朝夕粲(殘)

～,從"米","戔"聲,"粲"字異體。

清華七·越公 16"粲",讀爲"殘",殺戮、殘害。《史記·樊酈滕灌列傳》:"殘東垣。"裴駰《集解》引瓚曰:"殘,謂多所殺傷也。"(滕勝霖)或與"肰"連讀,讀爲"粲然""獑然"。

鄝

 清華二·繫年 069 鄝(蔡)子

 清華二·繫年 070 鄝(蔡)子

～,從"邑","戔"聲。

清華二·繫年"鄝子",讀爲"蔡子"。齊三大夫之一,即蔡朝。《左傳·宣公十七年》："齊侯使高固、晏弱、蔡朝、南郭偃會。及斂盂，高固逃歸。"

從紐耇聲

耇

清華一·保訓 03 昔耇（前）人連（傳）保（寶）

清華六·孺子 09 归（抑）杲（早）耇（前）句（後）之以言

清華六·管仲 09 敢霝（問）耇（前）文句（後）爲之女（如）可（何）

清華六·管仲 14 耇（前）又（有）道之君可（何）以寢（保）邦

清華六·管仲 14 耇（前）又（有）道之君所以寢（保）邦

清華六·管仲 25 必耇（前）戠（敬）與考（巧）

清華四·筮法 41 大事戠（歲）才（在）耇（前），果

清華四·筮法 41 中事月才（在）耇（前），果

清華四·筮法 41 省（小）事日乃耇（前），果

清華五·厚父 01 龤（問）耇（前）文人之觀（恭）明惪（德）

· 3316 ·

清華六・子產 14 此胃（謂）因耑（前）䢟（遂）者（故）

清華六・子產 14 耑（前）者之能殳（役）相亓（其）邦豪（家）

清華六・子產 20 善君必狄（察）昔耑（前）善王之𧆞（法）

清華七・越公 03 不才（在）耑（前）逡（後）

清華七・越公 74 不才（在）耑（前）逡（後）

清華八・邦政 12 耑（前）人

清華八・處位 02 女（如）耑（前）尻（處）既奴（若）無羑（察）

清華八・處位 05 吏（使）人乃奴（若）無耑（前）不忘（荒）

清華八・處位 09 夫爲耑（前）政者

清華八・處位 10 又（有）救於耑（前）甬（用）

清華八・邦道 09 必慮耑（前）退

～，與（上博四・曹 30）、（郭店・老子甲 3）同。《説文・止部》：

"歬,不行而進謂之歬。从止在舟上。"

清華一·保訓 03、清華八·邦政 12"歬人",即"前人",從前的人。也可以指以前的受命之君。《書·大誥》:"敷賁,敷前人受命。"《書·君奭》:"在我後嗣子孫,大弗克恭上下,遏佚前人光。""予小子旦非克有正,迪惟前人光施于我沖子。"

清華七·越公 03、74"歬逡"、清華六·孺子 09"歬句",讀爲"前後",用於空間,指事物的前邊和後邊。《書·冏命》:"惟予一人無良,實賴左右前後有位之士,匡其不及。"《左傳·隱公九年》:"戎人之前遇覆者奔,祝聃逐之。衷戎師,前後擊之,盡殪。"

清華六·管仲 09、25"前",與"後"相對。

清華五·厚父 01"前文人",前世有文德之人,西周金文和《書·文侯之命》:"汝克紹乃顯祖,汝肇刑文、武,用會紹乃辟,追孝于前文人。"

清華六·子產 14"此胃因歬徭者",讀爲"此謂因前遂故",意指繼承前人即"先聖君"。

清華六·管仲 14、清華六·子產 20"前",與"後"相對,謂較早的或過去的。《孟子·梁惠王下》:"前以士,後以大夫,前以三鼎,而後以五鼎與?"

清華八·處位 05"歬(前)",與"後"相對,指前者。兩種人的對比,前者妄行不法,後者端直公正。

清華八·邦道 09"必慮歬(前)退",之"退",疑爲"後"字之訛。《大戴禮記·武王踐阼》:"見爾前,慮爾後。"

遄

  清華一·楚居 01 遄(前)出于喬山

~,"前"字繁體,贅加"辵"旁。

清華一·楚居 01"遄",即"前",訓先。李天虹讀爲"延",承接副詞,與"乃""遂"義近,接着、然後。

從紐泉聲

泉

 清華二·繫年 103 者（諸）侯同禜（盟）於鹹泉以反晉

～，與 、、 同。《說文·泉部》："泉，水原也。象水流出成川形。"

清華二·繫年 103 "者侯同禜於鹹泉以反晉"，讀爲 "諸侯同盟於鹹泉以反晉"。《左傳·定公七年》："秋，齊侯、鄭伯盟于鹹，徵會于衛。" "鹹"，在河南濮陽縣東南。

諒

 清華一·耆夜 02 辛公諒麿（甲）爲立（位）

～，从"言"，"泉"聲。

清華一·耆夜 02 "辛公諒麿"，即辛公甲。《韓非子·說林上》："周公旦已勝殷，將攻商蓋，辛公甲曰：'大難攻，小易服，不如服衆小以劫大。'乃攻九夷而商蓋服矣。"

原

 清華六·太伯甲 08 北鹹（城）郘（溫）、原

 清華六·太伯乙 07 北鹹（城）郘（溫）、原

～，與 同，从"厂"，从"泉"。

清華六·太伯甲 08、太伯乙 07 "北鹹郘、原"，讀爲 "北城溫、原"。《左傳·定公八年》："成何曰：'衛，吾溫、原也，焉得視諸侯？'"《左傳·隱公十一年》：

"王取鄔、劉、蒍、邗之田于鄭,而與鄭人蘇忿生之田,溫、原、絺、樊、隰郕、欑茅、向、盟、州、陘、隤、懷。""原",在今河南省濟源市西北。《水經注・濟水》:"今濟水重源出溫城西北平地。水有二源:東源出原城東北,昔晉文公伐原,以信而原降,即此城也。俗以濟水重源所發,因復謂之濟原城。"

　清華七・晉文公 07 元年克㴱(原)

～,從"艸","泉"聲。或分析爲從"泉","卪"聲。"㴱",可能是"原"的一種形聲結構的異體。"㴱"字又見郭店・性自 47。三晉文字中,"㴱"作 →、→→→→,所從"泉"旁變化大,但聲旁"卪"則保持原貌。(鄔可晶、郭永秉)

清華七・晉文公 07 "㴱",讀爲"原",地名。參上。《左傳・僖公二十四年》,重耳入晉,是年叔帶與狄人作亂,周襄王出居于鄭。明年爲晉文公二年,晉師納王,殺叔帶,襄王與晉陽樊、溫、原、欑茅之田。

心紐山聲

山

　清華一・程寤 03 忻(祈)于六末山川

　清華一・楚居 01 季繺(連)初降於䳿山

　清華一・楚居 01 遣(前)出于喬山

　清華一・楚居 01 尻(處)于方山

清華二·繫年 101 伐中山

 清華二·繫年 112 自南山逗（屬）之北洖（海）

 清華四·筮法 43 九乃山

 清華五·厚父 12 若山乓（厥）高

 清華五·湯丘 18 高山是愈（逾）

 清華七·子犯 11 昔者成湯以神事山川

 清華七·越公 01 趕赿（登）於會旨（稽）之山

 清華七·越公 17 肰（然）爲犲（豺）狼飤（食）於山林藰芒

～，與 、同。《說文·山部》："山，宣也。宣氣散，生萬物，有石而高。象形。"

清華一·程寤 03、清華七·子犯 11"山川"，指名山大川。《書·舜典》："望于山川，徧于群神。"孔傳："九州名山大川，五岳四瀆之屬，皆一時望祭之。"《楚辭·九章·惜誦》："俾山川以備御兮，命咎繇使聽直。"朱熹《集注》："山川，名山大川之神也。"《史記·蒙恬列傳》："（秦始皇）道病，使蒙毅還禱山川，未反。"

清華一·楚居 01"䣙山"，應即騩山。《山海經·西山經》云三危之山"又西一百九十里，曰騩山，其上多玉而無石，神耆童居之。"郭璞注："耆童，老童，顓頊之子。"《山海經·中山經》："又東十里曰騩山，其上有美棗，其陰有㻬琈之玉。"今河南新鄭、密縣一帶的具茨山。

清華一·楚居 01"喬山",即《山海經》驕山,《中山經》:"荆山之首曰景山……雎水出焉,東南流注于江……東北百里曰荆山……漳水出焉,而東南流注于雎……又東北百五十里,曰驕山。"

清華一·楚居 01"方山",《山海經·大荒西經》有方山。

清華二·繫年 101"伐中山",《史記·魏世家》:"十七年,伐中山,使子擊守之,趙倉唐傅之。子擊逢文侯之師田子方於朝歌……子擊不懌而去。西攻秦,至鄭而還,築雒陰、合陽。"

清華二·繫年 112"南山",《詩·小雅·節南山》:"節彼南山,維石巖巖。赫赫師尹,民具爾瞻。"

清華四·筮法 43、清華五·厚父 12"山",地面上由土石構成的隆起部分。《書·禹貢》:"禹敷土,隨山刊木。"《荀子·勸學》:"積土成山,風雨興焉。"

清華五·湯丘 18"高山",高峻的山。《荀子·勸學》:"故不登高山,不知天之高也。"

清華七·越公 01"趞堲於會旨之山",讀爲"趞登於會稽之山"。《説苑·正諫》:"越王句踐乃以兵五千人(一作人)棲於會稽山上。"

清華七·越公 17"山林",山與林。亦指有山有林的地區。《周禮·地官·大司徒》:"辨其山林、川澤、丘陵、墳衍、原隰之名物。"《晏子春秋·外篇第七》:"山林之木,衡鹿守之。"

心紐鮮聲

鮮

清華三·芮良夫 26 而鮮可與惟

清華五·厚父 11 亦鮮克以誨(謀)

清華八·攝命 16 鮮隹(唯)楚(胥)臺(以)夙(夙)夕㦸(敬)

清華八·攝命 17 鮮隹(唯)楚(胥)學於威義(儀)悳(德)

　　清華八·攝命 28 隹(唯)我鮮

《說文·魚部》:"鮮,魚名。出貉國。从魚,羴省聲。"

清華三·芮良夫 26"而鮮可與惟",參《詩·小雅·苕之華》:"人可以食,鮮可以飽!"

清華五·厚父 11"亦鮮克以誨(謀)",《詩·大雅·蕩》:"靡不有初,鮮克有終。"

清華八·攝命 16、17、28"鮮",少。《詩·鄭風·揚之水》:"終鮮兄弟,維予與女。"

心紐亘聲

亘

　　清華三·琴舞 09 亘(桓)禹(稱)亓(其)又(有)若(若)

　　清華五·三壽 22 夭(效)屯(純)亘(宣)猷

　　清華一·祭公 11 亦尚亘(寬)戕(壯)氒(厥)心

～,从"人","亘"聲。

清華三·琴舞 09"亘",讀為"桓"。《詩·商頌·長發》:"玄王桓撥,受小國是達。"毛傳:"桓,大。"

清華五·三壽 22"亘",讀為"宣",布也。《詩·大雅·文王》:"宣昭義問。"朱熹《集傳》:"宣,布也。"《爾雅·釋詁》:"猷,謀也。"邢昺疏:"猷者,以道而謀也。"

清華一·祭公 11"亦尚亘戕氒心",今本《逸周書·祭公》作"亦尚寬壯厥心"。"亙戙",讀爲"寬壯"。或讀爲"宣臧"。

趄

清華二・繫年 020 齊趄(桓)公會者(諸)侯以成(城)楚丘

清華二・繫年 111 㶴(趙)趄(桓)子會[諸]侯之夫₌(大夫)

清華二・繫年 119 楚聖(聲)趄(桓)王即立(位)兀(元)年

清華二・繫年 126 楚聖(聲)趄(桓)王立四年

清華五・封許 03 趄₌(桓桓)不(丕)苟(敬)

清華六・管仲 01 齊趄(桓)公鼄(問)於筊(管)中(仲)曰

清華六・管仲 02 趄(桓)公或(又)鼄(問)於筊(管)中(仲)曰

清華六・管仲 03 趄(桓)公或(又)鼄(問)於筊(管)中(仲)曰

清華六・管仲 05 趄(桓)公或(又)鼄(問)於筊(管)中(仲)曰

清華六・管仲 07 趄(桓)公或(又)鼄(問)於筊(管)中(仲)曰

清華六・管仲 08 趄(桓)公或(又)鼄(問)於筊(管)中(仲)曰

清華六·管仲 11 趄(桓)公或(又)䇂(問)笑(管)中(仲)曰

清華六·管仲 14 趄(桓)公或(又)䇂(問)於笑(管)中(仲)曰

清華六·管仲 16 趄(桓)公或(又)䇂(問)於笑(管)中(仲)曰

清華六·管仲 20 趄(桓)公或(又)䇂(問)於笑(管)中(仲)曰

清華六·管仲 24 趄(桓)公或(又)䇂(問)於笑(管)中(仲)曰

清華六·管仲 27 趄(桓)公或(又)䇂(問)於笑(管)中(仲)

～，从"走"，"亘"聲。《説文繫傳·走部》："趄田，易居也。從走，亘聲。臣鍇按：《春秋左傳》'晉於是乎作爰田'，《國語》作'轅田'，皆假借，此乃正字也，謂以田相換易也。"

清華二·繫年 020、清華六·管仲"齊趄公"，讀爲"齊桓公"。《史記·齊太公世家》："魯送糾者行益遲，六日至齊，則小白已入，高傒立之，是爲桓公。"

清華二·繫年 111"㶇趄子"，讀爲"趙桓子"。《史記·趙世家》："襄子弟桓子，逐獻侯，自立於代，一年卒。"《索隱》："《系本》云'襄子子桓子'，與此不同。"

清華二·繫年 119、126"楚聖趄王"，讀爲"楚聲桓王"，即楚聲王。《史記·楚世家》："二十四年，簡王卒，子聲王當立。"

清華五·封許 03"趄₌"，讀爲"桓桓"，勇武、威武貌。《書·牧誓》："勖哉夫子！尚桓桓。"孔傳："桓桓，武貌。"

· 3325 ·

逗

 清華六·太伯甲 04 昔虐(吾)先君逗(桓)公逡(後)出自周

～，从"辵"，"亘"聲，"趄"字異體。

清華六·太伯甲 04"逗公"，讀爲"桓公"，即鄭桓公。《史記·鄭世家》："鄭桓公友者，周厲王少子而宣王庶弟也。宣王立二十二年，友初封於鄭。"《左傳·昭公十六年》："子産對曰：'昔我先君桓公與商人皆出自周。'"

睍

 清華三·説命中 06 女(汝)克睍(覰)視四方

～，从"視"，"亘"聲，與 ▨(包山 167)、▨(包山 46)同，"覰"字異體。

清華三·説命中 06"睍"，讀爲"覰"。《玉篇》："覰，見也。""睍視"，典籍或作"宣視"。《漢書·王莽傳下》："崔發、張邯説莽曰：'德盛者文縟，宜崇其制度，宣視海内，且令萬世之後無以復加也。'"顔師古注："視讀曰示。"《晉書·郭默傳》："胤尚與妾卧，默牽下斬之。出取胤僚佐張滿、荀楷等，誣以大逆，傳胤首于京師，詐作詔書，宣視内外。"

軒

 清華三·良臣 06 齊軒(桓)公又(有)龠寺(夷)虐(吾)

 清華三·良臣 08 奠(鄭)軒(桓)公與周之遺老

～，从"車"，"亘"聲。

清華三·良臣 06"齊軒公"，讀爲"齊桓公"。参上。

清華三·良臣 08"奠軒公"，讀爲"鄭桓公"。参上。

鼅

 清華一·祭公 09 乃詔（召）羅（畢）鼅、挄（井）利、毛班

～，从"鳥"，"亘"聲。

清華一·祭公 09"畢鼅"，今本作"畢桓"，于鬯《香草校書》已指出爲"人氏名，疑畢公高之後"。《穆天子傳》有"畢矩"。

洹

 清華二·繫年 003 朿（屬）王生洹（宣）王

 清華二·繫年 003 洹（宣）王是斦（始）弃（棄）帝攸（籍）弗畋（田）

 清華二·繫年 127 旒（陽）城洹（桓）惡（定）君衔（率）犢閛（關）之㠯（師）

 清華二·繫年 135 昜（陽）城洹（桓）惡（定）君

 清華五·厚父 11 廼洹（宣）弔（淑）氒（厥）心

《説文·水部》："洹，水。在齊魯間。从水，亘聲。"

清華二·繫年 003"洹王"，讀爲"宣王"。《史記·周本紀》："共和十四年，厲王死于彘。太子靜長於召公家，二相乃共立之爲王，是爲宣王。宣王即位，二相輔之，脩政，法文、武、成、康之遺風，諸侯復宗周……宣王不脩籍於千畝，虢文公諫曰不可，王弗聽。三十九年，戰于千畝，王師敗績于姜氏之戎。"

清華二·繫年 127"旒城洹惡君"、135"昜城洹惡君"，讀爲"陽城桓定君"。

· 3327 ·

"陽城"是封君的封地,或疑此在今河南漯河東。"桓定"是此封君的謚。

清華五·厚父 11"洹",讀爲"宣"。《左傳·襄公二十九年》:"用而不匱,廣而不宣。"王引之《經義述聞·毛詩中》:"宣與廣義相因。"或讀爲"桓"。《詩·商頌·長發》:"玄王桓撥,受小國是達,受大國是達。"毛傳:"桓,大。"

心紐算聲

篹

 清華八·八氣 01 自冬至以篹(算)六旬麥(發)燅(氣)

~,從"竹"從"鼎","算"之異體。《説文·竹部》:"算,數也。從竹從具。讀若筭。"

清華八·八氣 01"篹",即"算",訓爲"數"。《管子·輕重己》:"以冬日至始,數九十二日,謂之春至。"

幫紐班聲

班

 清華一·祭公 09 乃詔(召)羅(畢)馻、䢷(井)利、毛班

 清華六·子産 24 班羞(好)勿(物)畯(俊)之行

《説文·玨部》:"班,分瑞玉。從玨,從刀。"

清華一·祭公 09"毛班",《穆天子傳》卷四:"命毛班、逢固先至于周,以待天(子)之命。"

清華六·子産 24"班",《左傳·襄公十六年》:"有班馬之聲,齊師其遁。"杜預注:"班,別也。"

幫紐半聲

畔

 清華七·越公 14 凡吳之善士牂(將)中畔(半)死巳(矣)

～，從"田"，"半"聲。"半"，即"料"之省，與 ⿰ (郭店·老子甲 25)、⿰ (郭店·老子甲 30)同。上博三·周易 5 ⿰，從"糸"，"畔"聲。《說文·斗部》："料，量物分半也，從斗、從半，半亦聲。"《說文·田部》："畔，田界也。從田，半聲。"

清華七·越公 14"畔"，即"畔"，讀爲"半"。"中半"，對半。賈思勰《齊民要術·種紅藍花梔子》："正須平量，中半分取。"

刵（牞）

 清華四·算表 01 刵(半)

 清華四·算表 12 四刵(半)

 清華四·算表 20 刵(半)

 清華四·算表 21 刵(半)

 清華四·算表 18 一刵(半)

 清華四·算表 21 一刵(半)

 清華四·算表 16 二刵(半)

清華四·算表 21 二刞（半）

 清華四·算表 14 三刞（半）

 清華四·算表 21 三刞（半）

 清華四·算表 12 四刞（半）

刞，與 ᙐ（長沙燕客銅量，《集成》10373）、ᙐ、ᙐ（九 A7）形近，"刞"字是個雙聲符的字，"辛"（上古音屬溪母元部字）、"刐（胖）"（上古音屬幫母元部字）均爲聲符，故可讀爲"半"。李學勤先生指出此字由"月（肉）""辛""刀"三部分構成，以"刞"爲聲（乃"辨"之省形），通"半"。刞，與 ᙐ（包山 116）、ᙐ（新蔡甲三 292）同，从"刃"或"刀"砍肉，"胖"字之原始會意初文。《説文·半部》："胖，半體肉也。一曰：廣肉。从半、从肉，半亦聲。"

清華四·算表 01"刞"，讀爲"半"，二分之一。《韓非子·內儲説上》："疑也者，誠疑，以爲可者半，以爲不可者半。"

清華四·算表 12"刞"，即"胖"，讀爲"半"。參上。

幫紐般聲

盤（槃）

 清華一·楚居 01 見盤庚之子

 清華一·楚居 02 及之，盤（判）

清華二·繫年 005 生白(伯)盤

清華二·繫年 006 王與白(伯)盤达(逐)坪(平)王

清華二·繫年 007 幽王及白(伯)盤乃滅

清華五·厚父 04 不盤于庚(康)

清華七·子犯 14 則大甲與盤庚

～，與 ▨（上博四·曹 50）同。《説文·木部》："槃，承槃也。从木，般聲。▨，古文从金。▨，籀文从皿。"

清華一·楚居 01、清華七·子犯 14 "盤庚"，疑即商王盤庚。《史記·殷本紀》："帝陽甲崩，弟盤庚立，是爲帝盤庚。帝盤庚之時，殷已都河北，盤庚渡河南，復居成湯之故居，迺五遷，無定處。"

清華一·楚居 02 "盤"，讀爲 "判"，結爲夫妻。《周禮·地官·媒氏》："媒氏掌萬民之判。" 鄭玄注："判，半也。得耦爲合，主合其半，成夫婦也。《喪服傳》曰：'夫妻判合。' 鄭司農云：'主萬民之判合。'" 賈公彥疏："引《喪服傳》者，證判爲合義。"（李家浩）

清華二·繫年 005、006、007 "白盤"，讀爲 "伯盤"。《國語·晉語一》《鄭語》《史記·周本紀》均作 "伯服"，《左傳·昭公二十六年》："攜王奸命，諸侯替之，而建王嗣，用遷郟鄏。" 杜預注："攜王，幽王少子伯服也。" 孔穎達疏："《汲冢書紀年》云：平王奔西申，而立伯盤以爲大子，與幽王俱死于戲。先是申侯、魯侯及許文公立平王於申，以本大子，故稱天王。幽王既死，而虢公翰又立王子余臣於攜，周二王並立。二十一年，攜王爲晉文公所殺。以本非適，故稱攜王。束晳云：案《左傳》攜王奸命，舊説攜王爲伯服，伯服古文作伯盤，非攜王。伯服立爲王積年，諸侯始廢之而立平王。其事或當然。"

清華五·厚父04"不盤于庚",讀爲"不盤于康"。《書·無逸》:"文王不敢盤于遊田,以庶邦惟正之供。文王受命惟中身,厥享國五十年。"孔穎達疏引《釋詁》云:"盤,樂也。"《詩·唐風·蟋蟀》:"無已大康,職思其居。"陳曼簠(《集成》04595、04596):"齊陳曼不敢逸康。""康",安樂。

幫紐辡聲

辡

清華八·邦道02 是以不辡(辨)貴俴(賤)

清華七·晉文公01 母(毋)辡(辨)於妞(好)妝嬬鹽皆見

,從二"亲"(或兩"辛")分判之形,即"辡"。與《汗簡》中"辡"寫作" "同。《說文·辡部》:"辡,辠人相與訟也。從二辛。凡辡之屬皆從辡。"後加"刀"分化出"辨"。金文中作" "(《集成》03716)、" "(《集成》05432),後變爲從兩"辛",漢隸中作" "(馬王堆帛書《五行》130)、" "(張家山漢簡《二年律令》簡429)等。《說文·刀部》:"辨,判也。從刀,辡聲。"" "乃" "之異體,與 (郭店·性自38)左旁同。(單育辰)

清華八·邦道02"是以不辡貴俴",讀爲"是以不辨貴賤"。參《周禮·夏官·司士》:"正朝儀之位,辨其貴賤之等。""辨",辨別,區分。《易·同人》:"君子以類族辨物。"孔穎達疏:"辨物,謂分辨事物,各同其黨,使自相同,不間雜也。"《左傳·成公十八年》:"周子有兄而無慧,不能辨菽麥。"

清華七·晉文公01"母辡",讀爲"毋辨",不區別。《左傳·隱公五年》"辨等列",陸德明《釋文》:"辨,別也。"《論衡·雷虛篇》:"王欲群臣之畏也,不若毋辨其善與不善而時罪之,斯群臣畏矣。"

並紐釆聲

釆

清華三·祝辭 01 乃敦（執）釆（幣）以祝曰

清華三·祝辭 01 乃爭（舍）釆（幣）

《說文·釆部》："釆,辨別也。象獸指爪分別也。凡釆之屬皆从釆。讀若辨。𠂹,古文釆。"

清華三·祝辭"釆",讀爲"幣",繒帛。古代常用作祭祀或饋贈的禮品。《書·召誥》："我非敢勤,惟恭奉幣,用供王能祈天永命。"孔傳："惟恭敬奉其幣帛用供待王,能求天長命。"《儀禮·聘禮》："幣美則沒禮。"鄭玄注："幣,謂束帛也。"泛指車馬、皮帛、玉器等禮物。《儀禮·士相見禮》："凡執幣者不趨,容彌蹙以爲儀。"胡培翬《正義》："散文則玉亦稱幣,小行人合六幣是也；對文則幣爲束帛、束錦、皮馬及禽摯之屬是也。"

蕃

清華六·管仲 29 不若蕃算……不敦（穀）

清華七·越公 29 民乃蕃芋（滋）

清華八·邦道 22 倀（長）乳則畜蕃

《說文·艸部》："蕃,艸茂也。从艸,番聲。"

清華六·管仲 29 "蕃",讀爲"藩"。《左傳·哀公十二年》："吳人藩衛侯之舍。"杜預注："藩,籬也。"

清華七·越公 29 "民乃蕃芋",讀爲"民乃蕃滋",百姓繁殖增益。《國語·

越語下》:"五穀睦熟,民乃蕃滋。"古書又有"繁字"。《尹文子·大道下》:"內無專寵,外無近習,支庶繁字,長幼不亂,昌國也。"也可能讀爲"繁衍",繁殖昌盛。《周書·于謹傳》:"子孫繁衍,皆至顯達,當時莫與爲比焉。"

清華八·邦道 22"畜蕃",六畜繁衍。《管子·禁藏》:"故風雨時,五穀實,草木美多,六畜蕃息,國富兵彊,民材而令行,內無煩擾之政,外無彊敵之患也。"簡文"長乳則畜蕃",長久哺育六畜就會繁衍。

科

清華一·尹至 05 顓(夏)科民

清華七·越公 04 科(播)弃(棄)宗审(廟)

清華七·越公 23 余亓(其)與吳科(播)弃(棄)悁(怨)晉(惡)于潛(海)澨(濟)江沽(湖)

～,从"斗","釆"聲。《說文·釆部》:"番,獸足謂之番……𥸨,古文番。"上博一·緇 15 作𥸨,隸作"𥸨",《楚辭·九歌·湘夫人》"𥸨芳椒兮成堂",洪興祖《楚辭補注》謂"一云'播芳椒兮盈堂'",則"𥸨"應讀爲"播"。還有一種可能是从"釆"从"月","月"旁與"釆"旁共用部分筆畫,𥸨+𠂇=𥸨,郭店簡本𥸨字之省,从"月","釆"聲,讀爲"播"。與《說文》"番"字古文𥸨類似。(馮勝君)或釋爲"料"。(鄔可晶、羅小華)

清華一·尹至 05"科",讀爲"播"。《國語·晉語二》注:"播,散也。"《書·大誥》:"于伐殷逋播臣。"孔穎達疏:"謂播蕩逃亡之意。"或釋爲"料民",計點人口,清查民户。《國語·周語上》:"宣王既喪南國之師,乃料民於大原。"韋昭注:"料,數也。"《樂府詩集·相和歌辭十四·雁門太守行八解》:"文武備具,料民富貧。"

清華七·越公 04、23"科弃",讀爲"播棄",棄置、捨棄之義。《國語·吳語》："今王播棄黎老,而孩童焉比謀。"《淮南子·俶真》："今夫冶工之鑄器,金踊躍于鑪中,必有波溢而播棄者。"

並紐槑聲

羿

　清華三·赤鵠 05 湯羿(返)騩(騁)廷

～,與 (上博二·容 41)、 (上博四·昭 7)同。楚文字"樊"字或作: (淅川下寺"朋戈" 字所從)、 (清華一·楚居 05)、 (清華一·楚居 08)、 (清華一·楚居 10),下部所從兩手形並非"廾",而是"𠬞",是其聲符。所從的"网"爲"(像樊籬形)"訛變。、 形乃源於 (《集成》02624 樊季氏孫仲鼎)。 則是 形之省。(程燕)《說文·爻部》:"槑,藩也。從爻、從林。《詩》曰:'營營青蠅,止于槑。'"《說文·𠬞部》:"樊,鷙不行也。從𠬞從槑,槑亦聲。"《𠬞部》:"𠬞,引也。从反廾。凡𠬞之屬皆从𠬞。,或从手从樊。"

清華三·赤鵠 05"羿",讀爲"返"。《說文·辵部》:"返,還也。"

樊

　清華一·楚居 05 至酓(熊)𤣻、酓(熊)舯、酓(熊)樊(樊)及酓(熊)賜、酓(熊)𨒅(渠)

　清華一·楚居 08 淋(沈)郢遅(徙)居樊(樊)郢

　清華一·楚居 10 至臧(莊)王遅(徙)袭(襲)樊(樊)郢

～,即"樊"字,參上。

清華一·楚居05"酓蘩",即"酓樊"。《漢書·古今人表》作"熊盤",樊與盤皆唇音元部字。

清華一·楚居08、10"蘩郢",即"樊郢"。《水經注·沔水》載,沔水經平魯城南,"東對樊城,樊,仲山甫所封也……城周四里,南半淪水"。在今湖北襄樊市樊城,但西周仲山甫所封未必可信。

並紐攴聲

攴(鞭)

清華四·筮法05 凸(凡)攴,譽(數)而出

清華四·筮法07 凸(凡)攴,譽(數)而內(入)

清華六·子產03 內君子亡攴(變)

清華六·子產22 卑登、佸(富)之攴(鞭)、王子百

清華六·管仲09 夫=(大夫)叚(假)事(使)攴(便)俾(嬖)智(知)

清華六·子儀15 攴(辨)官相弋(代)

清華八·邦道08 攴(變)亓(其)正(政)

～,與 （上博二·容16）、 （上博六·慎2）同,與《說文·革部》"鞭"字

古文作㲃者相合,實均由西周金文"鞭"字㲃(《集成》02831,九年衛鼎)、㲃(《集成》10285,儠匜"便"字所從)等形演變而來,本爲以手執鞭之形。《説文·革部》:"鞭,驅也。從革,㪅聲。㲃,古文鞭。"

清華四·筮法 05、07"攴",《説文》"鞭"字古文,或疑讀爲"弁",指冠禮,故與祭享相連。

清華六·子產 03"内君子亡攴",讀爲"内君子無變",内心始終爲君子,没有改變。

清華六·子產 22"佸之攴",清華三·良臣 10 作"富之厇",均讀爲"富之鞭",人名。即《左傳·昭公十六年》諫子產的富子。

清華六·管仲 09"攴俾",讀爲"便嬖",君主左右受寵幸的小臣。《孟子·梁惠王上》:"聲音不足聽於耳與?便嬖不足使令於前與?王之諸臣皆足以供之,而王豈爲是哉?"《荀子·富國》:"觀其官職,則其治者能;觀其便嬖,則其信者慤,是闇主已。"

清華六·子儀 15"攴",讀爲"辨"。

清華八·邦道 08"攴亓正",讀爲"變其政"。《墨子·非命中》:"此世不渝而民不改,上變政而民易教。"

枝

清華一·楚居 04 爲枝室

～,從"木","攴(鞭)"聲,"梗"字異體。

清華一·楚居 04"枝",即"梗",木名。南方大木,質地堅密,爲建築良材。《墨子·公輸》:"荆有長松、文梓、梗、柟、豫章。"《漢書·司馬相如傳上》:"其北則有陰林巨樹,梗柟豫章。"顏師古注:"梗……即今黃梗木也。"李學勤讀爲"燔",陳偉疑即閟宫。(《讀本一》第 310－311 頁)復旦讀書會改讀爲"便"。

厇

清華三·良臣 10 富之厇(鞭)

～,从"厂","攴(鞭)"聲。

清華三·良臣 10"富之庋",讀爲"富之鞭",人名,即《左傳·昭公十六年》諫子產的富子。

宩

 清華五·啻門 14 悳(德)宩(變)亟執譌以亡成

～,从"宀","攴(鞭)"聲。

清華五·啻門 14"宩",讀爲"變",變詐。《逸周書·文政》:"九醜:思勇醜忘,思意醜變。"朱右曾《校釋》:"變,猶詐也。"或讀爲"褊"。("暮四郎")張飛從之,訓爲"狹"。"褊亟"意爲狹隘急躁。

並紐弁聲

覍(弁)

 清華一·保訓 06 言不易實覍(變)名

 清華一·金縢 10 邦人□□□□覍(弁)

 清華三·芮良夫 07 覍(變)改裳(常)紤(術)

 清華五·三壽 11 五寶覍(變)色

 清華七·越公 62 覍(變)㐭(亂)厶(私)成

 清華八·邦政 07 丌(其)君聖(聽)諓(佞)而棘(速)覍(變)

·3338·

～，與👤（上博一·孔8）、👤（上博五·三10）、👤（上博四·內7）、👤（郭店·五行21）、👤（郭店·性自43）同。《說文》之"弁"字正篆作"👤"形者，係由戰國文字"👤"形演進而來者也。《說文·兒部》："覍，冕也。周曰覍，殷曰呼，夏曰收。从兒，象形。👤，籀文覍从廾，上象形。👤，或覍字。"

清華一·保訓06"言不易實覍名"，讀爲"言不易實變名"，是說不變亂名實。《管子·九守》："脩名而督實，按實而定名。名實相生，反相爲情。名實當則治，不當則亂。""覍"，讀爲"變"，變改，與"易"同義。

清華一·金縢10"覍（弁）"，古代貴族的一種帽子，通常穿禮服時用之（吉禮之服用冕）。赤黑色的布做的叫爵弁。《禮記·雜記上》："大夫冕而祭於公，弁而祭於己。"鄭玄注："弁，爵弁也。"

清華三·芮良夫07"覍改"，讀爲"變改"，改變。《後漢書·郎顗傳》"五際之戹，其咎由此"，孟康注引《韓詩外傳》："五際，卯酉午戌亥也。陰陽終始際會之歲，於此則有變改之政。"

清華五·三壽11"五寶覍色"，讀爲"五寶變色"，五星改變顏色。

清華七·越公62"覍礜"，讀爲"變亂"，變更，使紊亂。《書·無逸》："此厥不聽，人乃訓之，乃變亂先王之正刑，至于小大。""厶成"，猶私行。"變亂私成"，行爲變亂，私自枉爲。又疑"厶"爲"已"之訛。"變亂已成"，指改變已有的和平條約。

清華八·邦政07"覍"，讀爲"變"，變化，改變。《書·畢命》："既歷三紀，世變風移。"孔傳："言殷民遷周已經三紀，世代民易，頑者漸化。"《楚辭·離騷》："雖體解吾猶未變兮，豈余心之可懲？"

訷

 清華八·邦政08 亓（其）樂蘇（繁）而訷（變）

～，从"言"，"覍（弁）"聲。

清華八·邦政08"訷"，讀爲"變"。《呂氏春秋·音初》："世濁則禮煩而樂淫。"

穼

清華八・攝命 22 亦尚穼(辯)逆于朕

～,从"宀","覍(弁)"聲。

清華八・攝命 22"穼",讀爲"辯",訓爲"使"。《書・酒誥》:"勿辯乃司民湎於酒。"孔傳:"辯,使也。勿使女主民之吏湎於酒。"王引之《經義述聞・尚書下》:"辯之言俾也……辯、俾聲近而義同,俾亦使也。"簡文"亦尚辯逆於朕",而使上告於朕。

絣

清華五・封許 06 纂(纂)絣(弁)

清華六・子産 17 紿(怠)絣(弁)緈(懈)思(緩)

～,从"糸","弁"聲,"弁"字異體。

清華五・封許 06"絣",即"弁"。《文選・張衡〈西京賦〉》:"璿弁玉纓,遺光儵爚。"薛注:"馬冠也。"或讀爲"緐"。(陳劍)

清華六・子産 17"絣",即"弁",快速,急促。《禮記・玉藻》:"弁行,剡剡起屨。"陸德明《釋文》:"弁行,皮彦反,急也。"簡文"怠弁懈緩",指官員怠於緩急的政事。石小力改讀作"慢"。

並紐緐聲

緐

清華八・邦道 07 則茻(草)木以返(及)百槃(穀)茅(茂)長緐實

～,與(上博二・容 19)同。《説文・糸部》:"緐,馬髦飾也。从糸,每

聲。《春秋傳》曰：'可以稱旌緐乎？' ，緐或从舁。舁，籀文弁。"

清華八·邦道 07"緐實"，即"繁實"，或讀爲"蕃實"。《管子·五行》："然則天爲粵宛，草木養長，五穀蕃實秀大，六畜犧牲具，民足財，國富，上下親，諸侯和。""然則晝炙陽，夕下露，地競環，五穀鄰熟，草木茂實，歲農豐年大茂。"

蘇

 清華八·邦政 08 亓（其）樂蘇（繁）而訏（變）

～，从"艸"，"緐"聲。

清華八·邦政 08"蘇"，讀爲"繁"，多。《左傳·成公十七年》："今衆繁而從余三年矣，無傷也。"杜預注："繁，猶多也。"《文獻通考·樂考》："夫祭尚於敬，不欲使樂繁禮縟，故季氏逯闍而祭，日不足則繼之以燭，雖有強力之容，肅敬之心，皆倦怠矣。"《呂氏春秋·音初》："世濁則禮煩而樂淫。"

蠶

 清華四·別卦 02 蠶（賁）

～，从"丯"，"緐"聲。《說文·生部》："丰，艸盛丰丰也。""丯"與"丰"，同"艸"與"屮"的關係相似。"蠶"疑即"繁茂"的專字。馬王堆帛書《周易》作"繫"，今本作"賁"，一在元部並母，一在文部幫母，聲近可通。

清華四·別卦 02"蠶"，讀爲"賁"，《易》六十四卦之一。離下艮上。《易·賁》："賁。亨。小利有攸往。"高亨注："賁，卦名也。亨，即享字。古人舉行享祀，曾筮遇此卦，故記之曰亨。"《呂氏春秋·壹行》："孔子卜，得賁。"

明紐宀聲

宓

 清華三·良臣 08 宓中（仲）

《説文》:"宦,仕也。从宀,从臣。"

清華三·良臣 08"宦中",即"宦仲",人名。

官

清華一·金縢 07 官(管)弔(叔)返(及)亓(其)群䏨(兄)俤(弟)

清華六·管仲 09 官事長

清華六·管仲 13 百官之典

清華六·子儀 14 級(給)織不能官尻

清華六·子儀 15 支(辨)官相弋(代)

清華六·子產 03 官政眔帀(師)粟

清華七·越公 40 亓(其)才(在)邑司事及官帀(師)之人則發(廢)也

清華七·越公 40 凡成(城)邑之司事及官帀(師)之人

清華八·邦道 03 倀(長)官

清華八·邦道 09 則百官敬

清華八·邦道 19 女（如）亡（無）能於一官

 清華八·邦道 21 各噹（當）弍（一）官

～，與 ![] (上博四·曹 25)、![] (上博五·三 6)同。《說文·自部》："官，史，事君也。从宀，从自。自猶眾也。此與師同意。"

清華一·金縢 07"官弔返亓群瞱俤"，讀爲"管叔及其群兄弟"。《史記·管蔡世家》："武王同母兄弟十人……其長子曰伯邑考，次曰武王發，次曰管叔鮮，次曰周公旦，次曰蔡叔度……"

清華六·管仲 13、清華八·邦道 09"百官"，古指公卿以下的眾官。《書·說命中》："惟說命總百官。"《禮記·郊特牲》："獻命庫門之內，戒百官也。"鄭玄注："百官，公卿以下也。"

清華六·子儀 14"官尻"，見張家山漢簡《史律》："卜學童能風書史書三千字，征卜書三千字，卜九發中七以上，乃得爲卜，以爲官处。"

清華六·管仲 09"官事長"，句中疑脫一字，意即侍奉官長。

清華六·子產 03"官政"，疑指任用官吏之事。

清華七·越公 40"官帀"，讀爲"官師"。《國語·吳語》："陳王卒，百人以爲徹行百行。行頭皆官師，擁鐸拱稽。"韋昭注："下言'十行一嬖大夫'，此一行宜爲士。"簡文此處有官師之人當指有所執掌的各級官吏。

清華八·邦道 03"倀官"，讀爲"長官"，眾官之長。《史記·平津侯主父列傳》："窮山通谷豪士並起，不可勝載也。然皆非公侯之後，非長官之吏也。"

清華八·邦道 21"各噹弍官"，讀爲"各當一官"，各任一官。"官"，官職。《荀子·正論》："夫德不稱位，能不稱官，賞不當功，罰不當罪，不祥莫大焉。"

管

 清華七·越公 39 又（有）管（官）帀（師）之人

《說文·竹部》："管，如篪，六孔。十二月之音。物開地牙，故謂之管。从竹，官聲。"

明紐面聲

面

 清華四·筮法 46 女子大面端虞（嚇）死

 清華六·子儀 12 敳（豈）曰奉晉軍以相南面之事

 清華七·子犯 11 與人面見湯

 清華七·越公 75 孤余系（奚）面目以視于天下

 清華八·邦道 10 母（毋）面悹（諒）

～，與 、、同，指事字。《說文·面部》："面，顏前也。从𦣻，象人面形。凡面之屬皆从面。"

清華四·筮法 46 "面"，臉，頭的前部。

清華六·子儀 12 "南面"，古代以坐北朝南為尊位，故帝王諸侯見群臣，或卿大夫見僚屬，皆面向南而坐，因用以指居帝王或諸侯、卿大夫之位。《易·說卦》："聖人南面而聽天下，嚮明而治。"《論語·雍也》："子曰：'雍也可使南面。'"

清華七·子犯 11 "面見"，親自見到。《書·立政》："謀面，用丕訓德。"孔傳："謀所面見之事，無疑，則能用大順德。"

清華七·越公 75 "孤余系（奚）面目以視于天下"，《國語·吳語》："夫差將死，使人說於子胥曰：'使死者無知，則已矣，若其有知，吾何面目以見員也！'遂自殺。"

清華八·邦道 10 "面悹"，讀為"面諒"，指當面信誓旦旦。《書·益稷》："汝無面從，退有後言。"

湎

 清華五・厚父 06 湳湎于非彝

《說文・水部》："湎,沈於酒也。从水,面聲。《周書》曰:'罔敢湎于酒。'"
　　清華五・厚父 06"湳湎",讀爲"淫湎"。或讀爲"沈湎",猶沉溺。《書・泰誓上》："沈湎冒色,敢行暴虐。"孔穎達疏："人被酒困,若沈於水,酒變其色,湎然齊同,故沈湎爲嗜酒之狀。"

明紐臱聲

臱

 清華六・孺子 12 臱(邊)父詼(規)夫=(大夫)曰

 清華六・孺子 13 乃史(使)臱(邊)父於君

 清華六・孺子 15 君盒(答)臱(邊)父曰

《說文・自部》："臱,宀不見也。闕。"
　　清華六・孺子"臱父",讀爲"邊父"。"邊",邊境,邊界。《國語・吳語》："句踐用帥二三之老,親委重罪,頓顙於邊。"韋昭注："邊,邊境。"

嬺

 清華七・晉文公 01 母(毋)辡(辨)於妞(好)妝嬺媼皆見

　　～,从"女","臱"聲。从"女"屬於類化。
　　清華七・晉文公 01"嬺",讀爲"籩"。籩人,古代王宮中從事雜役的奴隸。《周禮・天官・冢宰》："籩人:奄一人,女籩十人。"鄭玄注："女籩,女奴之曉籩者。"又《天官·籩人》:"籩人掌四籩之實。"《天官·醢人》:"醢人掌四豆之實。"簡文"嬪盨",讀爲"籩醢"。(子居)或讀爲"媥",《說文》"輕貌"。

鄔

 清華七·越公 16 亡(無)良鄔(邊)人再(稱)痩悁(怨)啎(惡)

 清華七·越公 20 以逩(奔)告於鄔(邊)人爲不道

 清華七·越公 35 孝=(至于)鄔(邊)瞏(縣)尖=(小大)遠泥(邇)

 清華七·越公 39 凡鄔(邊)鄏(縣)之民

 清華七·越公 44 王乃逐(趣)使(使)人戠(察)腈(省)成(城)市鄔(邊)還(縣)尖=(小大)遠泥(邇)之鬭(句)、苓(落)

 清華七·越公 51 王乃歸(親)使(使)人意(請)餬(問)群大臣及鄔(邊)鄏(縣)成(城)市之多于兵亡(無)兵者

 清華七·越公 52 與(舉)雩(越)邦孝=(至于)鄔(邊)還(縣)成(城)市乃皆好兵甲

 清華七·越公 62 雩(越)王句戏(踐)乃命鄔(邊)人菆(聚)悁(怨)

清華七·越公 62 䜌（邊）人乃相戏（攻）也

 清華八·邦道 27 彶（及）亓（其）埜（野）䢖（里）、四䜌（邊）

～，與 同，从"邑"，"臱"聲，"邊"字異體。《說文·辵部》："邊，行垂崖也。从辵，臱聲。"

清華七·越公 16、20、62"䜌人"，即"邊人"，指駐守邊境的官員、士兵等。《國語·魯語上》："晉人殺厲公，邊人以告。"韋昭注："邊人，疆場之司也。"

清華七·越公 35"䜌䙷"，39"䜌郶"，44、52"䜌還"，51"䜌䣝"，讀為"邊縣"，靠近邊界的縣。《墨子·雜守》："常令邊縣，豫種畜芫、芸、烏、喙、袾葉。"《後漢書·明帝紀》："詔三公募郡國中都官死罪繫囚，減罪一等，勿笞，詣度遼將軍營，屯朔方、五原之邊縣。"

清華八·邦道 27"四䜌"，即"四邊"，四境。《鬼谷子·本經陰符》："四者不衰，四邊威勢，無不為存而舍之。"《史記·秦始皇本紀》："請且止阿房宮作者，減省四邊戍轉。"

明紐滿聲

圅

 清華三·說命中 05 若圅〈圖〉（津）水

 清華三·芮良夫 04 圅（滿）溋（盈）、康戲而不智䕺（蘁）告

 清華三·芮良夫 09 屯員（圓）圅（滿）溢（溢）

圅，"滿"之古文。《汗簡》作 ![]，《古文四聲韻》作 ![] ![]。（《傳抄古文字編》第 1102 頁）

清華三·說命中 05"若圂〈圛〉(津)水",《國語·楚語上》作"若津水,用女作舟"。"圂",爲"圛"字之譌。上博二·容 51"孟瀉",讀爲"孟津";史頌鼎、簋"津"字作"灂"。或讀爲"厲"。(白於藍、段凱)

清華三·芮良夫 04"圂盈",即"滿盈",充盈,充足。《易·屯》:"雷雨之動滿盈。"顔之推《顔氏家訓·止足》:"天地鬼神之道,皆惡滿盈,謙虚沖損,可以免害。"

清華三·芮良夫 09"屯員圂溢",讀爲"屯圓滿溢","屯""圓""滿""溢",近義連用。"滿",充滿,布滿。《莊子·天運》:"在谷滿谷,在阬滿阬。"成玄英疏:"乃谷乃阬,悉皆盈滿。"

明紐曼聲

曼

清華一·祭公 06 孳(兹)由(迪)巡(襲)孚(學)于文武之曼惪

(德)

清華五·三壽 23 方曼(般)于茖(路)

清華八·邦道 06 則茻(草)木以返(及)百糓(穀)曼(慢)生

清華八·虞夏 02 首備(服)乍(作)曼(冕)

～,與 ▨ (上博四·昭 1)同,乃源於 ▨ (曼龏父盨蓋,《集成》04431)、▨ (曼龏父盨,《集成》04432)形,將"受"所從的"爪"省掉了。从"冃","受"聲。(趙平安)《說文·又部》:"曼,引也。从又,冒聲。"

清華一·祭公 06"孳由巡孚于文武之曼惪",讀爲"兹迪襲學于文武之曼德"。今本《逸周書·祭公》作"兹申予小子追學於文、武之蔑"。"曼",《詩·魯頌·閟宫》傳:"長也。""曼",明母元部字,傳本作"蔑",明母月部,可通假。

清華五·三壽 23"曼",讀爲"般"。《廣雅》:"般,行也。"

清華八·邦道 06"曼",讀爲"慢"。《詩·鄭風·大叔于田》:"叔馬慢忌,叔發罕忌。"毛傳:"慢,遲。"簡文"百穀慢生",謂百穀不以時熟。或曰"曼"讀爲"晚"。本句可參《墨子·尚同中》:"故當若天降寒熱不節,雪霜雨露不時,五穀不孰,六畜不遂,疾菑戾疫,飄風苦雨,荐臻而至者,此天之降罰也,將以罰下人之不尚同乎天者也。"

清華八·虞夏 02"曼",讀爲"冕",周冠名,文獻中或作"弁""兊"。《說文·見部》:"兊,冕也。周曰兊,殷曰吁,夏曰收。"《儀禮·士冠禮》:"周弁,殷冔,夏收。"

縵

 清華二·繫年 106 吳縵(洩)用(庸)以自(師)逆郲(蔡)卲(昭)侯

 清華六·子儀 08 弜(強)弓可縵(挽)

,之省,省"又",從"曼"省聲。《說文·糸部》:"縵,繒無文也。從糸,曼聲。《漢律》曰:'賜衣者縵表白裏。'"

清華二·繫年 106"縵用",讀爲"洩庸",人名。《左傳·哀公二年》:"吳洩庸如蔡納聘,而稍納師。師畢入,衆知之。蔡侯告大夫,殺公子駟以說,哭而遷墓。冬,蔡遷于州來。"

清華六·子儀 08"弜弓可縵",讀爲"強弓可挽"。"挽",拉,牽引。曹植《名都篇》:"左挽因右發,一縱兩禽連。"

敳

 清華七·越公 07 余亓(其)必敳(滅)盬(絕)雩(越)邦之命于天下

～,從"攴","曼"或"爰"省聲,贅加"土"。

清華七·越公 07"敳盬",讀爲"滅絕",毀滅斷絕,消滅乾淨。《管子·牧民》:"民惡危墜,我存安之;民惡滅絕,我生育之。"《漢書·司馬相如傳下》:"持身不謹兮,亡國失勢;信讒不寤兮,宗廟滅絕。""曼""滅"可通。清華一·祭公

6"兹由襲效于文武之曼德",今本《逸周書·祭公》作"兹申予小子,追學於文武之蔑"。《國語·周語中》:"今將大泯其宗枋,而蔑殺其民人,宜吾不敢服也!"韋昭注:"蔑,猶滅也。"(薛培武)或隸作"緩","受"聲,讀作"截"。《書·甘誓》:"有扈氏威侮五行,怠棄三正,天用勦絶其命。"孔傳:"勦,截也。截絶,謂滅之。"(魏宜輝)

寝

 清華四·筮法 43 寝(滅)宗

~,從"宀","受"聲。

清華四·筮法 43"寝",從"曼"省,"曼""滅"可通。(薛培武)"寝宗",讀爲"滅宗",指已絶滅的宗族。《左傳·文公九年》:"是必滅若敖氏之宗。"或隸作"寔",疑字從"且"聲,讀作"祖"。(白於藍)或認爲從"古文'閔'"得聲,讀爲"泯宗"之"泯"。(有禹散人)

寝

 清華八·攝命 01 余亦寝窮亡可事(使)

~,從"穴","受"省聲。或説從"穴"、從"旻(曼)","旻(曼)"亦聲,釋爲"复"。(鄔可晶)

清華八·攝命 01"寝",或讀爲"曼"。或釋爲"复",讀爲"惸"(字或作"煢""罛"等)。《詩·小雅·正月》:"哿矣富人,哀此惸獨。"孔穎達疏:"哀哉此單獨之民窮而無告。"簡文"余亦复窮亡可使"之"复"讀爲"惸",周天子哀歎自己孤獨困窮無人可差遣。《周禮·秋官·大司寇》:"凡遠近惸獨老幼之欲有復於上而其長弗達者,立於肺石,三日。"鄭注:"無兄弟曰惸,無子孫曰獨。"(鄔可晶)或讀爲"慇",解爲遭遇憂難。《逸周書·謚法》:"在國逢難曰慇,使民折傷曰慇,在國連憂曰慇,禍亂方作曰慇。""慇""窮"意近連用。(黃傑)

明紐万聲

釆

清華六·子產 05 釆(勉)政、利政、固政又(有)事

清華六·子產 05 関(文)胆(理)、型(形)脰(體)、惴(端)釆(冕)

清華六·子產 09 青(情)以釆(勉)

～，从"八"，"丏"聲。

清華六·子產 05"釆政"，讀爲"勉政"。《論衡·須頌》："孝宣皇帝稱穎川太守黃霸有治狀，賜金百斤，漢臣勉政。""勉"，勸勉，鼓勵。《詩·周南·汝墳序》："文王之化行乎汝墳之國，婦人能閔其君子，猶勉之以正也。"或讀爲"勱"。《説文·力部》："勱，勉力也。"

清華六·子產 05"惴釆"，讀爲"端冕"，玄衣和大冠。古代帝王、貴族的禮服。《國語·楚語下》："聖王正端冕，以其不違心，帥其群臣精物以臨監享祀，無有苛慝於神者，謂之一純。"韋昭注："端，玄端之服。冕，大冠也。"

清華六·子產 09"釆"，讀爲"勉"，勸勉，鼓勵。《左傳·宣公十二年》："王巡三軍，拊而勉之。"

明紐免聲

免

清華一·楚居 07 至武王會(熊)鬻自宵遷(徙)居免

清華一·楚居 08 衆不容於免

清華一·楚居09 叟（復）遅（徙）居免郢

～，與（上博一·緇13）同，字象人戴冠冕之形。

清華一·楚居07、08"免"，地名。或釋爲"冗"。

清華一·楚居09"免郢"，地名。

孚（挽）

　清華五·三壽09 虐（吾）孚（勉）自印（抑）畏以敬

　清華五·三壽27 頿（顧）叟（復）孚（勉）骨（祇）

　清華八·邦道01 不孚（免）

　清華八·邦道01 以孚（免）亓（其）豬（屠）

　清華八·邦道05 以孚（勉）於衆

　清華八·邦道10 孚（免）亞（惡）慮散（美）

　清華六·孺子17 幾（豈）孤亓（其）跂（足）爲挽（勉）

～，甲骨文或作：（甲骨·燕183）、（鐵13·1）、（林2·30·16），金文或作（《集成》01868，角戍父娩鼎），女子分娩之"娩"的初文。楚文字或作（上博五·姑3）、（上博六·天乙2）、（上博四·內10）、（上博

· 3352 ·

六・莊 8)、（上博六・用 2），"冂"形或訛變爲"丌"，或訛變爲"宀"形，產道中象胎兒的部件替換爲義符"子"，省去兩手。《説文・子部》："㝃，生子免身也。从子从免。"與"娩"爲一字異體。

清華五・三壽 09、27"㝃"，讀爲"勉"，勉勵。

清華八・邦道 01"㝃"，讀爲"免"，赦免，寬宥罪愆。《周禮・秋官・鄉士》："若欲免之，則王會其期。"鄭玄注："免，猶赦也。"《左傳・成公十七年》："君討有罪，而免臣於死，君之惠也。"

清華八・邦道 05"以㝃（勉）於衆"之"㝃"，讀爲"勉"，勸勉，鼓勵。《詩・周南・汝墳序》："文王之化行乎汝墳之國，婦人能閔其君子，猶勉之以正也。"《禮記・月令》："（季春之月）周天下，勉諸侯，聘名士，禮賢者。"

清華八・邦道 10"㝃"，讀爲"免"。《史記・樂書》"免席而請"，《正義》："猶避也。"

清華六・孺子 17"幾孤亓跂爲免"，讀爲"豈孤其足爲勉"，足以勉勵孺子自己。

㦪

　　清華四・筮法 50 㦪（娩）殤（殤）

～，从"尸""娩"，會意，"娩"字異體。

清華四・筮法 50"㦪"，即"娩"，分娩，生育。

悗

　　清華二・繫年 052 夫=（大夫）悗（閔）

　　清華七・越公 31 曰睹（靖）蓐（農）事以勸悗（勉）蓐（農）夫

～，與（新蔡甲一 16）、（新蔡甲三 291-1）同，从"心"，"㝃"聲，"悗"字異體。

清華二·繫年052"㦛",即"悗",讀爲"閔"。《爾雅·釋詁》:"閔,病也。"
清華七·越公31"勸悗",讀爲"勸勉",鼓勵。《管子·立政》:"勸勉百姓,使力作毋偷。"

勉

 清華六·子產01 勉以利民

清華六·子產17 勖勉救善

《說文·力部》:"勉,彊也。从力,免聲。"
清華六·子產01"勉",勸勉,鼓勵。《詩·周南·汝墳序》:"文王之化行乎汝墳之國,婦人能閔其君子,猶勉之以正也。"《禮記·月令》:"(季春之月)周天下,勉諸侯,聘名士,禮賢者。"
清華六·子產17"勉",勉勵。《後漢書·列女傳》:"閒作《女誡》七章,願諸女各寫一通,庶有補益,裨助汝身。去矣,其勖勉之。"

芓

 清華七·越公29 民乃蕃芓(滋)

~,从"艸","孖"聲。或說从"字"聲。
清華七·越公29"民乃蕃芓",讀爲"民乃蕃滋"。《國語·越語下》:"五穀睦熟,民乃蕃滋。"古書又有"繁字"。《尹文子·大道下》:"內無專寵,外無近習,支庶繁字,長幼不亂,昌國也。"或讀爲"民乃繁衍"。"繁衍",繁殖昌盛。《周書·于謹傳》:"子孫繁衍,皆至顯達,當時莫與爲比焉。"

冕

 清華七·晉文公01 裻(端)冕(冕)

~,从"冃",从"坐",會跪坐人戴帽。與甲骨文 (《合集》33069)同。

清華七·晉文公 01"褍冕",讀爲"端冕",玄衣和大冠。古代帝王、貴族的禮服。《禮記·樂記》:"吾端冕而聽古樂,則唯恐卧;聽鄭衛之音,則不知倦。"鄭玄注:"端,玄衣也。"孔穎達疏:"云'端,玄衣也'者,謂玄冕也。凡冕服,皆其制正幅,袂二尺二寸,袪尺二寸,故稱端也。"《國語·楚語下》:"聖王正端冕,以其不違心,帥其群臣精物以臨監享祀,無有苛慝於神者,謂之一純。"韋昭注:"端,玄端之服。冕,大冠也。"(王挺斌)或讀爲"端坐"。參歌部"坐"字條。

明紐丏聲歸万聲

正編·緝部

緝　部

影紐邑聲

邑

清華一・尹至 05 自西戡（翦）西邑

清華一・尹誥 01 尹念天之敗（敗）西邑顗（夏）

清華一・尹誥 01 非（彼）民亡（無）與獸（守）邑

清華一・尹誥 04 亓（其）又（有）顗（夏）之[金]玉田邑

清華一・尹誥 04 乃至（致）衆于白（亳）审（中）邑

清華一・皇門 01 朕募（寡）邑少（小）邦

清華二・繫年 002 以克反商邑

清華二·繫年013 商邑興反

清華二·繫年014 成王屖(踐)伐商邑

清華二·繫年017 周成王、周公既遷(遷)殷民于洛邑

清華三·說命上01 以貨旬(徇)求敓(說)于邑人

清華三·說命上05 邑人皆從

清華三·說命上06 亓(其)隹(惟)敓(說)邑

清華五·厚父03 隹(惟)天乃永保顊(夏)邑

清華五·封許03 咸成商邑

清華六·鄭伯甲01 太白(伯)堂(當)邑

清華六·鄭伯乙01 太白(伯)堂(當)邑

清華七·越公16 兹(使)虐(吾)弌邑之父兄子弟朝夕棧(殘)

清華七·越公40 亓(其)才(在)邑司事及官帀(師)之人則發

(廢)也

清華七·越公 40 凡成(城)邑之司事

清華七·越公 48 是以庱(句)邑

清華七·越公 71 人之幣(敝)邑

～，與 、、、同。《説文·邑部》："邑，國也。从囗；先王之制，尊卑有大小，从卪。凡邑之屬皆从邑。"

清華一·尹至 05、清華一·尹誥 01"西邑"，夏代都城安邑的別稱。《書·太甲上》："惟尹躬先見于西邑夏，自周有終，相亦惟終。"孔傳："夏都在亳西。"

清華一·尹誥 01、04，清華三·説命上 06"邑"，《周禮·地官·小司徒》"九夫爲井，四井爲邑，四邑爲丘"，賈公彥疏："井方一里，邑方二里。"

清華一·尹誥 04"田邑"，田野與都邑。《楚辭·大招》："田邑千畛，人阜昌只。"王逸注："田，野也……邑，都邑也。"

清華一·皇門 01"募邑少邦"，讀爲"寡邑小邦"，周之謙稱，相對於"大邦殷"(《書·召誥》)而言。今本《逸周書·皇門》作"下邑小國"。

清華二·繫年 002、013、014，清華五·封許 03"商邑"，指殷，見《書·牧誓》《酒誥》及金文遹簋(《集成》04059)。"反商邑"，意指顛覆商的統治。

清華二·繫年 017"洛邑"，《書·召誥》："成王在豐，欲宅洛邑，使召公先相宅，作《召誥》。"《書·畢命》："惟周公左右先王，綏定厥家，毖殷頑民，遷于洛邑，密邇王室，式化厥訓。"

清華三·説命上 01、05"邑人"，封地上的人。《易·比》："邑人不誡，上使中也。"《左傳·哀公十六年》："子木暴虐於其私邑，邑人訴之。"《左傳·定公九年》："盡借邑人之車，錍其軸，麻約而歸之。"

清華五·厚父 03"隹(惟)天乃永保顕(夏)邑"，參《書·多方》："亦惟有夏之民叨懫日欽，劓割夏邑。""夏邑"，指夏。

· 3361 ·

清華六·太伯甲 01、太伯乙 01"塋邑",讀爲"當邑",謂太伯繼子人成子執政。《左傳》習見"當國",杜預注:"秉政",與"當國"文意相類。

清華七·越公 16"弍邑",即"二邑",簡文此處指吳、晉兩國。

清華一·尹誥 4、清華七·越公 40"邑",古代行政區域名,泛指一般城鎮。《國語·齊語》:"三十家爲邑,邑有司。"《周禮·夏官·邍師》:"物之可以封邑者。"孫詒讓《正義》:"凡民所聚居,大小通曰邑。"

清華七·越公 40"成邑",讀爲"城邑",城與邑。《國語·楚語上》:"且夫制城邑若體性焉,有首領股肱,至於手拇毛脉,大能掉小,故變而不勤。"

清華七·越公 48"匧邑",讀爲"勾邑",使人聚集成邑。

清華七·越公 71"幣邑",讀爲"敝邑",謙辭。稱自己的國家。《禮記·檀弓下》:"君王討敝邑之罪,又矜而赦之。"《左傳·僖公二十六年》:"寡君聞君親舉玉趾,將辱於敝邑。"

匣紐合聲歸入聲

匣紐劦聲

劦

 清華七·越公 61 必(庀)卒(卒)劦(協)兵

～,從二"力","劦"字異體。《說文·劦部》:"劦,同力也。從三力。《山海經》曰:'惟號之山,其風若劦。'凡劦之屬皆从劦。"

清華七·越公 61"劦",讀爲"協",調整,調和。《書·舜典》:"協時月正日,同律度量衡。"孔傳:"合四時之氣節,月之大小,日之甲乙,使齊一也。"馬融《長笛賦》:"夔襄比律,子埜協呂。"

 清華一·尹誥 02 我克鑯(協)我沓(友)

清華三·芮良夫 13 □□□□□□□□甬（用）龤（協）保

～，甲骨文或作龤（《合集》7）、（《合集》8214）、（《合集》29230）、（《合集》29232）、（《懷特》337）、（《合集》33547），金文或作龤（《近二》540，龤卣）、（《集成》00247，瘨鐘）、（《集成》00249，瘨鐘），从二"耒"或三"耒"，从二"犬"或三"犬"，會意，會二"犬"或三"犬"拉耒協同耕作之意，"協"字異體。戰國文字所從的"耒"，訛成"力"加"月"，有的則省去了"月"。《說文·劦部》："協，眾之同和也。从劦、从十。叶，古文協从日十。叶，或从口。"

　　清華一·尹誥 02 "協"，和睦，合作。《書·湯誓》："有眾率怠弗協。"《左傳·僖公二十二年》："吾兄弟之不協，焉能怨諸侯之不睦？"《說文》："協，眾之同和也。"

　　清華三·芮良夫 13 "龤"，即"協"，悅服。《書·微子之命》："上帝時歆，下民祇協。"《爾雅·釋詁上》："悅……協，服也。"郭璞注："皆謂喜而服從。"

歛

　清華八·攝命 09 佳（雖）民卣（攸）毄（協）弗龔（恭）其魯（旅）

　清華八·攝命 04 非女（汝）亡其毄（協）

～，从"攴"，从"䚩（棘）"，"協"字異體。

　　清華八·攝命 09 "佳民卣毄弗龔其魯"，讀爲"雖民攸協弗恭其旅"。《書·皋陶謨》："天秩有禮，自我五禮有庸哉！同寅協恭和衷哉！"孔傳："衷，善也。以五禮正諸侯，使同敬合恭而和善。"

　　清華八·攝命 04 "非女亡其毄"，讀爲"非汝亡其協"。《左傳·僖公二十二年》："吾兄弟之不協，焉能怨諸侯之不睦？"《左傳·昭公七年》："史朝見成子，告之夢，夢協。"杜預注："協，合也。"

溪紐及聲

及

清華一·程寤 03 王及大（太）子登（發）並拜吉夢

清華一·楚居 02 從,及之盤（泮）

清華一·楚居 05 至酓（熊）乂、酓（熊）舯、酓（熊）䎻（樊）及酓（熊）賜、酓（熊）迅（渠）

清華一·楚居 06 至酓（熊）甬（勇）及酓嚴

清華一·楚居 06 酓（熊）相（霜）及酓（熊）雹（雪）及酓（熊）訓（徇）

清華一·楚居 06 及酓（熊）訓（徇）

清華一·楚居 06 酓（熊）咢及若嚻（敖）酓（熊）義（儀）

清華三·芮良夫 14 以力及复（作）

清華二·繫年 007 幽王及白（伯）盤乃滅

清華二·繫年 029 是生皇嚻（敖）及成王

清華二·繫年 032 或（又）諆（譏）惠公及文公

 清華二·繫年 041 晉文公囟（思）齊及宋之息（德）

 清華二·繫年 042 乃及秦自（師）回（圍）曹及五鹿（鹿）

 清華二·繫年 042 及五鹿（鹿）

 清華二·繫年 042 伐壄（衛）以敓（脫）齊之戍及宋之回（圍）

 清華二·繫年 043 命（令）尹子玉述（遂）銜（率）奠（鄭）、壄（衛）、陳、郤（蔡）及群䜌（蠻）尸（夷）之自（師）

 清華二·繫年 043 文公銜（率）秦、齊、宋及群戎之自（師）

 清華二·繫年 089 楚王子波（罷）會晉文子燮（燮）及者（諸）侯之夫=（大夫）

 清華二·繫年 096 命（令）尹子木會邨（趙）文子武及者（諸）侯之夫=（大夫）

 清華二·繫年 097 令尹會邨（趙）文子及者（諸）侯之夫=（大夫）

 清華四·筮法 38 凸（凡）筲（筮）志事及軍遊（旅）

清華五·厚父10 亦隹（惟）歆（禍）之卣（攸）及

清華六·孺子08 女（如）及三歲（歲）

清華六·孺子12 詛（屬）之夫=（大夫）及百執事

清華六·管仲18 及句（后）辛之身

清華六·管仲23 及嬰（幽）王之身

清華六·管仲27 彙利不及

清華六·太伯甲07 枼（世）及虐（吾）先君武公

清華六·太伯甲07 枼（世）及虐（吾）先君臧（莊）公

清華六·太伯甲09 枼（世）及虐（吾）先君卲公、剌（厲）公

清華六·太伯甲10 今及虐（吾）君

清華六·太伯乙06 枼（世）及虐（吾）先君武公

清華六·太伯乙07 枼（世）及虐（吾）先君臧（莊）公

清華六・太伯乙08 枼（世）及虖（吾）先君卲公、制〈剌〉（厲）公

 清華六・子儀01 公益及

 清華六・子儀02 取（驟）及七年

 清華六・子儀04 君及不穀（穀）剸（專）心穆（戮）力以左右者

（諸）侯
 清華六・子儀15 公及三方者（諸）邘（任）君

 清華七・子犯13 悤（懼）不死型（刑）以及于氒（厥）身

 清華七・子犯15 則桀（桀）及受（紂）、剌（厲）王、幽王

 清華七・越公33 又（有）司及王左右

 清華七・越公39 凡鄒（邊）鄙（縣）之民及又（有）管（官）帀（師）

之人
 清華七・越公40 亓（其）才（在）邑司事及官帀（師）之人則發

（廢）也
 清華七・越公40 凡成（城）邑之司事及官帀（師）之人

清華七・越公 51 王乃歸(親)使(使)人意(請)䎽(問)群大臣及鄾(邊)鄁(縣)成(城)市之多、兵亡(無)兵者

清華七・越公 54 及群數(近)御

清華七・越公 55 及凡庶眚(姓)

清華七・越公 55 及風音誦詩訶(歌)謠(謡)

清華七・越公 64 及昏

清華一・保訓 02 忎(恐)不女(汝)及訓

清華一・保訓 11 不及尔(爾)身受大命

清華三・芮良夫 14 以武及(及)恿(勇)

清華八・邦道 27 及(及)亓(其)埅(野)陧(里)、四陽(邊)

清華一・尹至 02 余返(及)女(汝)皆芒(亡)

清華一・尹至 04 湯盟(盟)慙(誓)返(及)尹

清華一·尹誥 01 隹（惟）尹既汲（及）湯

清華一·耆夜 12 從朝汲（及）夕

清華一·金縢 07 官（管）弔（叔）汲（及）亓（其）群䧐（兄）俤（弟）

乃流言于邦曰

清華一·金縢 11 隹（惟）余沖（沖）人亦弗汲（及）智（知）

清華三·芮良夫 09 凡百君子，汲（及）尔（爾）聿（蓋）臣

清華五·三壽 08 虐（吾）䎽（聞）夫噞（險）非（必）矛汲（及）干

清華五·三壽 26 汲（急）利嚻（傲）神慕（莫）龏（恭）而不募（顧）

于遙（後）

清華八·邦道 01 以汲（及）于身

清華八·邦道 01 以汲（及）祴（滅）由虛丘

清華八·邦道 04 不汲（及）高立（位）厚飤（食）

清華八·邦道 06 則芔（草）木以汲（及）百穀（穀）曼（慢）生

清華八·邦道 07 則芔（草）木以返（及）百繫（穀）茅（茂）長絲實

　清華八·邦道 19 皮（彼）士返（及）攻（工）商

～，或作🖻、🖻，與🖻（上博一·孔 15）、🖻（上博五·鬼 8）同；或作🖻，與🖻（上博二·容 19）同，加"止"繁化；或作🖻，與🖻（上博四·曹 52）、🖻（上博五·鬼 3），加"辵"繁化。《説文·又部》："及，逮也。从又、从人。🖻，古文及。秦刻石及如此。🖻，亦古文及。🖻，亦古文及。"

　　清華一·楚居 02"從，及之"，就去追她，結果追上她。

　　清華二·繫年 042"乃及秦自（師）回（圍）曹及五麇（鹿）"，第一個"及"，等到；第二個"及"，連詞，猶和。

　　清華五·厚父 10"及"，涉及，牽連。《論語·衛靈公》："群居終日，言不及義，好行小慧，難矣哉。"

　　清華六·孺子 08"女（如）及三戔（歲）"，如果等到三年。

　　清華六·管仲 18"及句（后）辛之身"、清華六·管仲 23"及嚳（幽）王之身"，參《孟子·滕文公下》："及紂之身，天下又大亂。"《孟子·梁惠王上》："及寡人之身，東敗於齊，長子死焉。""及"，訓爲至、到。

　　清華六·管仲 27、清華六·子儀 02"及"，《國語·周語中》韋昭注："至也。"

　　清華六·太伯甲 07、09，太伯乙 06、07、08"枼（世）及"，《國語·晉語八》："世及武子，佐文、襄爲諸侯，諸侯無二心。"

　　清華六·子儀 01"公益及"，秦穆公多及。

　　清華六·太伯甲 10"今及虖（吾）君"，《新序·節士》："今及吾君，獨滅之趙宗。國人哀之，故見龜筴，唯君圖之。"

　　清華七·越公 64"及昏"，等到黃昏。

　　清華一·保訓 02"忎（恐）不女（汝）及訓"，恐不及訓汝。（《讀本一》第 82 頁）

　　清華一·尹至 04"湯槃懃返尹"，讀爲"湯盟誓及尹"，即及尹盟誓，倒裝句。《吕氏春秋·慎大》:"湯與伊尹盟,以示必滅夏。"

清華一·金縢 11"隹(惟)余沖(沖)人亦弗返(及)智(知)",今本《書·金縢》作"惟予沖人弗及知"。

清華五·三壽 26"返",讀爲"急"。

清華七·子犯 13、清華八·邦道 01"以返",即"以及",連詞,表示在時間、範圍上的延伸,猶言以至,以至於。《後漢書·仲長統傳》:"漢二百年而遭王莽之亂,計其殘夷滅亡之數,又復倍乎秦、項矣;以及今日,名都空而不居,百里絶而無民者,不可勝數。"

清華八·邦道 04"不返",即"不及",不給,不給予。《左傳·僖公二十四年》:"晉侯賞從亡者,介之推不言禄,禄亦弗及。"

清華八·邦道 27"返亓坒陛、四陽",讀爲"及其野里、四邊"。《周禮·秋官·司民》:"辨其國中,與其都鄙,及其郊野,異其男女,歲登下其死生。"

清華八·邦道 06、07、19"及",連詞,猶和。《詩·豳風·七月》:"六月食鬱及薁,七月烹葵及菽。"

訉

清華一·皇門 07 乃隹(維)訉=(汲汲)

~,從"言","及"聲。

清華一·皇門 07"訉=",讀爲"汲汲",心情急切貌。《禮記·問喪》:"其往送也,望望然,汲汲然,如有追而弗及也。"孔穎達疏:"汲汲然者,促急之情也。"

圾

清華二·繫年 029 圾籍於汝

~,從"土","及"聲。

清華二·繫年 029"圾籍於汝",《左傳·哀公十七年》:"(楚文王)實縣申、息,朝陳、蔡,封畛於汝。"杜預注:"開封畛比至汝水。"《左傳·昭公七年》杜預注:"啓疆北至汝水。""圾",或疑爲"封"之訛字。

級

　清華六・子儀 14 級（給）織不能官尻

～，與🖼（上博五・鮑 9）、🖼（上博八・子 1）同。《説文・糸部》："級，絲次弟也。从糸，及聲。"

清華六・子儀 14"級織"，讀爲"給織"，供應絲織品。"給"，泛指供應。《墨子・備梯》："手足胼胝，面目黧黑，役身給使，不敢問欲。"

疑紐昚聲

昚

　清華一・金縢 05 我則昚（瘞）璧與珪

　　　清華二・繫年 133 昚（厭）年

～，从"石"，"昚"聲。"昚"，上博六・競 10 作🖼，即"昚"字異體。～，楚文字或作🖼（新蔡乙一 15）、🖼（新蔡乙三 24）、🖼（包山 207）；或作🖼、🖼（楚帛書），从"厂""昚"聲。《説文・晉部》："昚，盛皃。从晉，从日。讀若蕤蕤。一曰若存。🖼，籀文昚，从二子。一曰昚即奇字晉。"

清華一・金縢 05"我則昚璧與珪"，《書・金縢》："爾不許我，我乃屏璧與珪。""昚"，讀爲"厭"，或訓爲閉藏，指瘞埋。（陳民鎮、胡凱）或讀爲"瘞"，埋物祭地。《詩・大雅・雲漢》："旱既大甚，藴隆蟲蟲；不殄禋祀，自郊徂宫；上下奠瘞，靡神不宗。"毛傳："上祭天，下祭地，奠其禮，瘞其物。"《周禮・秋官・犬人》："犬人掌犬牲，凡祭祀共犬牲，用牷物，伏瘞亦如之。"鄭玄注引鄭司農曰："瘞謂埋祭也。"北周庾信《周祀方澤歌・皇夏》："瘞玉埋俎，藏芬斂氣。"（陳劍）

清華二・繫年 133"昚年"，即"厭年"，或讀爲"期年"。《説文》："昚，盛皃。

从弄从日。讀若蘹蘹。一曰若存。"上古音"疑"爲疑母之部字,"期"爲羣母之部字,古音十分接近。"期年",一年。《左傳·僖公十四年》:"秋八月辛卯,沙鹿崩。晉卜偃曰:'期年將有大咎,幾亡國。'"或讀爲"薦年",再一年。《爾雅·釋言》:"薦,再也。"

壓

 清華八·處位 03 惓(倦)壓(厭)政事

~,从"土","弄"聲,即"壓"字異體。《説文·土部》:"壓,壞也。一曰塞補。从土,厭聲。"

清華八·處位 03"惓壓",讀爲"倦厭",即"厭倦"。荀悦《漢記·孝武皇帝紀四》:"諸方士後皆無驗,上益厭倦,然猶羈縻不絶,冀望其真。"《後漢書·華佗傳》:"(華佗)因託妻疾,數期不反。操累書呼之,又勅郡縣發遣,佗恃能厭事,猶不肯至。"

疑紐縣聲歸元部繇聲

端紐馽聲

縣(馽)

 清華六·子儀 12 昔縣(質)之坙(來)也

 清華六·子儀 16 昔縣(質)之行

~,从"糸",从"馬",會以繩絆馬之意,"馽"字異體。《説文·馬部》:"馽,絆馬也。从馬,口其足。《春秋傳》曰:'韓厥執馽前。'讀若輒。繫,馽或从糸,執聲。"

清華六·子儀 12、16"縣",即"馽",讀爲"質"。典籍"質""贄""摯"古通(《古字通假會典》第 569 頁)。《説文·馬部》"馽"字或體作"繫"。《左傳·僖公二十二年》:"晉大子圉爲質于秦,將逃歸,謂嬴氏曰:'與子歸乎?'對曰:'子,晉大子,而辱于秦,子之欲歸,不亦宜乎?寡君之使婢子侍執巾櫛,以固子也。從子而歸,弃君命也。不敢從,亦不敢言。'遂逃歸。"或讀爲"贄"。(白於藍)

定紐譶聲

譶

 清華七·越公 31 雩(越)庶民百眚(姓)乃禹(稱)譶薨(悚)思(懼)曰

 清華七·越公 43 譶(及)于左右

 清華七·越公 48 譶(及)于左右

《説文·言部》:"譶,疾言也。从三言。讀若沓。"

清華七·越公 31"譶",讀爲"慴",字又作"慴",恐懼。《漢書·東方朔傳》:"天下震慴。"顔師古注:"慴,恐也。""譶(慴)""悚""懼"皆恐懼之義。(侯乃峰)

清華七·越公 43、48"譶",讀爲"及"。"旁及",至也。《詩·大雅·蕩》:"覃及鬼方。"

𩫞

 清華二·繫年 046 坕(來)𩫞(襲)之

 清華二·繫年 046 秦自(師)湎(將)東𩫞(襲)奠(鄭)

 清華二·繫年 093 鄉(嚮)經(巠)盈𩫞(襲)巷(絳)而不果

 清華二・繫年 094 齊臧(莊)公涉河憙(襲)朝訶(歌)

～,與()(驫羌鐘,《集成》00158)同,从“宀”,“憙”聲。李家浩讀作“襲”。

清華二・繫年 046“秦自㴐東憙奠”,讀爲“秦師將東襲鄭”。《史記・秦本紀》:“鄭人有賣鄭於秦曰:‘我主其城門,鄭可襲也。’”

清華二・繫年“憙”,讀爲“襲”,出其不意的進攻。《春秋・襄公二十三年》:“齊侯襲莒。”杜預注:“輕行掩其不備曰襲。”《逸周書・武稱》:“岠嶮伐夷,并小奪亂,□强攻弱而襲不正,武之經也。”

定紐眔聲

眔

 清華一・皇門 12 朕遺父兄眔朕律(藎)臣

 清華三・說命下 03 眔(既)亦誯(詣)乃備(服)

 清華三・說命下 05 迵(恫)眔(瘝)少(小)民

 清華三・芮良夫 08 埜(靡)所告眔(懷)

 清華五・三壽 18 丂(孝)忈(慈)而衺(哀)眔(鰥)

 清華六・子產 04 官政眔市(師)栗

清華八·攝命09 通(恫)眔(瘝)㝠(寡)眔(鰥)

 清華八·攝命09 通(恫)眔(瘝)㝠(寡)眔(鰥)

 清華八·攝命19 乃眔余言

 清華八·攝命30 隹(唯)𣪊(穀)眔非𣪊(穀)

《說文·目部》:"眔,目相及也。从目,从隶省。"

清華一·皇門12"朕遺父兄眔朕伀(藎)臣",今本《逸周書·皇門》作"朕維其及朕藎臣"。

清華三·說命下03"眔",讀爲"既"。或讀爲"懷"。(白於藍)

清華三·說命下05"週眔",讀爲"恫瘝",病痛,疾苦。《書·康誥》:"嗚呼,小子封,恫瘝乃身,敬哉。"孔傳:"恫,痛;瘝,病。治民務除惡政,當如痛病在汝身欲去之,敬行我言!"《後漢書·和帝紀》:"朕寤寐恫矜,思弭憂釁。"

清華三·芮良夫08、清華六·子產04"眔",讀爲"懷"。《說文·心部》:"懷,念思也。"

清華五·三壽18"衷眔",讀爲"哀鰥"。《戰國策·齊四》:"是其爲人,哀鰥寡,卹孤獨,振困窮,補不足。"

清華八·攝命09"通眔㝠眔",讀爲"恫瘝寡鰥"。"恫瘝",病痛,疾苦。參上。"寡鰥",即"鰥寡",老而無妻或無夫的人。引申指老弱孤苦者。《詩·小雅·鴻雁》:"爰及矜人,哀此鰥寡。"毛傳:"老無妻曰鰥,偏喪曰寡。"

清華八·攝命19"眔",訓爲"及""逮"。

清華八·攝命30"眔",連詞,及,與。

 清華二·繫年080 爲南㴴(懷)之行

清華二·繫年 099 爲南深（懷）之行

～，與▨（上博八·有4）同，从"水"，从"眔"。"眔"是"泣"的初文，上从"目"，下从"水"，即泪水，"水"形豎畫或加一小短橫飾筆，遂訛爲"米"。疑"深"即"泣"字異體。郭店·五行17"泣涕女（如）雨"之"泣"作▨，與上博八形近。（陳斯鵬）

清華二·繫年 080、099"南深"，讀爲"南懷"，地名。《左傳·昭公五年》："楚師濟於羅汭，沈尹赤會楚子，次於萊山。薳射帥繁揚之師，先入南懷，楚師從之。及汝清，吴不可入。楚子遂觀兵於坻箕之山。"

定紐十聲

十

 清華二·繫年 003 十又四年

 清華二·繫年 018 周惠王立十又七年

 清華二·繫年 036 文公十又二年居翟（狄）

 清華二·繫年 061 楚臧（莊）王立十又四年

 清華二·繫年 074 臧（莊）王立十又五年

 清華二·繫年 096 晉臧（莊）坪（平）公立十又二年

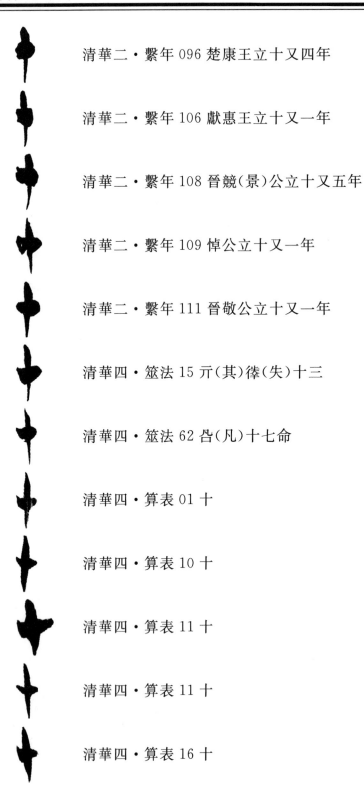

清華二·繫年096 楚康王立十又四年

清華二·繫年106 獻惠王立十又一年

清華二·繫年108 晉競(景)公立十又五年

清華二·繫年109 悼公立十又一年

清華二·繫年111 晉敬公立十又一年

清華四·筮法15 亓(其)徉(失)十三

清華四·筮法62 占(凡)十七命

清華四·算表01 十

清華四·算表10 十

清華四·算表11 十

清華四·算表11 十

清華四·算表16 十

清華四·算表 19 十

清華四·算表 20 十

清華四·算表 21 十

清華四·算表 08 百二十

清華四·算表 09 百二十

清華四·算表 15 百二十

清華四·算表 05 百四十

清華四·算表 10 百四十

清華四·算表 14 百四十

清華四·算表 19 百四十

清華四·算表 09 百五十

清華四·算表 04 百六十

清華四·算表 13 百六十

清華四·算表 15 百八十

清華四·算表 14 二十一

清華四·算表 17 二十四

清華四·算表 15 二十四

清華四·算表 14 二十八

清華四·算表 17 二十八

清華四·算表 05 二百一十

清華四·算表 09 二百十

清華四·算表 14 二百十

清華四·算表 18 二百十

清華四·算表 04 二百四十

清華四·算表 06 二百四十

清華四·算表 08 二百四十

清華四·算表 09 二百四十

清華四·算表 13 二百四十

清華四·算表 15 二百四十

清華四·算表 17 二百四十

清華四·算表 18 二百四十

清華四·算表 03 二百七十

清華四·算表 09 三十

清華四·算表 15 三十

清華四·算表 17 三十二

清華四·算表 14 三十五

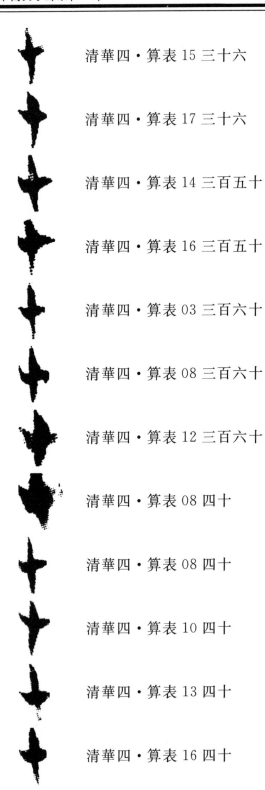

清華四・算表 15 三十六

清華四・算表 17 三十六

清華四・算表 14 三百五十

清華四・算表 16 三百五十

清華四・算表 03 三百六十

清華四・算表 08 三百六十

清華四・算表 12 三百六十

清華四・算表 08 四十

清華四・算表 08 四十

清華四・算表 10 四十

清華四・算表 13 四十

清華四・算表 16 四十

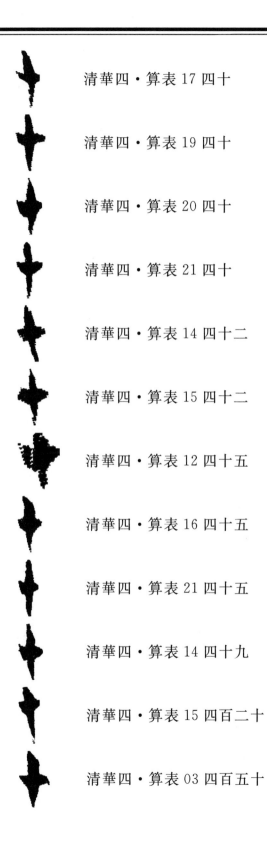

清華四·算表 17 四十

清華四·算表 19 四十

清華四·算表 20 四十

清華四·算表 21 四十

清華四·算表 14 四十二

清華四·算表 15 四十二

清華四·算表 12 四十五

清華四·算表 16 四十五

清華四·算表 21 四十五

清華四·算表 14 四十九

清華四·算表 15 四百二十

清華四·算表 03 四百五十

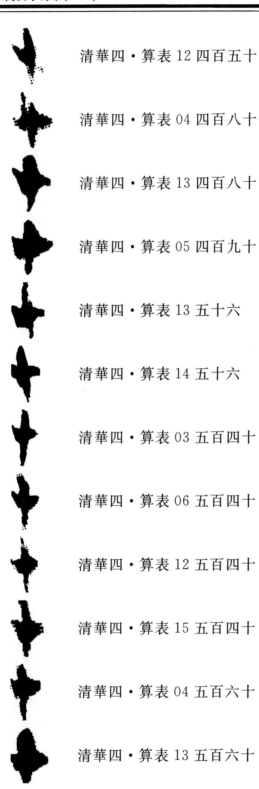

清華四·算表12 四百五十

清華四·算表04 四百八十

清華四·算表13 四百八十

清華四·算表05 四百九十

清華四·算表13 五十六

清華四·算表14 五十六

清華四·算表03 五百四十

清華四·算表06 五百四十

清華四·算表12 五百四十

清華四·算表15 五百四十

清華四·算表04 五百六十

清華四·算表13 五百六十

清華四·算表 12 六十三

清華四·算表 04 六百四十

清華四·算表 13 六百四十

清華四·算表 03 七百二十

清華四·算表 04 七百二十

清華四·算表 03 八百一十

清華四·算表 12 八百十

清華四·算表 15 十二

清華四·算表 17 十二

清華四·算表 18 十二

清華四·算表 19 十二

清華四·算表 14 十四

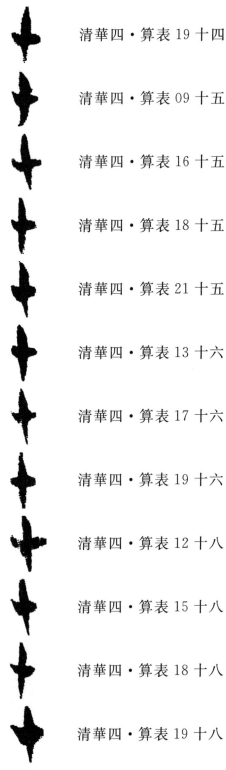

清華四·算表 19 十四

清華四·算表 09 十五

清華四·算表 16 十五

清華四·算表 18 十五

清華四·算表 21 十五

清華四·算表 13 十六

清華四·算表 17 十六

清華四·算表 19 十六

清華四·算表 12 十八

清華四·算表 15 十八

清華四·算表 18 十八

清華四·算表 19 十八

清華五·厚門 08 十月乃成

 清華一·耆夜 10(背)十

 清華一·金縢 10(背)十

 清華一·皇門 10(背)十

 清華一·祭公 10(背)十

 清華二·繫年 010(背)十

 清華二·繫年 110(背)百十

 清華二·繫年 111(背)百十一

 清華二·繫年 112(背)百十二

 清華二·繫年 113(背)百十三

 清華二·繫年 114(背)百十厶(四)

 清華二·繫年 115(背)百十五

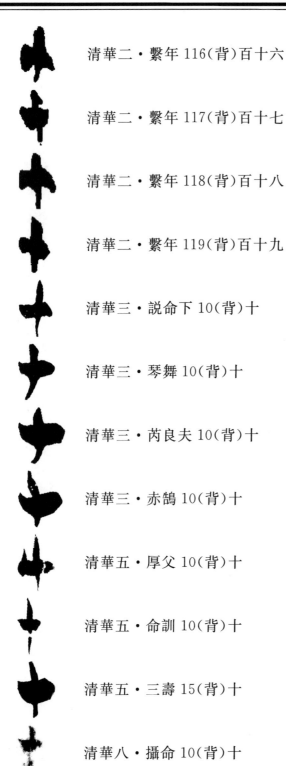

清華二·繫年116(背)百十六

清華二·繫年117(背)百十七

清華二·繫年118(背)百十八

清華二·繫年119(背)百十九

清華三·說命下10(背)十

清華三·琴舞10(背)十

清華三·芮良夫10(背)十

清華三·赤鵠10(背)十

清華五·厚父10(背)十

清華五·命訓10(背)十

清華五·三壽15(背)十

清華八·攝命10(背)十

清華八·邦政 10(背)十

 清華八·處位 10(背)十

 清華一·耆夜 11(背)十一

 清華一·金縢 11(背)十一

 清華一·皇門 11(背)十一

 清華一·祭公 11(背)十一

 清華二·繫年 011(背)十一

 清華三·琴舞 11(背)十一

 清華三·芮良夫 11(背)十一

 清華三·赤鵠 11(背)十一

 清華五·厚父 11(背)十一

 清華五·命訓 11(背)十一

清華五・三壽 11(背)十一

清華八・攝命 11(背)十一

清華八・邦政 11(背)十一

清華八・處位 11(背)十一

清華一・耆夜 12(背)十二

清華一・金縢 12(背)十二

清華一・皇門 12(背)十二

清華一・祭公 12(背)十二

清華二・繫年 012(背)十二

清華三・琴舞 12(背)十二

清華三・芮良夫 12(背)十二

清華三・赤鵠 12(背)十二

清華五·厚父 12(背)十二

清華五·命訓 12(背)十二

清華五·三壽 12(背)十二

清華八·攝命 12(背)十二

清華八·邦政 12(背)十二

清華一·耆夜 13(背)十三

清華一·金縢 13(背)十三

清華一·皇門 13(背)十三

清華一·祭公 13(背)十三

清華二·繫年 013(背)十三

清華三·琴舞 13(背)十三

清華三·芮良夫 13(背)十三

清華三·赤鵠 13(背)十三

清華五·厚父 13(背)十三

清華五·命訓 13(背)十三

清華五·三壽 13(背)十三

清華八·攝命 13(背)十三

清華八·邦政 13(背)十三

清華一·耆夜 14(背)十四

清華一·金縢 14(背)十四

清華一·祭公 14(背)十四

清華二·繫年 014(背)十四

清華三·琴舞 14(背)十四

清華三·芮良夫 14(背)十四

清華三·赤鵠 14(背)十四

清華五·三壽 14(背)十四

清華八·攝命 14(背)十四

清華一·祭公 15(背)十五

清華二·繫年 015(背)十五

清華三·琴舞 15(背)十五

清華三·芮良夫 15(背)十五

清華三·赤鵠 15(背)十五

清華五·三壽 10(背)十五

清華八·攝命 15(背)十五

清華一·祭公 16(背)十六

清華二·繫年 016(背)十六

清華三·琴舞 16(背)十六

清華三·芮良夫 16(背)十六

清華五·三壽 16(背) 十六

清華八·攝命 16(背)十六

清華一·祭公 17(背)十七

清華二·繫年 017(背)十七

清華三·芮良夫 17(背)十七

清華五·三壽 17(背)十七

清華八·攝命 17(背)十七

清華一·祭公 18(背)十八

清華二·繫年 018(背)十八

清華三·芮良夫 18(背)十八

清華五·三壽 18(背) 十八

清華八·攝命 18(背) 十八

清華一·祭公 19(背) 十九

清華二·繫年 019(背)(殘) 十九

清華三·芮良夫 19(背) 十九

清華五·三壽 19(背) 十九

清華八·攝命 19(背) 十九

～，與 ◆(上博二·從甲 5)、◆(上博五·君 11)、✦(上博三·周 24)、✦(上博七·武 11)、◆(上博八·命 10)同。《說文·十部》："十，數之具也。一爲東西，丨爲南北，則四方中央備矣。"

清華五·甯門 08"十月"，一年中的第十個月。《詩·豳風·七月》："八月其穫，十月隕蘀。"《史記·劉敬叔孫通列傳》："漢七年，長樂宮成，諸侯群臣皆朝十月。"司馬貞《索隱》："案：諸書並云十月爲歲首。"

清華"十"，數之終，也是足數。

定紐龖聲

袭

 清華一·楚居 09 至皇䎽(敖)自福丘遲(徙)袭(襲)箬(鄀)郢

 清華一·楚居 09 至成王自箬(鄀)郢遲(徙)袭(襲)湫(沈)涅

 清華一·楚居 10 至穆王自㷼(睽)郢遲(徙)袭(襲)爲郢

 清華一·楚居 10 至臧(莊)王遲(徙)袭(襲)䔒(樊)郢

 清華一·楚居 11 袭(襲)爲郢

 清華一·楚居 12 遲(徙)袭(襲)爲郢

 清華一·楚居 13 返(復)遲(徙)袭(襲)㜏(嫭)郢

 清華一·楚居 13 至獻惠王自㜏(嫭)郢遲(徙)袭(襲)爲郢

 清華一·楚居 13 女(焉)遲(徙)袭(襲)湫(沈)郢

 清華一·楚居 16 女(焉)遲(徙)袭(襲)肥遺

清華二·繫年 038 囟（使）袤（襲）褱（懷）公之室

清華二·繫年 111 戉（越）人因袤（襲）吳之與晉爲好

清華七·越公 27 乃因司袤（襲）尚（常）

～，與 、同，从"衣"在"衣"中，象重衣之形，"襲"字異體。《説文·衣部》："襲，左衽袍。从衣，龖省聲。![]，籒文襲不省。"

清華一·楚居"遲袤"，讀爲"徙襲"，因襲前王之郢而居之。"襲"，因襲。《小爾雅·廣詁》："襲，因也。"

清華二·繫年 038"袤"，即"襲"，因襲。《禮記·内則》"寒不敢襲"，鄭玄注："襲謂重衣。"引申爲"重、層"，《管子·輕重丁》："使其牆三重而門九襲。"尹知章注："襲，亦重也。"

清華二·繫年 111"因袤"，因襲，沿襲，前後相承。《史記·龜策列傳序》："孝文、孝景因襲掌故，未遑講試。"

清華七·越公 27"因司袤尚"，讀爲"因司襲常"，因襲常規。

闟

清華六·太伯甲 06 輹（覆）車闟（襲）焱

清華六·太伯乙 05 輹（覆）車闟（襲）焱

清華七·越公 26 吳人既闟（襲）雩（越）邦

清華七·越公 68 乃述(遂)閹(襲)吳

　清華七·越公 69 閹(襲)吳邦

～，从"門""衮"，"襲"字繁體。"衮"字參上。

清華六·太伯甲 06、太伯乙 05"閹"，即"襲"。《文選·班彪〈王命論〉》："思有短褐之襲。"李善注："《說文》曰：'襲，重衣也'"。簡文"襲淼"猶云被甲。或說淼爲表二水之間的地名。簡文"襲淼"，出其不意的進攻淼。

清華七·越公 26、68，清華七·越公 69"閹"，即"襲"，出其不意的進攻。《春秋·襄公二十三年》："齊侯襲莒。"杜預注："輕行掩其不備曰襲。"

泥紐夲聲

執

　清華一·尹至 05 執(摯)氐(厎)

　清華一·尹至 05 執(摯)悳(德)不懈(僭)

　清華一·尹誥 02 執(摯)告湯曰

　清華一·尹誥 03 執(摯)曰

　清華一·金縢 06 乃命執事人曰

　清華一·金縢 10 王䎽(問)執事人

· 3398 ·

清華二·繫年035 惠公女（焉）以亓（其）子褱（懷）公爲執（質）于秦

 清華二·繫年080 執吴王子鯎（蹷）鯀（由）

 清華二·繫年135 三執珪之君與右尹卲（昭）之妃（竢）死女（焉）

 清華三·説命上03 尔（爾）左執朕袂

 清華七·晉文公02 命訟獄（獄）敂（拘）執罜（釋）

 清華七·越公24 齊執同力

 清華七·越公45 王見亓（其）執事人則卲（怡）忩（豫）悥（憙）也

 清華七·越公46 王見亓（其）執事人

 清華五·厚父13 惠（德）濬明執訐（信）以義成

 清華五·厚父14 惠（德）夒（變）亟執譸以亡成

 清華六·管仲06 執即（節）豖繩（繩）

清華六·管仲 10 執五尺（度）

 清華六·管仲 11 執悳（德）女（如）縣

 清華六·管仲 11 執正（政）女（如）繩（繩）

 清華六·管仲 12 敢䎽（問）可（何）以執成

 清華六·管仲 18 執事又（有）棕（餘）

 清華六·孺子 09 思群臣旻（得）執女（焉）

 清華六·孺子 12 誋（屬）之夫=（大夫）及百執事

 清華八·邦政 05 亓（其）君執棟

 清華八·處位 01 與（舉）介執事

~，與⬚（上博二·容 24）、⬚（上博六·競 10）同，右下之"女"形實爲"止"形之訛。《説文·𠬢部》："執，捕罪人也。从𠬢、从㚔，㚔亦聲。"

清華一·尹至 05，尹誥 02、03"執"，讀爲"摯"，伊尹名摯。見《孫子·用間》："昔殷之興也，伊摯在夏；周之興也，呂牙在殷。"《墨子·尚賢中》："伊摯，有莘氏女之私臣，親爲庖人。湯得之，舉以爲己相，與接天下之政，治天下之民。"

清華一·金縢 06、10，清華七·越公 45、46"執事人"，有職守之人，官員。

《書·盤庚下》:"嗚呼！邦伯師長百執事之人,尚皆隱哉。"孔穎達疏:"其百執事謂大夫以下,諸有職事之官皆是也。"

清華六·孺子12"百執事",猶百官。《書·盤庚下》:"邦伯、師長、百執事之人,尚皆隱哉。"《國語·吳語》:"王總其百執事,以奉其社稷之祭。"韋昭注引賈逵曰:"百執事,百官。"

清華六·管仲18、清華八·處位01"執事",從事工作,主管其事。《周禮·天官·大宰》:"九曰閒民,無常職,轉移執事。"鄭玄注引鄭司農云:"閒民,謂無事業者,轉移爲人執事,若今傭賃也。"《史記·蒙恬列傳》:"及成王有病甚殆,公旦自揃其爪以沈於河,曰:'王未有識,是旦執事。有罪殃,旦受其不祥。'"

清華二·繫年035"惠公女以亓子襄公爲執于秦",讀爲"惠公焉以其子懷公爲質于秦"。參《左傳·僖公十七年》:"夏,晉大子圉爲質於秦,秦歸河東而妻之。""執",讀爲"質",留作抵押的人。《左傳·隱公三年》:"王貳于虢,鄭伯怨王,王曰無之,故周鄭交質。王子狐爲質於鄭,鄭公子忽爲質於周。"

清華二·繫年080"執",拘捕。《詩·大雅·常武》:"鋪敦淮濆,仍執醜虜。"

清華二·繫年135"執珪",楚之爵位。《呂氏春秋·知分》:"荆王聞之,仕之執圭。"簡文"三執珪之君",即魯陽公、平夜君、陽城君。

清華七·晉文公02"敓執",讀爲"拘執",拘捕。《史記·李斯列傳》:"李斯拘執束縛,居囹圄中。"

清華七·越公24"齊執同力",八號簡有"齊膝同心"。"齊執"猶共舉,"齊郄"猶步調一致,皆同心協力之謂。

清華五·厚門13"執信",秉持信義。《左傳·襄公二十二年》:"君人執信,臣人執共。忠、信、篤、敬,上下同之,天之道也。"

清華五·厚門14"執譌",與"執信"相對,秉持虛假。

清華六·管仲06"執",《論語·子路》劉寶楠《正義》:"猶行也。"

清華六·管仲10"執",主持,掌管。《周禮·天官·小宰》:"執邦之九貢、九賦、九式之貳,以均財節邦用。"

清華六·管仲11"執德",固守仁德,遵守道德規範。《論語·子張》:"執德不弘,信道不篤。"《漢書·成帝紀》:"朕執德不固,謀不盡下。"

清華六·管仲11"執正",讀爲"執政",掌管國家政事。《左傳·襄公十年》:"有災,其執政之三士乎？"

清華六·管仲12"執成",守成。"執",《禮記·曲禮上》鄭玄注:"猶守也。"

清華六·孺子09"思群臣旻(得)執女(焉)",而群臣得用。"執",訓"用"。

《莊子·達生》："吾執臂也。"成玄英疏："執,用也。"

清華八·邦政05"執",拿,持。《大戴禮記·四代》："執國之節。"王聘珍注："執,持也。"《詩·邶風·簡兮》："左手執籥,右手秉翟。"

摯

 清華一·楚居 06 至酓(熊)朔、酓(熊)摯(摯)居發(發)漸

 清華一·楚居 06 酓(熊)摯(摯)遲(徙)居旁屽

~,從"又""執","摯"字異體。《說文·手部》："摯,握持也。从手、从執。"

清華一·楚居06"酓摯",讀爲"熊摯",熊渠之孫,熊毋康之子。《左傳·僖公二十六年》："夔子不祀祝融與鬻熊,楚人讓之,對曰:'我先王熊摯有疾,鬼神弗赦,而自竄于夔。吾是以失楚,又何祀焉?'"杜預注:"熊摯,楚嫡子,有疾不得嗣位,故別封爲夔子。"

敜

 清華二·繫年 049 秦女(焉)刞(始)與晉敜(執)衡

 清華二·繫年 060 以芋(華)孫兀(元)爲敜(質)

 清華二·繫年 070 郘(駒)之克乃敜(執)南章(郭)子、鄭(蔡)子、安(晏)子以歸(歸)

 清華二·繫年 098 敜(執)邾(徐)公

 清華三·祝辭 01 乃敜(執)釆(幣)以祝曰

清華三·祝辭 02 乃左敫(執)土以祝曰

～，從"攴""夲"，"執"字異體。

清華二·繫年 049"敫衞"，即"執亂"，與"爲好"相對，義當近於"執讎"。《國語·越語上》："寡人不知其力之不足也，而又與大國執讎。"韋昭注："執，猶結也。"《魯語上》"亂在前矣"，韋昭注"亂，惡也"，是執亂猶云結惡。

清華二·繫年 060"敫"，讀爲"質"。參上。

清華二·繫年 070、098"敫"，即"執"，拘捕。《詩·大雅·常武》："鋪敦淮濆，仍執醜虜。"

清華三·祝辭 01"敫采"，讀爲"執幣"。《儀禮·聘禮》："擯者執上幣，士執衆幣；有司二人舉皮，從其幣。出請受。委皮南面；執幣者西面北上。"

清華三·祝辭 02"敫"，即"執"，拿，持。《詩·邶風·簡兮》："左手執籥，右手秉翟。"

清華一·皇門 10 卑(譬)女(如)鼗(匹)夫之又(有)忞(婚)妻

～，右上 ，爲"廾"或"卂"之省，從"羍"，會雙手銬在桍內，加注"古"聲，"執"字異體。戲鈹(《鳥蟲書通考》第 462 頁)" "，除去" "的飾件，下部爲"鞎"字。曹錦炎釋"執"。

清華一·皇門 10"鼗"，即"執"，疑讀爲"匹"。典籍"濞""執"二字古通，如：《史記·魯世家》"真公濞"，《漢書·律曆志下》作"慎公執"。典籍中"比""鼻""庇""秘"古通，出土文獻中"必""匹""佖""匹"通假。"濞""匹"上古音均爲滂紐質部。簡文"卑(譬)女(如)執(匹)夫之又(有)忞(婚)妻"，今本《逸周書·皇門》作"譬若匹夫之有婚妻"。"匹夫"，古代指平民中的男子，亦泛指平民百姓。《左傳·昭公六年》："匹夫爲善，民猶則之，況國君乎？"《韓非子·有度》："刑過不避大臣，賞善不遺匹夫。"班固《白虎通·爵》："庶人稱匹夫者，匹，偶也。與其妻爲偶，陰陽相成之義也。"（徐在國）

籔

 清華六・太伯甲 05 籔（攝）䩯（胄）䪾（擐）䩭（甲）

 清華六・太伯乙 05 籔（攝）䩯（胄）䪾（擐）䩭（甲）

 清華七・趙簡子 09 顗（夏）不張籔（箑）

籔，與箑（上博四・柬 15）同，从"竹"，"埶"聲。籔，从"竹"省、丮（"埶"所从）"省。《集韻》："籔，竹名。"

清華六・太伯甲 05、太伯乙 05"籔䩯䪾䩭"，讀爲"攝胄擐甲"。《左傳・成公二年》："擐甲執兵，固即死也。病未及死，吾子勉之！""攝"，訓爲結。"攝胄"，和"嬰胄"義近。《穀梁傳・僖公二十二年》："古者被甲嬰胄，非以興國也，則以征無道也，豈曰以報其恥哉？"《後漢書・虞延傳》："王莽末，天下大亂，延常嬰甲胄，擁衛親族，扞禦鈔盜，賴其全者甚衆。"或讀爲"笠"。（紫竹道人）

清華七・趙簡子 09"顗不張籔"，讀爲"夏不張箑"。上博四・柬 15"篆籔"，讀爲"藻箑"，可證。"箑"，字或作"箞、翣、篓"。《說文・竹部》："箑，扇也。從竹，疌聲。箞，箑或从妾。"《小爾雅・廣服》："大扇謂之翣。"《周禮・春官・巾車》："輂車，組輓，有翣，羽蓋。"鄭玄注："有翣，所以禦風塵。以羽作小蓋，爲翳日也。"《淮南子・精神》："知冬日之箑、夏日之裘無用於己，則萬物之變爲塵埃矣。"高誘注："楚人謂扇爲箑。"

䩭

 清華二・繫年 089 爾（弭）天下之䩭（甲）兵

 清華二・繫年 097 爾（弭）天下之䩭（甲）兵

清華二·繫年 102 七哉（歲）不解虢（甲）

　清華六·太伯甲 05 䂤（攝）辠（胄）譸（擐）虢（甲）

　清華六·太伯甲 11 君而虢（狎）之

　清華六·太伯乙 05 䂤（攝）辠（胄）譸（擐）虢（甲）

　清華六·太伯乙 10 君而虢（狎）之

　清華七·晉文公 04 命䕼（蒐）攸（修）先君之䡅（乘）貟（式）車虢（甲）

　清華六·子產 27 不用民於兵虡（甲）戰戜（鬭）

　清華七·趙簡子 07 車虡（甲）外

　清華七·趙簡子 08 辟（親）冒虡（甲）辠（胄）

　清華一·耆夜 02 辛公諫虡（甲）爲立（位）

　清華八·邦道 24 兵虡（甲）聚（驟）記（起）

，與（上博四·曹 31）、（上博四·曹 39）同，从"虍"、从"夳（幸）"，象刑具之形。或作 ▨、▨，從"虎"，均用爲"甲"，李零認爲可能是"柙"之本字，李家浩認爲"虘"當是"虘（狎）"字異體。

清華二·繫年089、097"虙兵"，讀爲"甲兵"，鎧甲和兵械，泛指兵器。《詩·秦風·無衣》："王于興師，脩我甲兵，與子偕行。"《韓非子·十過》："城郭不治，倉無積粟，府無儲錢，庫無甲兵，邑無守具。"《左傳·襄公二十五年》："若敬行其禮，道之以文辭，以靖諸侯，兵可以弭。"

清華二·繫年102"解虙"，讀爲"解甲"，脫下戰衣。指軍事行動間歇期間的休息。《吴子·料敵》："道遠日暮，士衆勞懼，倦而未食，解甲而息。"

清華六·太伯甲05、太伯乙05"瞏虙"，讀爲"擐甲"，穿上甲胄，貫甲。《左傳·成公二年》："擐甲執兵，固即死也。病未及死，吾子勉之！"

清華六·太伯甲11、太伯乙10"虙"，讀爲"狎"，接近，親近。《書·太甲上》："予弗狎于弗順，營于桐宫，密邇先王其訓，無俾世迷。"孔傳："狎，近也。"《左傳·襄公六年》："宋華弱與樂轡少相狎。"杜預注："狎，親習也。"

清華七·晉文公04、趙簡子07"車虙""車虘"，讀爲"車甲"，兵車和鎧甲。《禮記·王制》："有發則命大司徒教士以車甲。"鄭玄注："乘兵車衣甲之儀。"《周禮·夏官·諸子》："若有兵甲之事，則授之車甲，合其卒伍，置其有司，以軍灋治之。"

清華六·子産27、清華八·邦道24"兵虘"，讀爲"兵甲"，戰事，戰爭。《戰國策·秦一》："明言章理，兵甲愈起。"《史記·越王勾踐世家》："蠡對曰：'兵甲之事，種不如蠡。'"

清華七·趙簡子08"虘冑"，讀爲"甲冑"，鎧甲和頭盔。《易·説卦》："離爲火，爲日，爲電，爲中女，爲甲胄，爲戈兵。"《書·説命中》："惟口起羞，惟甲胄起戎。"孔傳："甲，鎧；胄，兜鍪也。"《漢書·王莽傳上》："甲胄一具，柜鬯二卣。"簡文"親冒甲胄"，《戰國策·韓一》："山東之卒，被甲冒胄以會戰，秦人捐甲徒裼以趨敵，左挈人頭，右挾生虜。"《史記·張儀列傳》："山東之士被甲蒙胄以會戰，秦人捐甲徒裼以趨敵，左挈人頭，右挾生虜。"《國語·晉語六》："以寡君之靈，閒蒙甲胄。"韋昭注："蒙，被也。"

清華一·耆夜02"辛公諫虘（甲）"，人名。

虖

 清華五・三壽 20 虖（浹）髀（祇）不易

～，从"廾"，"虖"聲。

清華五・三壽 20"虖"，葉部字，或讀爲"浹"，訓周。《荀子・儒效》"盡善挾治之謂神"，楊倞注："挾讀爲浹。浹，周洽也。""浹祇"，指周洽祇敬。或讀爲"攝"。（白於藍）

來紐立聲

立

清華一・保訓 05 廼易立（位）執（設）詣（稽）

清華一・耆夜 02 辛公諆虘（甲）爲立（位）

清華一・金縢 02 周公立女（焉）

清華一・金縢 07 城（成）王由（猶）學（幼）才（在）立（位）

清華一・皇門 01 穮（蔑）又（有）耆耇慮（慮）事嚊（屏）朕立（位）

清華一・皇門 07 至于氒（厥）逡（後）嗣立王

清華一・祭公 01 孫（昧）亓（其）才（在）立（位）

清華一·楚居12 競(景)坪(平)王即立(位)

 清華二·繫年003 龍(共)白(伯)和立

 清華二·繫年003 洹(宣)王即立(位)

 清華二·繫年004 立卅=(三十)又九年

 清華二·繫年007 邦君者(諸)正乃立幽王之弟舍(余)臣于虢(虢)

 清華二·繫年008 立廿=(二十)又一年

 清華二·繫年009 立之于京𠂤(師)

 清華二·繫年010 臧(莊)公即立(位)

 清華二·繫年010 卲(昭)公即立(位)

 清華二·繫年011 亓(其)大=(大夫)高之巨(渠)爾(彌)殺卲(昭)公而立亓(其)弟子睂(眉)壽

 清華二·繫年012 改立柬(厲)公

清華二·繫年013 殺三監而立彔子耿

清華二·繫年018 周惠王立十又七年

清華二·繫年020 立惪（戴）公申

清華二·繫年021 成公即立（位）

清華二·繫年032 乃立瓠（奚）脊（齊）

清華二·繫年033 而立亓（其）弟悼子

清華二·繫年034 立六年

清華二·繫年038 裹（懷）公即立（位）

清華二·繫年039 晉人殺裹（懷）公而立文公

清華二·繫年041 晉文公立四年

清華二·繫年045 晉文公立七年

清華二·繫年052 豫（舍）亓（其）君之子弗立

清華二·繫年053 乃立需（靈）公

清華二·繫年055 需（靈）公高立六年

清華二·繫年056 楚穆王立八年

清華二·繫年058 臧（莊）王即立（位）

清華二·繫年061 楚臧（莊）王立十又四年

清華二·繫年066 晉競（景）公立八年

清華二·繫年074 楚臧（莊）王立

清華二·繫年074 臧（莊）王立十又五年

清華二·繫年077 龏（共）王即立（位）

清華二·繫年081 競（景）坪（平）王即立（位）

清華二·繫年083 卲（昭）王即立（位）

清華二·繫年085 楚龔（共）王立七年

清華二·繫年 087 朿（厲）公即立（位）

清華二·繫年 091 晉臧（莊）坪（平）公即立（位）兀（元）年

清華二·繫年 093 坪（平）公立五年

清華二·繫年 096 晉臧（莊）坪（平）公立十又二年

清華二·繫年 096 楚康王立十又四年

清華二·繫年 097 乳₌（孺子）王即立（位）

清華二·繫年 098 霝（靈）王即立（位）

清華二·繫年 099 競（景）坪（平）王即立（位）

清華二·繫年 100 朿（簡）公即立（位）

清華二·繫年 100 卲（昭）王即立（位）

清華二·繫年 104 楚霝（靈）王立

清華二·繫年 104 競（景）坪（平）王即立（位）

清華二·繫年105 卲(昭)[王]即立(位)

清華二·繫年106 獻惠王立十又一年

清華二·繫年108 晉競(景)公立十又五年

清華二·繫年109 悼公立十又一年

清華二·繫年109 晉柬(簡)公立五年

清華二·繫年110 夫秦(差)王即立(位)

清華二·繫年111 晉敬公立十又一年

清華二·繫年112 晉幽公立四年

清華二·繫年114 楚柬(簡)大王立七年

清華二·繫年119 楚聖(聲)起(桓)王即立(位)兀(元)年

清華二·繫年126 楚聖(聲)起(桓)王立四年

清華二·繫年127 刟(悼)折(哲)王即立(位)

 清華三·琴舞 07 孳=(懿懿)亓(其)才(在)立(位)

清華三·琴舞 11 彌(弼)敢宺(荒)才立(位)

清華三·琴舞 12 不(丕)㬎(顯)亓(其)有立(位)

清華三·芮良夫 16 莫禹(稱)氒(厥)立(位)

 清華四·筮法 33 㢘(次)於四立(位)之中

 清華四·筮法 33 上軍之立(位)

 清華四·筮法 33 中軍之立(位)

 清華四·筮法 33 子眚(姓)之立(位)

 清華四·筮法 33 躳身之立(位)

 清華四·筮法 33 君之立(位)也

 清華四·筮法 33 身之立(位)也

清華四·筮法 33 門之立(位)也

清華四·筮法 33 室之立(位)也

 清華四·筮法 36 下軍之立(位)

 清華四·筮法 36 㐄(次)軍之立(位)

 清華四·筮法 36 臣妾之立(位)

 清華四·筮法 36 妻之立(位)也

 清華四·筮法 36 臣之立(位)也

 清華四·筮法 36 大夫之立(位)

 清華四·筮法 36 外之立(位)也

 清華四·筮法 36 宮廷之立(位)

 清華四·筮法 39 乃䗪(惟)兇之所集於四立(位)是視

 清華五·命訓 01 立明王以愻(訓)之

 清華六·管仲 06 立楠(輔)女(如)之可(何)

清華六·管仲07 可立於桶（輔）

清華六·管仲07 既立桶（輔）

清華六·子產02 不良君古（怙）立（位）劫（固）寚（福）

清華六·子產02 有戒所以緷（申）命固立=（位，位）固邦安

清華六·子產04 所以自堯（勝）立审（中）

清華六·子產09 君人立（莅）民又（有）道

清華六·子產09 旻（得）立（位）命固

清華七·越公55 粦（唯）立（位）之宋（次）尻

清華八·攝命11 弗羿（功）我一人才（在）立（位）

清華八·攝命20 甬（用）辟余才（在）立（位）

清華八·攝命27 亦余一人永𩁾（安）才（在）立（位）

清華八·攝命32 即立（位）

清華八·攝命 32 士茊右白（伯）㚇（攝）立才（在）中廷

 清華八·邦政 04 亓（其）立（位）受（授）能而不埜（外）

 清華八·邦政 09 亓（其）立（位）用悆（愁）民

 清華八·處位 01 邦豪（家）凥（處）立（位）

 清華八·處位 03 子立弋（代）父

 清華八·邦道 02 貴俴（賤）之立（位）

 清華八·邦道 04 高立（位）厚飤（食）

 清華八·邦道 04 以呺（待）明王聖君之立

 清華八·邦道 05 䢾（遠）才（在）下立（位）而不由者

 清華八·邦道 12 貴戔（賤）之立（位）者（諸）同雀（爵）者

 清華八·邦道 14 不惎（謀）初忢（過）之不立

 清華八·邦道 19 隹（雖）䏌（踐）立（位）豐录（禄）

～，與☐（上博一·孔 24）、☐（上博四·柬 1）、☐（上博五·姑 7）、☐（上博六·孔 21）、☐（上博六·天乙 6）、☐（上博七·武 10）同。"立"字象正面站立於地之人形。《說文·立部》："立，住也。从大立一之上。"

清華一·保訓 05"立"，讀爲"位"，指職位、官爵。

清華一·耆夜 02"立"，讀爲"位"，簡文"辛公諫甲爲位"，是正君臣之位。《周禮·夏官·小臣》："正王之燕服位。"

清華一·金縢 07，清華一·祭公 01，清華三·琴舞 07、11，清華八·攝命 11、20、27"才立"，讀爲"在位"，居於君主之位。《史記·五帝本紀》："自玄囂與蟜極皆不得在位，至高辛即帝位。"《書·舜典》："舜生三十徵，庸三十，在位五十載，陟方乃死。"

清華一·皇門 01"穢又耆耇慮事鳴朕立"，讀爲"蔑有耆耇慮事屏朕位"。《書·堯典》："朕在位七十載，汝能庸命，巽朕位？"

清華一·皇門 07"立王"，所立的君王，在位的君王。《書·無逸》："自時厥後，立王生則逸。"《左傳·昭公三年》："楚人日徵敝邑，以不朝立王之故。"

清華一·金縢 02、清華二·繫年"立"，登位，即位。《左傳·隱公三年》："桓公立，乃老。"《戰國策·齊一》："數年，威王薨，宣王立。"《史記·孟嘗君列傳》："齊襄王新立，畏孟嘗君，與連和，復親薛公。"

清華三·琴舞 12"有立"，讀爲"有位"，疑指前文人在帝側之位。

清華四·筮法 33"四立"，讀爲"四位"指右上、右下、左上、左下四卦。

清華四·筮法"立"，讀爲"位"，位置，方位。《書·召誥》："越三日庚戌，太保乃以庶殷攻位于洛汭。越五日甲寅，位成。"孔傳："以衆殷之民治都邑之位於洛水北。"《周禮·天官·冢宰》："惟王建國，辨方正位。"

清華五·命訓 01"立"，扶立，確定某種地位。《左傳·隱公三年》："先君舍與夷而立寡人。"《晏子春秋·内篇諫上》："廢長立少，不可以教下。"

清華六·管仲 06、07"立捕"，讀爲"立輔"。"立"，設置，建立。《書·周官》："立太師、太傅、太保。"

清華六·子產 02"古立劫㝨"，讀爲"怙位固福"，仗恃權位，安於福享。

清華六·子產 02"固立"，讀爲"固位"，鞏固權位。蘇鶚《杜陽雜編》卷中："（王涯）末年恃寵固位，爲士大夫譏之。"

清華六·子產 04"自尭立审"，讀爲"自勝立中"，克服自己而做到中正。

清華六·子產09"立民",讀爲"苙民",管理百姓。《晏子春秋·内篇問上》:"景公問晏子曰:'臨國苙民,所患何也?'"

　　清華六·子產09、清華七·越公55、清華八·邦政04"立",讀爲"位",職位。《詩·小雅·小明》:"靖共爾位,正直是與。"

　　清華"即立",讀爲"即位",指開始成爲帝王。《左傳·桓公元年》:"春王正月,公即位。"《周禮·春官·小宗伯》:"小宗伯之職,掌建國之神位。"鄭玄注:"鄭司農云,'立'讀爲'位'。古者立、位同字。古文《春秋經》'公即位'爲'公即立'。"《後漢書·和熹鄧皇后》:"至冬立爲皇后,辭讓者三,然後即位。"

　　清華八·攝命32"士煑右白(伯)爂(攝)立才(在)中廷",站立。《書·顧命》:"一人冕執劉立于東堂。"

　　清華八·處位01"立",讀爲"位",指治國之位。簡文"邦家處位",參《韓非子·姦劫弑臣》:"處位治國,則有尊主廣地之實。"

　　清華八·處位03、清華八·邦道04"立",登位,即位。《左傳·隱公三年》:"桓公立,乃老。"

　　清華八·邦道04"高立",讀爲"高位",顯貴的職位。《左傳·莊公二十二年》:"敢辱高位,以速官謗?"

　　清華八·邦道05"下立",讀爲"下位",低下的地位,卑賤的地位。《易·乾》:"是故居上位而不驕,在下位而不憂。"

　　清華八·邦道12"貴㳟之立",讀爲"貴賤之位",指地位的尊卑。《易·繫辭上》:"卑高以陳,貴賤位矣。"韓康伯注:"天尊地卑之義既列,則涉乎萬物貴賤之位明矣。"

　　清華八·邦道19"踝立",讀爲"踐位",登基,即位。《管子·小問》:"桓公踐位,令釁社塞禱。"

柆

 清華四·筮法50 九,柆、兹子

～,从"木","立"聲。

　　清華四·筮法50"柆",或疑即包山250之"漸(斬)木立(位)"。

臸

清華七·越公 26 攸(修)柰(社)臸(位)

～，包山卜筮簡或作 ▉（包山 205）、▉（包山 206），或作"位"，或作"立"。

清華七·越公 26 "柰臸"，讀爲"社位"，指社神之位。馬端臨《文獻通考·宗廟考四》："夫國之神位，左宗廟，右社稷，今廟據社位，不合經旨，此其可議一也。"（陳偉武）

清紐咠聲

咠

清華三·琴舞 11 甬(用)頌(容)咠(輯)舍(余)

清華六·子產 26 上下髎(和)咠(輯)

～，楚文字或作 ▉（上博四·曹 16）、▉（上博四·曹 33）、▉（郭店·魯穆 2）、▉（新蔡乙四 128）。《説文·口部》："咠，聶語也。从口、从耳。《詩》曰：'咠咠幡幡。'"

清華三·琴舞 11 "咠"，讀爲"輯"，和悦，和睦。《爾雅·釋詁》："輯，和也。"《詩·大雅·板》："辭之輯矣，民之洽矣。"鄭箋："辭，辭氣，謂政教也。王者政教和説，順於民，則民心合定。"《後漢書·劉焉傳》："韙因人情不輯，乃陰結州中大姓。"李賢注："輯，和也。"

清華六·子產 26 "上下髎咠"，讀爲"上下和輯"，上下和睦團結，與上博四·曹 16 "上下和叔(且)咠(輯)"同。《淮南子·本經》："世無災害，雖神無所施其德；上下和輯，雖賢無所立其功。"《管子·形勢解》："君臣親，上下和，萬民輯，故主有令則民行之，上有禁則民不犯。君臣不親，上下不和，萬民不輯，故

令則不行,禁則不止。"(徐在國)

矠

 清華六·子儀09 矰追而矠(集)之

～,從"矛","冃"聲。

清華六·子儀09"矠",讀爲"集",集合,聚集。《文選·枚乘〈七發〉》:"逐狡獸,集輕禽。"李善注:"言射而矢集於輕禽也。《左氏傳》曰:楚君親集矢於其目。《闕子》曰:矢集于彭城之東,並以所止爲集也。"《詩·小雅·頍弁》:"如彼雨雪,先集維霰。"

簡文"矰追而集之",意爲把尋求來的繫有生絲繩的箭聚集在一起。

從紐人聲

會

 清華一·皇門09 乃隹(維)乍(詐)區(謳)以會(答)

 清華三·琴舞09 曰亯(享)會(答)舍(余)一人

 清華五·湯丘03 少(小)臣會(答)曰

 清華五·湯丘12 少(小)臣會(答)

 清華五·湯丘13 少(小)臣會(答)

 清華五·湯丘15 少(小)臣會(答)

 清華五・湯丘 17 少(小)臣倉(答)

 清華五・湯丘 17 少(小)臣倉(答)曰

 清華五・湯丘 19 少(小)臣倉(答)

 清華五・啻門 01 少(小)臣倉(答)

 清華五・啻門 03 少(小)臣倉(答)曰

 清華五・啻門 06 少(小)臣倉(答)曰

 清華五・啻門 11 少(小)臣倉(答)曰

 清華五・啻門 13 少(小)臣倉(答)

 清華五・啻門 18 少(小)臣倉(答)曰

 清華五・啻門 20 少(小)臣倉(答)曰

 清華五・三壽 02 少壽倉(答)曰

 清華五・三壽 04 审(中)壽倉(答)曰

清華五·三壽 06 彭且（祖）倉（答）曰

清華五·三壽 14 彭且（祖）倉（答）曰

清華六·孺子 15 君倉（答）肙（邊）父曰

清華六·管仲 01 筦（管）中（仲）倉（答）曰

清華六·管仲 03 筦（管）中（仲）倉（答）曰

清華六·管仲 03 筦（管）中（仲）倉（答）

清華六·管仲 06 筦（管）中（仲）倉（答）

清華六·管仲 07 筦（管）中（仲）倉（答）

清華六·管仲 10 筦（管）中（仲）倉（答）

清華六·管仲 12 筦（管）中（仲）倉（答）

清華六·管仲 14 筦（管）中（仲）倉（答）曰

清華六·管仲 17 筦（管）中（仲）倉（答）

清華六·管仲 21 笶(管)中(仲)倉(答)

 清華六·管仲 24 笶(管)中(仲)倉(答)

 清華六·管仲 28 笶(管)中(仲)倉(答)曰

 清華六·子產 13 又(有)以倉(答)天

 清華七·子犯 02 子靶(犯)倉(答)曰

 清華七·子犯 04 子余(餘)倉(答)曰

 清華七·子犯 08 邗(蹇)昪(叔)倉(答)曰

 清華七·子犯 10 邗(蹇)昪(叔)倉(答)曰

 清華七·子犯 14 邗(蹇)昪(叔)倉(答)曰

 清華七·趙簡子 07 成剸(剸)倉(答)曰

 清華八·處位 08 萁奠(定)亓(其)倉(答)

～,與(上博二·魯 3)、倉(上博四·曹 36)、(上博七·鄭乙 3)

同,从"曰""合"聲,"答"字異體。"答"之古文作"畲",應即由"畲"訛變。

清華"畲曰",讀爲"答曰",回答説。《書·顧命》:"王再拜,興,答曰:'眇眇予末小子,其能而亂四方以敬忌天威。'"或讀爲"對曰"。

清華"畲",讀爲"答",回答。《論語·憲問》:"南宮适問於孔子曰……夫子不答。"《孟子·盡心上》:"有答問者,有私淑艾者。"《左傳·宣公二年》:"既合而來奔。"杜預注:"合猶答也。"

詥

 清華八·邦政 12 孔=(孔子)詥(答)曰

~,从"言","合"聲,"答"字異體。上博簡或作(上博五·競 2)。

清華八·邦政 12"詥曰",即"答曰"。參"合"字條。

今

 清華一·尹至 01 我迹(來)越(越)今昀=(旬日)

清華一·尹至 03 憲(曷)今東恙(祥)不章(彰)

清華一·尹至 03 今亓(其)女(如)彴(台)

清華一·尹誥 02 今句(后)書(曷)不藍(監)

清華一·尹誥 02 今隹(惟)民遠邦逞(歸)志

清華一·保訓 03 今朕疾允瘟(病)

· 3424 ·

清華一·保訓 10 今女（汝）𩲒（祇）備（服）母（毋）解

清華一·耆夜 10 今夫君子

清華一·耆夜 12 今夫君子

清華一·金縢 12 今皇天遵（動）亞（威）

清華一·皇門 02 今我卑（譬）少（小）于大

清華一·楚居 04 氐（抵）今日楚人

清華一·楚居 05 氐（抵）今日栾

清華一·楚居 08 氐（抵）今日䣓

清華二·繫年 067 今䓓（春）亓（其）會者（諸）侯

清華二·繫年 103 至今齊人以不服于晉

清華二·繫年 113 至今晉、戉（越）以爲好

清華四·筮法 11 今旃（也）死

清華四·筮法 14 今旃（也）死

 清華五·厚父 10 今民莫不曰

 清華五·湯丘 04 今少（小）臣又（有）疾

 清華五·湯丘 07 今少（小）臣能廛（展）章（彰）百義

 清華五·菫門 01 古之先帝亦有良言青（情）至於今虎（乎）

 清華五·菫門 02 女（如）亡（無）又（有）良言清（情）至於今

 清華六·孺子 05 今是臣₌（臣臣）

 清華六·孺子 05 今虗（吾）君既〈即〉枼（世）

 清華六·孺子 14 今君定

 清華六·孺子 17 今二三夫₌（大夫）畜孤而乍（作）女（焉）

清華六·管仲 24 今夫年（佞）者之利燅（氣）亦可旻（得）而䚈（聞）虎（乎）

清華六·太伯甲02 今天爲不惠

清華六·太伯甲10 今及虗（吾）君

清華六·太伯乙02 今天爲不惠

清華六·太伯乙08 今［及吾］君弱

清華六·子儀09 今兹之䄍（臘）余或不與

清華七·趙簡子02 今虗（吾）子既爲寴遷（將）軍巳（已）

清華七·趙簡子04 用繇（由）今以坙（往）

清華七·越公10 今雩（越）公亓（其）故（胡）又（有）繡（帶）甲芊（八千）以臺（敦）刃皆（偕）死

清華七·越公13 今我道迻（路）攸（修）隥（險）

清華七·越公13 虗（吾）訋（始）淺（踐）雩（越）墬（地）以莘=（至于）今

清華七·越公14 今皮（彼）新（新）去亓（其）邦而悆（篤）

清華七·越公 19 今厽（三）年亡（無）克又（有）奠（定）

清華七·越公 23 今夫=（大夫）嚴（儼）肰（然）監（銜）君王之音

清華七·越公 39 今政砫（重）

清華七·越公 41 今不若亓（其）言

清華七·越公 70 以羣=（至于）今

清華七·越公 71 今天以吳邦賜邲（越）

清華八·攝命 03 今余既明命女（汝）曰

清華八·攝命 03 叚（且）今民不造不［庚（康）］

清華八·攝命 04 今是亡其奔告

清華八·攝命 08 今亦敓（肩）𢖳（肱）難（勤）乃事

清華八·攝命 18 今乃辟余

清華八·邦道 16 今夫逾人於亓（其）䏁（勝）

清華八·天下 01 今之獸（守）者

 清華八·天下 03 今之攻者

～，與 、、同。《說文·亼部》："今，是時也。从亼、从フ。フ，古文及。"

清華二·繫年 103、113"至今"，直到現在。《列子·楊朱》："子孫享之，至今不絕。"《楚辭·九章·抽思》："初吾所陳之耿著兮，豈至今其庸亡。"

清華七·越公 13、70"以䇂=今"，讀爲"以至于今"。《國語·晉語八》："自穆侯以至於今，亂兵不輟，民志不厭，禍敗無已。"

清華七·趙簡子 04"繇今以坒"，讀爲"由今以往"，意即"自今以往"。《左傳·襄公二十五年》："自今以往，兵其少弭矣！"

清華"今"，現在。《詩·魯頌·有駜》："自今以始，歲其有。"《孟子·離婁上》："今天下溺矣，夫子之不援，何也？"

吟

 清華五·湯丘 05 吟（今）君遊（往）不以時

～，與 、、同，隸作"含"，"今"字繁構，贅增"口"旁。

清華五·湯丘 05"吟"，即"今"，現在。

念

 清華一·尹誥 01 尹念天之敗（敗）西邑顕（夏）

 清華一·保訓 01 王念日之多鬲（歷）

清華一·保訓 03 忎(恐)弗念(堪)終

清華一·祭公 08 女(汝)念孳(哉)

清華一·祭公 17 女(汝)念孳(哉)

清華二·繫年 017 乃肯(追)念顕(夏)商之亡由

清華三·琴舞 13 舍(余)彔(逯)思念

清華三·芮良夫 27 虔(吾)审(中)心念詿(絓)

清華五·厚父 08 隹(惟)寺(時)余經念乃高且(祖)克憲(憲)皇天之政工(功)

清華五·封許 08 林(靡)念非尚(常)

清華五·三壽 08 句(苟)我與尔(爾)相念相愳(謀)

清華七·子犯 11 用果念(臨)政(正)九州

～,與 (上博五·鬼 7)、 (上博二·從甲 15)同。《説文·心部》："念,常思也。从心,今聲。"

清華一·尹誥 01"尹念天之敗(敗)西邑顕(夏)",參《禮記·緇衣》："《尹吉》曰：'惟尹躬天見于西邑夏，自周有終，相亦惟終。'"鄭玄注："《尹吉》，亦《尹誥》也……見或爲敗。邑或爲予。""念""躬"爲異文，當屬於通假。簡文"念"，或讀爲"諗"，告訴。《詩·小雅·四牡》："是用作歌，將母來諗。"鄭箋："諗，告也。"（《讀本一》第26頁）

清華一·保訓01"王念日之多鬲"，讀爲"王念日之多歷"，文王顧慮年事已高。《爾雅·釋詁》："念，思也。"

清華一·保訓03"念"，疑讀爲"堪"，能够，可以。《書·多方》："惟爾多方，罔堪顧之。"簡文"恐弗堪終"，恐怕不能够把傳寶之事做完。

清華一·祭公08、17"女念孳"，讀爲"汝念哉"。《書·康誥》："王曰：'嗚呼！封，汝念哉！今民將在祇遹乃文考，紹聞衣德言。'"

清華二·繫年017"肖念"，讀爲"追念"，回憶，回想。《左傳·成公十三年》："復脩舊德，以追念前勳。"《漢書·淮南厲王劉長傳》："追念皋過，恐懼，伏地待誅不敢起。"

清華三·琴舞13"思念"，想念，懷念。《國語·楚語下》："吾聞君子唯獨居思念前世之崇替，與哀殯喪，於是有歎，其餘則否。"

清華三·芮良夫27"念"，思念，懷念。《詩·秦風·小戎》："言念君子，溫其在邑。"

清華五·厚父08"經念"，猶大克鼎（《集成》02836）"永念于厥孫辟天子"之"永念"。《書·無逸》："不永念厥辟，不寬綽厥心，亂罰無罪，殺無辜。""永念"，念念不忘。《書·大誥》："予永念曰：'天惟喪殷，若穡夫，予曷敢不終朕畝。'"

清華五·封許08"林念"，讀爲"靡念"，意思是"無念"，猶言勿忘，不要忘記。《詩·大雅·文王》："王之藎臣，無念爾祖；無念爾祖，聿脩厥德。"毛傳："無念，念也。"馬瑞辰《通釋》："傳以'無'爲語詞，但據《爾雅·釋訓》：'勿念，勿忘也。'……《孝經》《釋文》引鄭注：'無念，無忘也。'"

清華五·三壽08"念"，《爾雅·釋詁》："思也。"與"忢（謀）"同義。"謀"，《國語·魯語下》："咨事爲謀。"

清華七·子犯11"念政"，讀爲"臨政"，親理政務。《左傳·襄公二十六年》："夙興夜寐，朝夕臨政，此以知其恤民也。"《管子·正》："廢私立公，能舉人乎？臨政官民，能後其身乎？"或讀爲"咸定"。

訡

 清華一·皇門09 是人斯硜訡（譖）恻（賊）□□

～，從"言"，"今"聲，"吟"字異體。《說文·口部》："吟，呻也。從口，今聲。𫪤，吟或從音。訡，或從言。"

清華一·皇門09"訡恻"，讀爲"譖賊"，誹謗中傷，殘害良善。《詩·陳風·防有鵲巢序》："《防有鵲巢》，憂譖賊也。"孔穎達疏："憂譖賊者，謂作者憂譖人，謂爲譖以賊害於人也。"董仲舒《春秋繁露·王道》："無怨望忿怒之患，强弱之難，無譖賊妒疾之人。"

肣

 清華一·皇門09 喬（驕）用從肣（禽）

～，與 𩫖（上博二·容5）、𩫖（上博二·容16）同，從"肉"，"今"聲，"禽"字異體。《說文·内部》："禽，走獸總名。從厹，象形，今聲。禽、离、兕頭相似。"

清華一·皇門09"從肣"，即"從禽"，追逐禽獸，謂田獵。《易·屯》："象曰'即鹿无虞'，以從禽也。"《三國志·魏書·棧潛傳》："若逸于遊田，晨出昏歸，以一日從禽之娛，而忘無垠之釁，愚竊惑之。"

貪

 清華五·厚父12 曰天貪（監）司民

～，從"視"，"今"聲，"監"字異體。

清華五·厚父12"貪"，即"監"。《書·高宗肜日》："惟天監下民。"或讀爲"陰"。《詩·大雅·桑柔》："既之陰女，反予來赫。"鄭玄箋："既往覆陰女，謂啓告之患難也。"（陸德明）《釋文》："陰，鄭音蔭，覆陰也。"《書·洪範》"惟天陰騭下民"，孔傳："陰，馬云：'覆也。'"

·3432·

衾

 清華五·湯丘 11 剴(豈)敢以衾(貪)罊(舉)

～，與 ▨(上博五·姑 6)、▨(上博五·姑 7)同，从"衣"，"含"聲。

清華五·湯丘 11"衾"，貪侈。《呂氏春秋·慎大》："桀爲無道，暴戾頑貪。"高誘注："求無厭足爲貪。"《史記·項羽本紀》："猛如虎，很如羊，貪如狼。"

戈

 清華一·耆夜 01 大戏(戡)之

 清華一·祭公 12 戏(戡)氒(厥)敵(敵)

～，从"戈"，"今"聲，"戡"字異體。《說文》引《商書》即作戏。

清華一·耆夜 01、祭公 12"戏"，即"戡"，平定。《書·西伯戡黎》："西伯既戡黎，祖伊恐，奔告于王。"

喊

 清華五·湯丘 13 虐(吾)喊(戡)虽(夏)女(如)刟(台)

～，从"戈"，"含(今)"聲，"戡"字異體。
清華五·湯丘 13"喊"，即"戡"，平定。參上。

含

 清華一·尹至 05 含(戡)亓(其)又(有)顕(夏)

～，从"宀"，"今"聲。
清華一·尹至 05"含"，讀爲"戏(戡)"。《書·西伯戡黎序》傳："戡，亦勝也。"

酓

 清華一・楚居 02 穴酓（熊）迲（遲）遲（徙）於京宗

 清華一・楚居 04 至酓（熊）悝（狂）亦居京宗

 清華一・楚居 04 至酓（熊）睪（繹）與屈紃（紃）

 清華一・楚居 05 至酓（熊）叉、酓（熊）舭、酓（熊）藋（樊）及酓（熊）賜、酓（熊）炬

 清華一・楚居 05 酓（熊）舭

 清華一・楚居 05 酓（熊）藋（樊）

 清華一・楚居 05 酓（熊）賜

 清華一・楚居 05 酓（熊）炬

 清華一・楚居 05 酓（熊）炬遲（徙）居𤼈（發）漸

 清華一・楚居 05 至酓（熊）朔、酓（熊）摯（摯）居𤼈（發）漸

清華一·楚居 05 酓(熊)埶(摯)居㽙(發)漸

清華一·楚居 06 酓(熊)埶(摯)遟(徙)居旁屽

清華一·楚居 06 至酓(熊)繟(延)自旁屽遟(徙)居喬多

清華一·楚居 06 至酓(熊)甬(勇)及酓(熊)嚴

清華一·楚居 06 至酓(熊)甬(勇)及酓(熊)嚴

清華一·楚居 06 酓(熊)相(霜)及酓(熊)雹(雪)及酓(熊)訓(徇)

清華一·楚居 06 酓(熊)雹(雪)及酓(熊)訓(徇)

清華一·楚居 06 酓(熊)訓(徇)

清華一·楚居 06 酓(熊)噩(咢)及若嚻(敖)酓(熊)義(儀)

清華一·楚居 06 若嚻(敖)酓(熊)義(儀)

清華一·楚居 06 若嚻(敖)酓(熊)義(儀)遟(徙)居箬(鄀)

清華一·楚居 07 至焚冒酓（熊）帥（率）自箬（郜）遝（徙）居焚

　清華一·楚居 07 至宵嚻（敖）酓（熊）鹿自焚遝（徙）居宵

　清華一·楚居 07 至武王酓（熊）髭自宵遝（徙）居免

　清華六·子產 23 好酓（飲）飤（食）酟（智）釀

　清華七·趙簡子 10 孚（飽）亓（其）酓（飲）飤（食）

　清華七·越公 32 王必酓（飲）飤（食）之

　清華七·越公 33 王亦酓（飲）飤（食）之

　清華七·越公 46 則必酓（飲）飤（食）賜夋（予）之

　清華七·越公 46 弗余（予）酓（飲）飤（食）

　清華七·越公 58 少（小）遱（失）酓（飲）飤（食）

　～，與█（上博三·周 50）、█（上博五·弟 8）同。《說文·酉部》："酓，酒味苦也。从酉，今聲。"

　清華一·楚居 02"穴酓"，讀爲"穴熊"，楚先祖。《史記·楚世家》："附沮生穴熊，其後中微，或在中國，或在蠻夷，弗能紀其世。周文王之時，季連之苗裔曰鬻熊。鬻熊子事文王,蚤卒。"據安大簡穴熊、鬻熊、季連是一人。

清華一·楚居04"酓惟",讀爲"熊狂"。《史記·楚世家》:"熊麗生熊狂。"

清華一·楚居04"酓𦀚",讀爲"熊繹"。《史記·楚世家》:"熊繹當周成王時,舉文、武勤勞之後嗣,而封熊繹於楚蠻,封以子男之田,姓羋氏,居丹陽。楚子熊繹與魯公伯禽、衛康叔子牟、晉侯燮、齊太公子呂伋俱事成王。"

清華一·楚居05"酓乂",讀爲"熊艾"。《史記·楚世家》:"熊繹生熊艾。"

清華一·楚居05"酓䑣",讀爲"熊䵣"。《史記·楚世家》:"熊艾生熊䵣。"《索隱》:"一作𪒠。音土感反。䵣音但,與亶同字,亦作亶。"

清華一·楚居05"酓𣪊",讀爲"熊樊"。《漢書·古今人表》作"熊盤",樊與盤皆唇音元部字。《史記·楚世家》作"熊勝",疑是般(盤)字訛誤。

清華一·楚居05"酓賜",讀爲"熊賜"。《漢書·古今人表》:"楚熊錫,盤子。"《史記·楚世家》:"熊勝以弟熊楊爲後。""楊"乃訛字。

清華一·楚居05"酓迡",讀爲"熊渠",熊賜之子。《史記·楚世家》:"熊楊生熊渠。"

清華一·楚居05"酓朔",讀爲"熊朔"。《史記·楚世家》:"熊渠生子三人……乃立其長子康爲句亶王,中子紅爲鄂王,少子執疵爲越章王,皆在江上楚蠻之地。"《索隱》:"熊渠卒,子熊翔立,卒,長子摯有疾,少子熊延立。"熊翔即熊康。"朔"和"翔"的關係,一種可能是由於隸書形近訛寫,原本作"朔",後世形近訛寫作"翔"。另一種可能是讀爲"翔"。(徐在國)

清華一·楚居05、06"酓埶",讀爲"熊摯",熊渠之孫,熊毋康之子。《左傳·僖公二十六年》:"夔子不祀祝融與鬻熊,楚人讓之,對曰:'我先王熊摯有疾,鬼神弗赦,而自竄于夔。吾是以失楚,又何祀焉?'"杜預注:"熊摯,楚嫡子,有疾不得嗣位,故別封爲夔子。"

清華一·楚居06"酓繥",讀爲"熊延"。《史記·楚世家》:"摯紅卒,其弟弒而代立,曰熊延。"

清華一·楚居06"酓甬",讀爲"熊勇"。《史記·楚世家》:"熊延生熊勇。熊勇六年,而周人作亂,攻厲王,厲王出奔彘。"

清華一·楚居06"酓嚴",讀爲"熊嚴"。《史記·楚世家》:"熊勇十年卒,弟熊嚴爲後。熊嚴十年卒。"

清華一·楚居06"酓相",讀爲"熊霜"。《史記·楚世家》:"(熊嚴)有子四人,長子伯霜,中子仲雪,次子叔堪,少子季徇。熊嚴卒,長子伯霜代立,是爲熊霜。熊霜元年,周宣王初立。熊霜六年卒。三弟爭立。仲雪死;叔堪亡,避難於濮,而少弟季徇立,是爲熊徇……二十二年,熊徇卒。"

清華一·楚居 06"酓霻",讀爲"熊雪"。參上。

清華一·楚居 06"酓訓",讀爲"熊徇"。參上。

清華一·楚居 06"酓噩",讀爲"熊咢"。《史記·楚世家》:"熊徇卒,子熊咢立。熊咢九年卒,子熊儀立,是爲若敖……二十七年,若敖卒。"

清華一·楚居 06"酓義",讀爲"熊儀"。參上。

清華一·楚居 07"焚冒酓帥",讀爲"蚡冒熊率"。《國語·鄭語》:"及平王末……楚蚡冒於是乎始啓濮。"韋昭注:"蚡冒,楚季紃之孫,若敖之子熊率。"

清華一·楚居 07"宵囂酓鹿",讀爲"宵敖熊鹿"。《史記·楚世家》作宵敖熊坎。包山簡 246"舉禱荆王自熊鹿以就武王",熊鹿即宵敖。

清華一·楚居 07"酓䚕",典籍作"熊通"或"熊達"。《史記·楚世家》:"蚡冒弟熊通弑蚡冒子而代立,是爲楚武王。"《左傳·昭公二十三年》:"無亦監乎若敖、蚡冒至于武、文。"孔穎達疏:"《楚世家》云:周成王始封熊繹於楚,以子男之田居丹陽,歷十四君至於熊儀,是爲若敖。若敖生宵敖,宵敖生蚡冒。蚡冒卒,弟熊達立,是爲武王。"(孟蓬生)

清華六·子産 23,清華七·趙簡子 10,清華七·越公 46、58"酓飤",讀爲"飲食",吃喝。余義鐘(《集成》00183):"樂我父兄,飲食歌舞。"《書·酒誥》:"爾乃飲食醉飽。"

清華七·越公 32、33、46"酓飤",讀爲"飲食",給予他人吃喝。《左傳·昭公二十九年》:"昔有飂叔安,有裔子曰董父,實甚好龍,能求其耆欲以飲食之。"

愈

　清華三·芮良夫 04 母(毋)惏愈(貪)

～,从"心","酓"聲,"貪"之異體。

清華三·芮良夫 04"惏愈",即"惏貪"。《左傳·昭公二十八年》:"貪惏無饜。"《釋文》引《方言》云:"楚人謂貪爲惏。"

歈

　清華一·耆夜 01 乃歈(飲)至于文大(太)室

· 3438 ·

清華一·耆夜03 監猷（飲）酉（酒）

清華一·耆夜04 嘉筵（爵）速猷（飲）

清華一·耆夜06 嘉筵（爵）速猷（飲）

清華一·耆夜09 周公秉筵（爵）未猷（飲）

～，與（上博二·容3）、（上博五·三12）同。《說文·欠部》："猷，歠也。從欠，酓聲。凡猷之屬皆從猷。 ，古文猷從今、水。 ，古文猷從今、食。"

清華一·耆夜01"猷至"，讀爲"飲至"，上古諸侯朝會盟伐完畢，祭告宗廟並飲酒慶祝的典禮。後代指出征奏凱，至宗廟祭祀宴飲慶功之禮。《左傳·桓公二年》："凡公行，告于宗廟；反行，飲至，舍爵、策勳焉，禮也。"

清華一·耆夜03"猷酉"，讀爲"飲酒"，喝酒。《國語·晉語一》："（史蘇）飲酒出。"

清華一·耆夜04、06、09"未猷"，讀爲"未飲"《左傳·昭公五年》："小有述職，大有巡功。設机而不倚，爵盈而不飲；宴有好貨，飱有陪鼎，入有郊勞，出有贈賄，禮之至也。"

禽

清華三·祝辭04 弽（射）禽也

～，與 （上博三·周10）、 （上博三·周28）同，從"凶"，實即從"罕"（象長柄鳥網之形）省，"今"聲，"禽"字異體。《說文·内部》："禽，走獸總名。從厹象形，今聲。禽、离、兕頭相似。"

清華三·祝辭04"弽禽"，即"射禽"。《韓非子·顯學》："自直之箭、自圜之木，百世無有一，然而世皆乘車射禽者何也？"

侌

清華一·保訓 06 測侌(陰)昜(陽)之勿(物)

清華二·繫年 092 爲坪(平)侌(陰)之自(師)以回(圍)齊

清華二·繫年 094 以返(復)坪(平)侌(陰)之自(師)

清華二·繫年 127 秦人敗(敗)晉自(師)於菳(洛)侌(陰)

清華四·筮法 14 內(入)於侌(陰)

清華四·筮法 17 才(在)上,侌(陰)

清華五·三壽 28 唯(雖)侌(陰)或(又)明

清華六·管仲 06 吉凶侌(陰)昜(陽)

清華六·管仲 08 丌(其)侌(陰)則晶(三)

～,與 、、、同,从"云","今"聲,"霒"字古文。《説文·雲部》:"霒,雲覆日也。从雲,今聲。![],古文或省。![],亦古文霒。"

清華一·保訓 06"侌昜",讀爲"陰陽",指天地間化生萬物的二氣。《禮記·祭統》:"昆蟲之異,草木之實,陰陽之物備矣。"《易·繫辭上》:"陰陽不測之謂神。"

清華二·繫年 092、094"坪𩫱",讀爲"平陰",今山東平陰東北三十五里。《左傳·襄公十八年》:"冬十月,會于魯濟,尋湨梁之言,同伐齊。齊侯禦諸平陰,塹防門而守之,廣里……十一月丁卯朔,入平陰,遂從齊師。"

清華二·繫年 127"茖𩫱",讀爲"洛陰",在今陝西大荔西。《史記·魏世家》:"十七年,伐中山,使子擊守之,趙倉唐傅之。子擊逢文侯之師田子方於朝歌……子擊不懌而去。西攻秦,至鄭而還,築雒陰、合陽。"

清華四·筮法 14、17"𩫱",讀爲"陰",與"陽"相對。《易·繫辭上》:"一陰一陽之謂道。"

清華五·三壽 28"𩫱",讀爲"陰",幽暗,昏暗。《楚辭·九歌·大司命》:"壹陰兮壹陽,衆莫知兮余所爲。"王逸注:"陰,晦也。陽,明也。"

清華六·管仲 06"吉凶𩫱昜",讀爲"吉凶陰陽",禍福陰陽。《史記·日者列傳》:"方辯天地之道,日月之運,陰陽吉凶之本。"

清華六·管仲 08"𩫱",讀爲"陰",與"陽"相對。

陰

 清華六·子儀 15 陰者思昜(陽)

 清華六·子儀 15 昜(陽)者思陰

《說文·𨸏部》:"陰,闇也。水之南,山之北也。从𨸏,侌聲。"
清華六·子儀 15"陰",與"陽"相對。

金

 清華一·尹誥 04 亓(其)又(有)顕(夏)之[金]玉田邑

 清華一·金縢 06 自以弌(代)王之敚(說)于金㮷(縢)之匱

清華一·金縢 10 以攻（啓）金紎（縢）之匱

清華三·説命中 02 若金

清華四·筮法 16 金木相見

清華四·筮法 42 西方也，金也，白色

清華五·啻門 19 水、火、金、木、土

清華七·越公 50 凡金革之攻

清華八·八氣 05 司兵之子銜（率）金以飤（食）於門

清華八·八氣 07 金曰隹（唯）㫃（斷）母（毋）紉

～，與 ![字](上博一·性 3)、![字](上博二·容 18)、![字](上博三·周 1)同。《説文·金部》："金，五色金也。黄爲之長。久薶不生衣，百鍊不輕，从革不違。西方之行。生於土，从土；左右注，象金在土中形；今聲。凡金之屬皆从金。![字]，古文金。"

清華一·尹誥 04"金玉田邑"，黄金與珠玉，珍寶的通稱。《左傳·襄公五年》："無藏金玉，無重器備。"

清華一·金縢 06、10"金紎"，讀爲"金縢"，謂用金屬製的帶子將收藏書契的櫃封存。《書·金縢》："公歸，乃納册于金縢之匱中。"蔡沈《集傳》："金縢，以金緘之也。"

清華三·説命中 02"若金",《書·説命上》:"若金,用汝作礪。"《國語·楚語上》作:"若金,用汝作礪。"

清華四·筮法 16"金木",五行中的金與木。《吕氏春秋·處方》:"金木異任,水火殊事,陰陽不同,其爲民利一也。"傅玄《太子少傅箴》:"夫金木無常,方圓應形,亦有隱括,習以性成。"

清華四·筮法 42"西方也,金也,白色",參《淮南子·天文》:"西方,金也,其帝少昊,其佐蓐收,執矩而治秋;其神爲太白,其獸白虎,其音商,其日庚辛。"

清華五·厚父 19"水、火、金、木、土",五行相克爲序。《孔子家語·五帝》:"天有五行,水、火、金、木、土,分時化育,以成萬物。"《左傳·文公七年》:"水、火、金、木、土、穀,謂之六府。"

清華七·越公 50"金革",武器裝備。《禮記·中庸》:"衽金革,死而不厭。"孔穎達疏:"金革,謂軍戎器械也。"簡文"金革之攻",指武器製作。

清華八·八氣 05"司兵之子",簡文中爲金神,文獻中金神皆作"蓐收"。《左傳·昭公二十九年》:"金正曰蓐收。"或疑司兵之子爲蓐收之別名。

清華八·八氣 07"金",五行之一。

𢗎

 清華一·耆夜 08 𢗎(歆)畢(厥)醴(禮)明(盟)

～,從"心","金"聲。

清華一·耆夜 08"𢗎",讀爲"歆",饗,嗅聞,謂祭祀時神靈享用祭品的香氣。《詩·大雅·生民》:"其香始升,上帝居歆。"鄭箋:"其馨香始上行,上帝則安而歆享之。"《左傳·僖公三十一年》:"鬼神非其族類,不歆其祀。"杜預注:"歆,猶饗也。"

諗

 清華三·琴舞 06 非天諗(厥)悳(德)

 清華五·三壽 25 諗(感)高玟(文)㝢(富)而昏忘寶(詢)

～，从"言"，"金"聲。

清華三·琴舞06"詮"，讀爲"廞"。《爾雅·釋詁》："廞，興也。"或讀爲"含"。（吳雪飛）

清華五·三壽25"詮"，讀爲"感"。《逸周書·謚法》："滿志多窮曰感。"

鎏（琴）

清華三·琴舞01（背）周公之鎏（琴）摯（舞）

清華三·琴舞02 鎏（琴）摯（舞）九絉（卒）

清華三·琴舞01 鎏（琴）摯（舞）九絉（卒）

清華六·子儀05 公命窊（窮）韋陞（昇）鎏（琴）奏甬（鏞）

清華六·子儀07 乃命陞（昇）鎏（琴）訶（歌）於子義（儀）

～，或作 （上博一·孔14）、 （郭店·性自24），从"瑟"，"金"聲。"瑟"字略有簡省。楚文字"瑟"字或作 （上博一·孔14）、 （望山2·47）、 （包山260）、 （郭店·六德30）、 （郭店·性自24），其形和《説文》古文 等形體是甲骨文 之訛。《説文·琴部》："琴，禁也。神農所作。洞越。練朱五弦，周加二弦。象形。凡珡之屬皆从珡。 ，古文珡从金。"

清華三·琴舞01（背）"周公之琴舞"，又稱"周公之頌詩"的可能性很大，是《周頌》的一部分。

清華三·琴舞01、02"鎏摯"，讀爲"琴舞"。"琴"，樂器，《書·益稷》："戛擊鳴球，搏拊琴瑟以詠，祖考來格。"《尚書大傳》："古者帝王升歌清廟之樂，大琴練弦達越,大瑟朱弦達越。"《荀子·非相》:"聽人以言,樂於鐘鼓琴瑟。"《荀子·樂論》:"君子以鐘鼓道志,以琴瑟樂心,動以干戚,飾以羽旄,從以磬管。"

清華六·子儀05、07"𥅆",即"琴",參上。

淦

 清華五·三壽17 監(濫)莧(媚)莫淦(感)

 清華八·邦道23 弋(式)淦(陰)弋(式)昜(陽)

～,與（上博六·用4）、（上博六·用4）同。《説文·水部》:"淦,水入船中也。一曰:泥也。从水,金聲。，淦或从今。"

清華五·三壽17"淦",讀爲"感"。《吕氏春秋·有度》:"物感之也。"高誘注:"感,惑也"。

清華八·邦道23"弋淦弋昜",讀爲"一陰一陽"。《論衡·本性篇》:"天之大經,一陰一陽。"《易·繫辭上》:"一陰一陽之謂道,繼之者善也,成之者性也。"《鬼谷子·捭闔》:"或陰或陽,或柔或剛,或開或閉,或弛或張。"

欽

 清華一·保訓04 欽才(哉)

 清華五·厚父07 欽之戋(哉)

 清華八·攝命07 亦斯欽我御事

～,與（上博三·周26）、（上博六·天甲8）同。《説文·欠部》:"欽,欠皃。从欠,金聲。"

清華一·保訓 04"欽才",讀爲"欽哉"。《爾雅·釋詁》:"欽,敬也。"《書·舜典》:"帝曰:俞,往,欽哉!"

清華五·厚父 07"欽之戈",讀爲"欽之哉",即"欽哉"。

清華八·攝命 07"欽",恭敬、謹慎。《書·胤征》:"欽承天子威命。"

慾

 清華四·別卦 06 慾(咸)

～,從"心","鈙"聲,"鈙"又從"攴","金"聲。

清華四·別卦 06"慾",讀爲"咸",六十四卦之一。艮下,兌上。《易·咸》:"咸,亨,利貞,取女吉。"《易·咸》:"象曰:咸,感也。柔上而剛下,二氣感應以相與。"《荀子·大略》:"咸,感也,以高下下,以男下女,柔上而剛下。"王家臺秦簡《歸藏》、今本《周易》作"咸",上博簡和阜陽漢簡《周易》作"欽"。

鄐

 清華六·太伯甲 08 遺鄐(陰)樵俤(次)

 清華六·太伯乙 07 遺鄐(陰)樵事

～,從"邑","金"聲。

清華六·太伯甲 08、太伯乙 07"鄐",讀爲"陰",地名,疑即平陰津,地在河南孟津東北。

從紐毳聲

集

 清華三·赤鵠 01 集于湯之屖(屋)

　　清華三·赤鵠 15（背）赤鵠之集湯之屋（屋）

　　清華四·筮法 39 乃蟡（惟）兇之所集於四立（位）是視

～，與 、同。《説文·雥部》："雧，群鳥在木上也。从雥从木。集，雧或省。"

清華三·赤鵠 01、15"集"，鳥棲止於樹。《詩·唐風·鴇羽》："肅肅鴇羽，集于苞栩。"毛傳："集，止。"禰衡《鸚鵡賦》："飛不妄集，翔必擇林。"

清華四·筮法 39"集"，集合，聚集。《詩·小雅·頍弁》："如彼雨雪，先集維霰。"孔穎達疏："言王政教暴虐，如彼天之雨下大雪，其雪必先集聚而搏維爲小霰，而後成爲大雪。"

攕

清華八·邦政 08 亓（其）未（味）攕（雜）而䵌（齊）

～，从"攴"，"𣗥"聲。所從"𣗥"與 、同。

清華八·邦政 08"攕"，讀爲"雜"，駁雜，不精純。《莊子·刻意》："純粹而不雜，靜一而不變，惔而无爲，動而以天行，此養神之道也。"

集聲歸雥聲